数字经济创新驱动与技术赋能丛书

超级链接器

以数字化、网络化、智能化赋能产业成长

东信研究院 编著

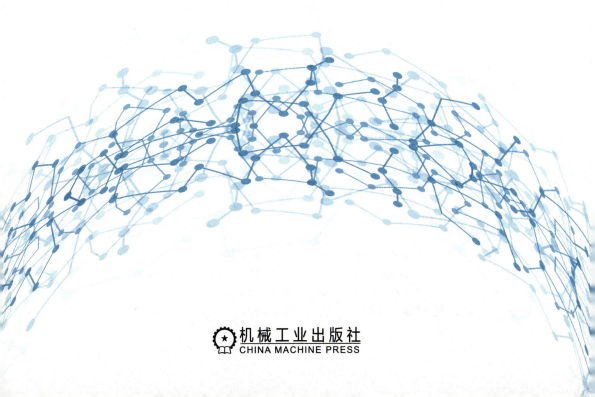

机械工业出版社
CHINA MACHINE PRESS

本书凝结了主创团队深入的理论研究和丰富的行业实践经验，通过创造性地提出"超级链接器"的概念并深度剖析十余个案例，全面地回答了产业互联网"为什么、是什么、怎么做、向何方"的问题。本书内容分三篇：第一篇洞察篇，介绍了产业互联网的诞生背景和条件；第二篇认知篇，重点阐述了"超级链接器"的概念及其链接、计算、价值三层本质；第三篇实践篇，详细介绍了打造和运营"超级链接器"的实操指南。

本书适合关心产业数字化转型的公职人员、企业中高级管理人员及从业者阅读，也适合大中院校相关专业师生、研究机构人员，以及其他对产业互联网感兴趣的读者阅读学习。

图书在版编目（CIP）数据

超级链接器：以数字化、网络化、智能化赋能产业成长 / 东信研究院编著. -- 北京：机械工业出版社，2025. 5 --（数字经济创新驱动与技术赋能丛书）.

ISBN 978-7-111-76631-5

Ⅰ．F260

中国国家版本馆 CIP 数据核字第 20246J99M8 号

机械工业出版社（北京市百万庄大街 22 号　邮政编码 100037）

策划编辑：张淑谦　　　　　责任编辑：张淑谦
责任校对：王　延　李　杉　责任印制：单爱军
保定市中画美凯印刷有限公司印刷
2025 年 6 月第 1 版第 1 次印刷
169mm×239mm · 14. 5 印张 · 1 插页 · 258 千字
标准书号：ISBN 978-7-111-76631-5
定价：79. 00 元

电话服务　　　　　　　　　网络服务
客服电话：010-88361066　　机 工 官 网：www.cmpbook.com
　　　　　010-88379833　　机 工 官 博：weibo.com/cmp1952
　　　　　010-68326294　　金 书 网：www.golden-book.com
封底无防伪标均为盗版　　机工教育服务网：www.cmpedu.com

序言 1

打造超级链接器，赋能产业转型升级

产业互联网这个概念虽然近些年才热起来，但它的雏形其实早就存在了。我们都深刻地体会到了互联网给我们的生活带来的巨大便利和改变，但互联网对产业的改造其实也一直在润物无声地进行着。20世纪末，第三次工业革命带来的技术红利和新中国成立后的人口红利已经逐渐式微，难以继续推动传统产业进一步发展，新的引擎只能是新兴的互联网、数字技术。互联网对产业的改造从简单的信息资讯传递开始，也就是互联网发展早期的企业黄页网站，后来延伸到交易，延伸到生产，再到后来发展成当前的全产业链、跨产业链的一站式数字化服务的理想模型，也就是这本书讨论的"超级链接器"。

《超级链接器：以数字化、网络化、智能化赋能产业成长》以其独特而前瞻性的观点，为我们提供了一种推动传统产业转型升级的全新的思维模式，旨在引领产业向数字化、网络化、融合化、智能化的未来迈进。通过深入总结行业经验和理论研究成果，挖掘了产业互联网的实质并给予了全面解读。本书阐述了传统产业亟待转型升级的迫切性，并将读者带入数字技术支撑下的新经济形态，呈现了数字化的扩张与升维之路。全书贯穿着对实战指南的阐释，具体而微地剖析了打造超级链接器的关键环节，提出了六步法搭建超级链接器平台、基于三层架构打造超级链接器基座以及二十四字方针深化超级链接器运营等实战指南，为我们提供了一系列可操作的工具和方法，使我们更清晰地看到数字化转型的路径与方法。书中提到数据要素颠覆产业玩法，这些大数据分析、建模、感知、洞察、预测和优化是数据作为市场要素所产生的新动能，也是数字霸权所在。

在当今快速变革的商业环境中，产业转型升级成为企业生存和发展的关键。我长期从事通信管理、信息经济学以及电子商务等方面的教学科研工作，深知数字化转型对企业未来发展的重要意义。但数字化转型说来简单，做起来却十分艰难，企业普遍存在"不会转""不能转""不敢转"的三大难题。如何为社会各界提供一套行之有效的数字化转型方法论与实践路径，这是当下产业界和学术界最为关心的问题。本书透过深刻见解和丰富案例，系统地回答了产业互联网领域的核心问题，无论是"为什么""是什么"还是"怎么做"以及"向何方"，鉴于书中内容的丰富与实用，我相信这本书会成为产业界专业人士和广大学者必不可少的参考读物。

让我们共同走进这本书所揭示的产业互联网新境界，共同见证产业互联网2.0的到来。

"十四五"数字经济发展规划专家组成员

北京邮电大学原校长助理、博士生导师

吕廷杰

序言 2

智业文明的伟大召唤：从单打独斗到产业共同体

今年7月，受中国—东盟信息港股份有限公司（以下简称"中国东信"）的邀请，我有幸来到中国东信总部，给他们的全体员工做了一场人工智能和产业互联网的主题演讲与交流，真切地感受到了这个团队对于产业互联网的热情和执着。

东信研究院组编的《超级链接器：以数字化、网络化、智能化赋能产业成长》兼具体系性、深入性和创新性，读来令人眼前一亮。书中许多观点与我不谋而合，尤其是我提出的概念"产业路由器"与本书介绍的"超级链接器"非常相近，都是对产业互联网商业模式的一种形象比喻，都是产业共同体的组织工具和载体。2016年，我提出了产业路由器和产业共同体的思想，产业路由器以提升一个行业的整体效率和消灭产业链的一切浪费为使命，借助ABCD新技术（AI人工智能、Blockchain区块链，Cloud云计算，Data大数据），通过实时连接产业链上游、中游和下游，收集每个节点的大数据，完成供需双方高效的智能配对，共同创造3~10倍的价值洼地。产业互联网的目标是创建一个共享、赋能型产业共同体，一个还在进化的生态系统，其中不同的参与者能够相互支持，共同成长。未来的产业生产组织形态，一定是基于生态的产业共同体，单打独斗的零和游戏已经结束。在中国，很多产业长期处在市场高度分散和严重内卷的存量经济状态。一方面，很多交易都是一锤子买卖，交易结束后，大量的用户资产或者客户资产如长江之水滚滚东流去，造成大规模的浪费和闲置；另一方面，供给资产庞大的产能或库存过剩。每一个企业还停留在传统的研、产、供、销、服每个环节都自己单打独斗的状态，产业链整体效率低下，"跑冒滴漏"太多。产业互联网的终局是产业共同体，未来，我们将从这种单打独斗迈向一个更加开放、更加开源的产业共同体时代，团结一切可以团结的力量，从利益共同体共同迈向命运共同体。

15世纪末，哥伦布扬帆远航，开启了地理大发现的时代。今天，生成式人工智能（AIGC）大模型正在逼近通用人工智能（AGI），必将加速产业互联网的新进程。今天产业互联网发展的核心，在于打破传统产业边界，通过AI技术的力量实现资源的最优配置和价值的最大化。产业路由器有三个重要使命，第一个使命是实时连接，把整个产业链上游、中游、下游实时地连接起来，收集到每一个节点的数据；第二个使命是智能配对，有了产业链完整的大数据以后，就可以做AI智能的供需配对，这就是如何提升PMF产品和市场契合度，提高爆款率；第三个使命就是价值洼地，先利他，让需求端和供给端双边市场的所有参与方先赚钱，然后再部署利润更高的业务群，创造共同体最深（3~10倍）的价值洼地。在这三个使命中，最难的就是第二个，即智能配对。2022年，生成式人工智能出现后，解决了这个难题。SHEIN的成功就是一个典型的案例，本书中也有对于SHEIN的介绍和剖析。

多年来，我们十分关注产业互联网领域内的投资机会，我们旗下盛景嘉成投资团队在过去8年深度参与了诸多产业互联网初创企业的投资、孵化和成长陪跑。我深信，随着AGI（通用人工智能）的迅速发展，AGI+产业路由器模式将迎来智业文明时代，这是自农业文明和工业文明之后第三大伟大的文明，下一个黄金十年，AGI+产业互联网将给实体经济体带来最大的发展红利。

在阅读本书的过程中，我被作者对于产业大"动脉"模型、产业大脑、智能计算、跨界融合和价值共创的深刻见解所打动。我很赞同作者提出的如果将产业看作一个有机生物体的话，那么维系这个生物体生命的大动脉就是产业价值链，大动脉中流动的血液就是价值。书中对于"三产融合"的讨论，不仅揭示了产业融合的趋势，更指出了通过超级链接器实现产业链上下游、不同产业间协同发展的无限可能性。

在本书中，我们不仅能够窥见产业互联网的力量，更能感受到作者思想的深度。这是一本为那些渴望在数智化浪潮中领航的探索者准备的指南，它将引导你穿越信息的海洋，连接知识的群岛，最终抵达产业创新的新大陆。让我们一同跟随作者的脚步，探索产业互联网的无限可能，共创一个更加智能、高效、协同的未来。

总之，本书不仅为我们提供了理解产业互联网的钥匙，更为我们描绘了一个共创、共享、共生、共赢的产业新生态。在这个生态中，每个参与者都是价值的创造者，每项技术都是价值的放大器，每次创新都是价值的催化剂。

这本书的难能可贵之处，在于它不仅仅是理论的阐述，更是实践的总结。作者团队深入研究了多个行业的数字化转型案例，从中提炼出可行的方法论和操作指南。从"六步法"到"二十四字运营方针"，从技术架构的构建到商业模式的创新，书中的每一个章节都充满了实战的智慧，为政府官员、投资界、企业管理人员以及所有对产业互联网感兴趣的朋友提供了一份详尽的行动指南。

盛景网联高级合伙人

《产业互联网时代：新技术如何赋能企业数字化转型》

《第三次零售革命》作者

颜艳春

序言 3

以系统思考推动产业高质量发展
——"超级链接器"的实践智慧

近年来，中国—东盟信息港股份有限公司（以下简称"中国东信"）积极拓展和建设产业互联网，不仅从一家项目型公司演进成生态型公司，而且成为中国和东盟数字经济的重要引擎，正在重塑多个产业的运营模式。

长期以来，我致力于组织学习、系统思考和知识管理等领域的理论和实践研究，而产业互联网作为一个非常复杂的系统，其建设和运营的底层商业逻辑，正是系统思考的智慧。的确，产业互联网不仅仅是技术的变革，更是对整个产业链的重构和优化。它要综合运用数字化、网络化、智能化的手段，实现产业链上下游的深度融合，提高资源配置的效率，实现产业价值创新。虽然国内外产业互联网的实践已有相当长的时间，但是，在理论上仍未有完整而深刻的提炼，实践效果也参差不齐。在我看来，要真正构建和运营产业互联网，需要我们应用系统思考的智慧，通过深入的洞察和创新，理解产业的本质，构成系统的"成长引擎"，激活生态的动力，通过创新的方式，实现产业的持续发展。

读完本书，我非常振奋，郑重地向大家推荐这本书！原因包括如下两个方面：

首先，本书是中国东信多年产业实践与反复琢磨所沉淀出的精华，填补了产业互联网领域研究和实践的许多空白。本书提出的"超级链接器"这一新概念，不仅涵盖了产业互联网的技术层面，更深入到商业模式和系统价值创造的层面。书中对产业互联网、互联网、链接、电子商务等概念的发展阶段及其对应关系进行了透彻的分析，充分地展现了中国东信对数字化领域的全面理解和深刻经验，也有助于我们理解产业互联网的发展规律。

其次，本书毫无保留地奉献了中国东信经历了诸多曲折而探得的珍贵实操经验，为我们提供了系统性的真知洞见和实践指南。书中通过多个案例的深度剖析和复盘，展示了如何通过构建"超级链接器"，实现产业链的高效协同和价值创新，可以作为产业互联网实践者、培育者的行动指南。

当今时代，知识的积累和创新已经成为企业、产业乃至国家竞争力的关键要素，知识管理在个人和组织发展中扮演着至关重要的角色。本书为我们提供了中国东信在产业互联网领域多年的研究与实践知识，提出了一个整体性的产业互联网认识框架和实践指南，有助于我们理解产业互联网的本质，推动产业的数智化转型。我相信，本书对于关心产业数字化转型的实业界、学术界和投资界等都具有重要的参考价值。同时，我也期待看到中国东信和实业界、学术界和投资界等的广大同行，运用系统思考的智慧，更深入地探讨产业互联网的发展，共同推动产业的高质量发展。

管理学博士、高级经济师

北京学而管理咨询有限公司首席顾问

畅销书《复盘+：把经验转化为能力》《如何系统思考》作者

邱昭良

2024 年 8 月

自　序

人工智能为"超级链接器"添智铸魂赋能
——迈向数智化浪潮中的星辰大海

在这个由数字技术引领的新时代，人工智能（AI）如同璀璨的星辰，照亮了我们前行的道路。从 1994 年中国接入全球互联网到 2014 年的 20 年，是中国消费互联网的黄金 20 年；随着 Web 2.0、云计算、大数据、物联网、区块链、人工智能等数字技术的快速发展，自 2014 年开始，中国的互联网已经进入产业互联网时代；另外，随着以生成式人工智能（AIGC）为代表的强人工智能的快速发展，人工智能技术加速了产业互联网进入"智能化时代"，产业的发展逐步实现"虚实融合、跨界融合、产消融合"的发展趋势，也越来越呈现出"全链条、全场景、全要素"的数智化特征，我们把这类发展程度较高的产业互联网称为"超级链接器"。中国东信作为"超级链接器"的构建者和运营者，我们站在风口浪尖和产业云端，清晰地看到了时代的潮水涌向何方和产业发展的瓶颈所在，因此，对"超级链接器"产生的背景、内涵、构建、运营和趋势等进行全面的阐释，帮助更多人对产业互联网的发展有更深的理解，这就是促使我们编写这本书的最初理念。

时代的脚步从未停歇，科技的车轮滚滚向前。如果说目前哪一项前沿技术能给产业互联网的未来带来最令人振奋的想象，我们相信一定是人工智能。产业互联网的升级与创新绕不开人工智能技术。"超级链接器"就是达到"全链接、超融合、智能化"阶段的产业互联网，而人工智能技术则是传统产业互联网升级到"超级链接器"的助推器。随着生成式人工智能和大模型时代的到来，AI 对行业的赋能方式也从最早的"产业+AI"发展到了今天备受关注的"AI+产业"的产业智能体（AI Agent）。我们在书中介绍的"产业大脑"是产业智能体的智能中枢，而当前全球各大科技公司正在加速落地的智能体具备更加完整的能力。智能体是集成了多项数字经济技术，具备"立体感知、实时链接、智能匹配、全域协同、智能决策、自我执行"能力的"类人"的一体化智能系统，它具备独立的感知、思考和执行能力，被普遍认为是人工智能未来最好的应用方向，受到了学术界、企业界、金融界等各界的高度关注。在产业智能体的协同赋能下，产业互联网将真正形成一个高效、协同、智能的生态系统，对各产业的全要素生产率带来指数级的提升，对生产方式和劳动组织方式带来颠覆性的改变，并推动产业持续的自发创新和自我成长，中国现代化产业体系的建设在产业智能体的推动下也将加速落地。我司团队在实践层面也一直致力于推动人工智能的产业应用赋能。在推动"人工智能+"和"数据要素×"行动中，我们构建了数据、算法和场景"三位一体"的人工智能应用体系，包括基于数字底座的产业大脑——"云羲大脑"，为"超级链接器"增添了"智慧大脑"，基于高质量数据集构建的模型算法——"云羲妙算"，为"超级链接器"铸造了"产业灵魂"，以及替代传统数字化应用的各类产业智能体，为"超级链接器"赋予了"智能应用"。

近年来，在开展产业互联网平台打造与运营工作的过程中，我们团队进行了大量的研究和思考，理论指导实践，实践修正理论。2018 年，我们提出了"实时链接、智能匹配、协同互动、数据汇聚、产业赋能、价值共创"的产业互联网"二十四字"运营方针，以及"以场景为依托，以大数据为基础，以人工智能为手段，以盈利模式为核心"的运营思路，并在实践中不断得到验证。本书详细阐述了我们构建和运营"超级链接器"的方法论，以及打造"产业互联网操作系统"的实践。我们不断突破认知局限、能力边界和资源限制，充分发挥政府"有形的手"对产业资源的整合能力和市场"无形的手"对产业互联网的运营能力，陆续建设运营了糖业、建筑、商贸、农资、林业等多个产业互联网平台，且取得了较好的成效。在本书中，除了知名产业互联网平台案例，我们还深入剖析了亲身经历的经验教训，展示了理论在实际应用中的成效。希望这些案例和经验教训能为产业互联网的发展研究提供实证支持，也希望这些拙见能为有志于产业互联网发展的读者带来一些启发。

在本书的编写过程中，我们得到了许多专家、学者和实践者的支持和帮助。他们的智慧和经验为本书提供了宝贵的资源。在此，我对他们表示衷心的感谢。同时，我也期待读者的反馈和建议，希望通过不断的交流和探讨，共同推动产业互联网的发展，为传统产业的转型升级和价值创新助一臂之力。

最后，让我们一起在数智化浪潮中，乘风破浪，探索星辰大海。

中国—东盟信息港股份有限公司

东信研究院

2024 年 8 月

前　言

数字时代传统产业转型升级的基因密码

"世界潮流，浩浩荡荡，顺之则昌，逆之则亡。"放眼当今世界，什么是时代发展的主潮流？无疑是数字化和智能化。"智能化"革命被称为第四次工业革命，如同之前的"机械化""电气化""信息化"革命一样，它深刻地改变了人类的生产方式、社会分工、组织结构、生活方式、消费娱乐等方方面面。在世界经济增长普遍乏力的今天，信息技术革命呈现出燎原之势，数字经济已经成为推动世界经济发展的新引擎，而数字技术对传统产业的融合渗透，则顺理成章地越来越受到人们的关注。

2020 年 4 月，国家发展改革委、中央网信办印发《关于推进"上云用数赋智"行动　培育新经济发展实施方案》的通知，这是"产业互联网"首次上升到国家政策层面；2020 年 10 月，十九届五中全会提出，"坚定不移建设制造强国、质量强国、网络强国、数字中国，推进产业基础高级化、产业链现代化"，"数字中国"首次被写入国家战略；2022 年 1 月，国务院印发的《"十四五"数字经济发展规划》提出，"推动传统产业全方位、全链条数字化转型，提高全要素生产率"；2022 年 1 月，中央网信办等十部门印发的《数字乡村发展行动计划（2022—2025 年）》提出，农业生产信息化水平稳步提升，农业生产经营数字化转型明显加快，智慧农业建设取得初步成效；2023 年 2 月，中共中央、国务院印发的《数字中国建设整体布局规划》提出，"推动数字技术和实体经济深度融合，在农业、工业、金融、教育、医疗、交通、能源等重点领域，加快数字技术创新应用。"近年来，国家层面密集出台政策支持产业数字化的加速推进，这既标志着我们正在快步进入产业互联网的新时代，也为我们指明了未来的发展方向："乘势而为"。只有深刻地理解产业互联网，了解它的前世今生，了解它的本质逻辑，了解它的未来趋向，了解它的具体打造与运营方法，才能投入这场轰轰烈烈的产业数字化建设浪潮，抓住新时代的最强机遇。

望风而来的超级链接器

技术创新往往是社会经济发展的重大颠覆力量，四次工业革命产生的广泛而深远的影响充分地说明了这一点。把产业互联网的诞生放在产业技术经济范式转换的视角下，可以帮助我们对产业互联网产生的原因和背景有更全面、深刻的理解。

新事物的诞生有其必要性、必然性、可行性，这三个方面缺一不可。必要性是指旧的事物已经不再能够满足需求，不再适应变化后的新条件，这是促使新事物诞生的外部力量；必然性是指旧事物本身的演进规律就是向着新事物的诞生而发展，新事物的诞生是事物内部进化的必然结果，这是促使新事物诞生的内部力量；可行性是指当前的环境和条件为新事物的诞生提供了可能性和基础，使得新事物不仅有必要，也有机会真正出现和生存。

产业互联网诞生的必要性源于传统产业的驱动力和发展红利减弱，这主要归因于上一轮信息化革命中的技术创新和人口、制造业低成本、城市化等财富红利的消退。这导致了经济发展的停滞和倒退，宏观和微观层面出现悖反现象，各方利益难以同时满足，而现有经济体系无法解决此问题。同时，传统产业存在诸多堵点卡点，信息流通不畅，各环节协同困难。

产业互联网的诞生也具有必然性。数字经济的发展是经济进步的必然趋势，而产业互联网是数字化进程的必然产物。数字化在企业内部逐步扩散至全产业链，催生了产业互联网。此外，数字技术的发展催生了数字原生企业，并与传统企业转型相结合，形成了多种产业互联网平台。数字化应用场景的扩展也推动了产业互联网的发展。

近十年，产业互联网的诞生和发展，得益于技术和商业上的双重可行性。技术方面，互联网从 Web 1.0 演进至 Web 3.0，数字技术集群成熟，数据成为新兴产业驱动力。商业方面，数字经济的发展带来了新的生产力和生产关系，催生了新质生产力和商业模式，进而形成了新的盈利模式。这些为产业互联网的诞生和发展提供了坚实的商业基础。

产业互联网在必要性、必然性和可行性的共同推动下诞生，并在适宜的时机下迅速发展。随着数字化的深入、智能化的成熟，必然性与可行性条件持续演进，产业互联网的更成熟形态——超级链接器，便应运而生了。

平台新物种——超级链接器

市场上不乏形形色色的成功产业互联网的案例，比如欧冶云商、国联股份、汇通达、华建通、酷特智能、卡奥斯、泛糖科技、怡合达、广联达、致景科技等。它们所属的行业、提供的服务看起来五花八门，然而，在看似繁杂、难以把握的表面下，产业互联网的本质运行逻辑是简明的、不变的。产业互联网基于新一代信息技术和匹配的商业模式，解决了旧驱动因素失效导致的产业价值流通不畅问题，其发展可分为信息化、网络化、数字化、数智化四个阶段，当前正对应着数智化阶段的开端，我们将这一阶段的产业互联网载体称为"超级链接器"。

之所以称之为"超级链接器"，是由于它最表面的显著特征就是"超级链接"，也就是对全产业甚至跨产业的各类要素、各类主体的泛在链接。这种"超级链接"是一种生态式链接，它链接的是企业（组织）、顾客（个体）、利益相关者（组织或个体）等多个主体，这些主体组成了生态系统；链接促进的是多主体之间的多向互动和多向价值创造，这一点与过去的单向互动的管道式链接及双向互动的平台式链接有本质上的区别。

超级链接器操作指南

本书的重要目的之一就是解决读者们最关心的问题，也是当前市面上关于产业互联网的书籍最为缺失的部分，即在当前的背景下，产业互联网（或者说超级链接器）到底怎么做？

打造一个超级链接器平台，具体实施操作涉及多个关键步骤。首先，需要设计商业模式，这包括选择行业、分析产业价值链、确定切入环节、选择盈利模式、建设生态和选择扩张路径。同时，技术架构的设计也至关重要，尤其是构建产业操作中台，为后续的跨链扩张打好基础。然而，仅仅打造平台并不足够，持续的运营同样关键。中国—东盟信息港股份有限公司（简称中国东信）提出的"二十四字方针"为超级链接器的运营提供了指导，涵盖实时链接、智能匹配、协同互动、数据汇聚、产业赋能和价值共创六个维度。本书结合实践经验进行了详细介绍，并提供了大量的实用分析方法和工具表格，力图让读者"看了就懂，看了就会"。

当前，在数字经济的浪潮下，各行各业都在积极推动数字化转型，希望在数字经济时代找到一条持续发展的新道路。超级链接器作为一种全新的商业模式和组织形态，可以通过数字化、网络化和智能化赋能产业高质量增长，依靠技术和生态的力量，在供给侧快速整合各类资源，按照市场原则敏捷、快速地满足用户需求，它是未来产业转型乃至整个中国经济的重要"破局点"。我们有理由相信，超级链接器就是数字经济时代传统产业转型升级的基因密码。

本书在总结行业实践经验和理论研究成果的基础上，另辟蹊径，从"超级链接器"的角度剖析产业互联网的本质，以独树一帜的见解、专业系统的知识、丰富翔实的案例全面地回答产业互联网"为什么、是什么、怎么做、向何方"的问题，帮助读者深刻认知产业互联网的本质。本书是研习产业互联网不可错过的案头书，主要读者对象包括公职人员、企业中高级管理人员、传统产业从业者、数字经济企业有关从业人员，亦适合大中院校数字经济相关专业学生，以及其他对产业互联网感兴趣的读者阅读。

　　本书是对中国产业互联网发展实践的经验萃取和理论升华，我们希望通过此书对中国的产业数字化转型起到一定的推动作用，更希望为躬身中国产业互联网实践的企业家朋友带来一些思考和实实在在的操作指导。"独行快，众行远"，我们期待能够与产业界和学术界的广大同行一起就该问题进行深入交流，共同探讨中国产业互联网的发展繁荣之路，为中国产业的高质量发展添砖加瓦、贡献力量。

　　由于时间和水平有限，书中未尽之处，还请读者批评指正。

目录

第二篇 认 知 篇

第一篇
洞 察 篇

　　本篇主要解决的是"为什么"的问题。在全书的开始，我们首先要了解产业互联网诞生的背景、意义、作用，它的支撑要素，它对产业的革新之处，才能感悟到产业互联网的发展是历史的必然，才能更深刻地把握它长远的发展方向。本篇主要从产业发展、信息进化、应用扩展、组织蝶变、网络演进、技术演进、模式变迁等角度，分三章阐述产业互联网发展的必要性、必然性和可行性。

 第1章

传统产业呼唤增长动能

传统产业不是过时的产业，而是需要不断创新的产业。在全球化和数字化的浪潮中，传统产业面临着前所未有的挑战和机遇。如何在变革中求发展，是每一个传统产业者都必须思考的问题。传统产业不应该固守旧有的模式和思维，而应该积极拥抱数字化时代带来的新机会和新空间，与互联网、大数据、人工智能等新技术深度融合，打造智能化、网络化、平台化的新型产业形态。数字经济已经完成面向消费互联网的发展进程，开始转向各产业。传统产业本身的资源禀赋和领域知识成为极具价值的资产，数字经济与实体经济的融合成为必然趋势，产业互联网正是这一趋势的产物。

1.1 传统产业亟待转型升级

在过去的几十年中，人类经历了工业革命、信息革命、互联网革命和智能革命等一系列技术革命，这些技术变革极大地改变了人类社会的经济、政治、文化等各个方面。传统产业的发展进入了瓶颈期，需要寻找新的增长动能和突破口。在传统产业中，长期累积的问题和困境逐渐凸显，尤其是在面对新技术、新模式的冲击时，传统产业的增长动力逐渐减弱，出现了"悖反现象"[⊖]。传统

⊖ 悖反现象是指同一个资源的两个方面处于矛盾的关系之中，要达到一个目的，必然要损失另一个目的的一部分，要追求一方，必然要舍弃另一方的状态。这是一种此消彼长、此盈彼亏的状态。

产业亟待转型升级，以适应数字化时代的新要求和新趋势，实现数字化时代的产业范式转换。

1.1.1 产业范式转换

产业，作为社会分工与生产力持续演进的直接体现，自社会分工诞生之初便应运而生，并随着社会分工的深化而不断发展。科技与生产力的不断进步，推动了产业在生产和交流层面的效率提升，进而促进了产业的持续进步。

历史上，产业发展遵循着一个规律：新技术在产业中的应用引发新的社会分工，新的社会分工提升生产效率，直到整个产业的生产力提升达到新的高度；接着再引入新的技术，重塑社会分工，再次提升生产力，如此循环。例如，在第一次工业革命中，蒸汽机、纺织机等技术的应用，促进了手工业向机械化大规模生产的转变，改变了人们的劳动方式和组织形式；在第二次工业革命中，电力、石油、汽车等技术的应用，推动了大规模标准化生产和流水线作业的普及，提高了人们的生活水平和消费需求；在第三次工业革命中，计算机、互联网、移动通信等技术的应用，催生了信息化、数字化、智能化等新型社会分工，创造了新的商业模式和价值链。这种现象也被托马斯·库恩称作"范式转换"。

"范式"是行业共识的价值观、方法论和思维原则，在经济领域更多地采用"技术经济范式"一词，包括一系列相互依存的技术、产业组织、商业模式以及管理创新。这些彼此关联的因素相互影响、反馈循环、持续演进，共同推动了产业范式的转换。

值得注意的是，产业范式转换并不是一蹴而就的，通常需要很长的时间周期。一般而言，产业范式的转换过程通常会经历以下阶段。首先是范式出现阶段，即新的技术或市场机会出现，引起行业内先知者的注意。这个阶段通常是由一些先锋公司或者创新者推动的，市场规模相对较小，但是具有巨大的潜力。公司通常会不断探索，快速试错，探索新技术或产品的商业化应用。在互联网技术的产业应用领域，这个阶段可以追溯到 20 世纪 90 年代末至 21 世纪初，当时互联网技术开始进入传统产业领域，一些互联网公司和创业者开始尝试利用互联网技术改造传统产业的生产、运营和管理方式，例如亚马逊、阿里巴巴等电商平台出现，以及物联网、云计算等新技术迎来发展。其次是发展阶段，更多的公司或个人开始投入资源，研究新技术或市场，形成新的商业模式和创新型企业。这个阶段的特点是市场规模迅速扩大，公司数量增加，竞争加剧。在产业互联网领域，这个阶段从 20 世纪末开始，越来越多的传统企业开始意识到产业互联网的重要性和必要性，并开始进行数字化转型和升级。同时，也有越来越多的互联网公司和创新者进入传统产业领域，提供各种解决方案和服务，例如工业互联网平台、智能制造、供应链金融等。紧接着是成熟阶段，新技术和商业模式的规模得到认可并逐渐扩大，从而推动全新的商业模式成为行业的主流，新的价值观、方法论和思维原则得到广泛认可。至此整个行业的范式转换基本完成。然而，范式转换是一轮紧接着一轮的，通常在新范式成为主流的成熟期就已经开始孕育下一个新范式了。这也被叫作超越阶段，即新的商业模式的成功促进了行业的创新和发展，同时也会再次催生新的技术和商业模式，从而引发新一轮范式转换。在产业互联网领域，这个阶段尚未完全到来，但是已经有一些迹象表明，在未来几年内可能会出现更加先进和智能化的技术和商业模式，例如人工智能、区块链、5G 等技术在产业互联网中的广泛应用，以及更加开放和协同的生态系统和平台化战略等。

从最开始到超越阶段，不同的行业，其新技术发展速度和市场需求等变化各不相同，对于较长的周期，整个产业范式转换可长达几十年。在转换周期内，尤其是在出现和发展阶段，与新范式相适应的新的范式和模式还没有完全被适应和接受，会受到传统力量的反对和限制。新的生产力、生产关系往往需要一定的时间和条件才能够充分发挥出来，而在这个过程中，产业资源无法有效地流动，会影响生产效率。同时，传统企业由于具有一定的经营惯性，往往会继续按照过去的经验和方式加大传统的产业投入，从而导致产业转型的过程受到一定的阻力，极易引发"悖反现象"。随着时间的推移，企业按过去的经营惯性所进行的资源整合决策会在各类目标上出现悖反，即图 1-1 中的左侧三角区域和右侧三角区域，出现资源整合没能完全匹配的情况。

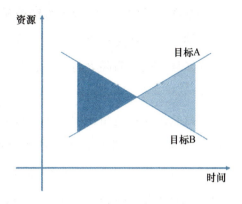

图 1-1　"悖反现象"示意图

1.1.2　从宏观到微观的"悖反"

目前，我们正处于技术经济产业范式向数字经济产业范式转变的过渡时期，新的产业范式尚未完全发挥作用，而旧的产业范式已难以维持。在这一产业转型的关键时刻，"悖反现象"变得尤为突出。

1. "供-需悖反"

"供-需悖反"是在经济活动中经常遇到的现象，即供应方产能过剩的同时，需求方的需求却得不到满足。这种悖反不仅在传统产业中普遍存在，在电商平台上也有体现。在一些传统的商品生产中，例如，生产小家电、服装、鞋帽等品类的一些中小企业，面对高昂的租金和人力成本，需要保持生产线的运转，源源不断地生产，但是并没有很好地迎合市场需求，导致产品库存积压。过剩的产品滞留就像是一个无底洞，吞噬着企业的利润和竞争力。甚至医疗服务和药品可能在供给方面过剩，但由于信息不对称或交易不高效，需求方（例如患者）可能无法获得适当的医疗服务或药品，这种错位导致错失治疗机会。而在随技术的发展兴起的线上交易，也就是线上电商模式中，也存在着同样的现象。电商平台上商家入驻相对容易，商家与产品的数量都很庞大，尤其是综合电商平台。根据京东发布的财报，京东平台上仅自营产品的 SKU（Stock Keeping Unit，存货单位）数就超过了 1000 万。电商平台上的产品销售往往也符合二八法则，即 20% 的头部产品贡献 80% 的收入，而在剩下的可能多达几百万种产品中，很多是滞销商品，整个电商市场中，只有极少数畅销品对市场的供需构成了重大影响。供应线上电商的工厂就像是一个巨大的仓库，堆满了无人问津的商品。造成滞销的原因多种多样，比如商品太过冷门、不受欢迎、价格不具有竞争力等。

部分滞销产品是新品类商品，这些商品还没有建立起足够的市场需求，供应方的产能就超过了实际的市场需求，进而导致大量闲置的库存和过度竞争。另外一种情况是，由于品牌广告的强势引导、大众审美的快速变化，热卖产品往往供不应求，但有细微差别的其他产品则无人问津。"供-需悖反"是一个普遍存在于传统产业和电商平台上的问题，它反映了供应方和需求方之间信息不对称、匹配不精准、交易不高效等现象。造成这种错位的原因包括供应端和需求端两个方面。

从供应端来说，第一，就生产商内部原因而言，生产设备往往非常昂贵，为了尽可能多地利用设备、产出效益，企业往往采用传统的大批量生产方式来提高生产线的使用率。当产能出现过剩时，会带来一系列问题，比如，产品积压占用仓储空间，滞留在库导致物料价值衰减，来回搬运还容易造成产品质损。虽然过剩的产品会耗费生产资料，但是由于更换生产设备需要大量资金投入，工人熟悉新生产设备的操作需要较长的时间，尤其是产品发生变化后可能要去寻找新的客户，因此生产商往往宁愿维持产能过剩的现状。这种惯性思维和保守策略使得企业难以适应市场变化和客户需求。第二，就供需双方关系而言，在客户需求回传的环节中，由于缺乏企业内外部交流，存在大量的信息传递失误，导致生产计划设计不合理或难以及时调整，进而造成产能、品牌、符号价值的要求也越来越高。消费者不再轻易为仅仅能满足使用需求的产品买单了，而是追求质量更好、设计更好、能带来美的享受、能彰显品位的商品。这些商品不仅能满足消费者的实际需求，还能满足消费者的情感和审美需求，甚至能够提升消费者的社会地位和认同感。第三，在流量时代，被全渠道的广告营销轰炸、被网红带货牵着跑，是多数消费者的常态。流量运营必然是资源集中的，"打造爆品"就是其第一要务。这些爆品往往具有强大的品牌影响力和社会传播力，能够引发消费者强烈的从众心理和购买欲望。消费者被各类营销带着跑，这让市场需求变得更加集中且难以预测。

总之,"供-需悖反"是指在市场中存在着供应方产能过剩而需求方需求得不到满足的现象。"供-需悖反"的内在含义就是市场中存在着供应方和需求方之间信息传递和反馈机制不完善或不协调的问题,导致市场上出现了大量无效或低效的产品供给和消费行为。根据供需双方之间信息传递和反馈的效率和准确性,可以将"供-需悖反"分为两种类型:一种是信息不对称型,即供需双方之间存在着信息不完全、不及时、不准确等问题,导致供应方不能有效地感知和响应需求方的变化;另一种是信息对称型,即供需双方之间的信息传递和反馈是有效和准确的,但是由于供应方或需求方自身的内部因素或外部约束,导致供应方不能及时地调整自身的生产能力或产品结构,或者需求方不能及时地表达或满足自身的需求。整体来看,在供应端,产品供给过量,但受到更换生产设备成本高昂、产业链沟通效率低下、上下游产能限制等多种因素影响,企业不能实时地、精准地调整自身的生产能力,产出了大量消费者不满意的产品,这种情况属于信息不对称型的"供-需悖反",它反映了供应方对市场需求缺乏敏感度和灵活性;在需求端,消费者的要求越来越高,越来越趋向个性化、定制化,且变动快速,这需要企业投入更多资源来快速摸清并迎合消费者的需求,消费者价值诉求反向传递困难的问题越来越突出,企业的供应难以精准满足用户高质且复杂的需求,这种情况属于信息对称型的"供-需悖反",它反映了需求方对商品品质和品位有着更高和更细致的追求。国家近年来强调的供给侧结构性改革就是为了解决"供-需悖反"问题。

2. "投-产悖反"

随着我国经济进入新常态,传统产业面临着前所未有的挑战和压力。一方面,市场竞争日趋激烈,客户需求日益多样化和个性化;另一方面,生产成本不断上升,技术不断推陈出新。在这种情况下,许多企业发现自己陷入了一个尴尬的境地:投入越来越多的资源和资金,但资金投入的产出效率却在下降,导致利润渐薄。这就是我们要讨论的第二个典型的产业悖反现象:"投-产悖反"。

"投-产悖反" 是市场竞争与成本上升双重挤压下的必然结果。随着新技术、新模式的不断涌现，企业为保持竞争力，必须不断投入研发与市场推广。但新技术、新模式的成熟与普及需要时间，这期间企业可能面临成本难以回收甚至亏损的风险。此外，市场需求的变化也可能滞后于技术创新的步伐，导致产品与服务的高投入与低回报。这种悖反现象在制造业、房地产业、零售业、金融业等多个行业都有体现。例如，在制造业中，国家统计局的数据显示，我国工业企业近20年的利润总额增速呈现出明显下降态势，工业企业利润空间越来越低，尤其是2010年之后，工业企业利润总额增速下滑至个位数，2002—2011年间，工业企业利润总额平均增速达30.79%，2012—2021年间，工业企业利润总额平均增速仅为3.96%。就房地产行业而言，从2022年上榜世界500强的国有房地产企业绿地"爆雷"开始，房地产行业就进入了严冬，房价下跌、企业陆续"爆雷"、项目烂尾等负面消息层出不穷。据乐居财经《地产K线》统计，2023年上半年，170家上市房企合计实现营收2.74万亿元，合计实现净利润-1022.67亿元。在零售行业中，传统零售业的市场份额不断被电商侵蚀，由于人力、房租、物流等成本上涨和竞争加剧等因素，利润也在逐渐下降；传统百货商场、购物中心等面临着电商的冲击，需要不断加大投入以提高客户体验和推动业务创新，这在一定程度上也提高了运营成本。在金融行业中，传统银行机构也面临着利润率持续下降的局面，由于金融科技的发展和监管政策的变化，企业需要进行更多的投入才能维持原有的产出水平，但这会导致成本上升，利润下降。

经济学中有一个重要的理论叫作"边际效应递减定律"，它可以用来解释"悖反现象"。它指出，在其他条件不变的情况下，当某一种生产要素不断增加时，每增加一个单位该要素所带来的总产量增加量会逐渐减少，直到达到一个极限值。当生产要素超过这个极限值时，总产量反而会下降，企业需要进行更多的投入才能维持原有的产出水平。也就是说，投入与产出之间并不是单调线性关系，而是存在着一个最佳的匹配点。当投入超过这个匹配点时，产出效率就会下降，利润率也会随之下降。

市场竞争的加剧也会加深悖反的影响。市场发展越成熟，参与者就越多，竞争就越激烈。企业为了保持市场地位或扩大市场份额，不得不投入更多的资源，但是这些资源并不一定能够带来预期的产出效果，从而导致利润减少、单位成本上升。虽然苹果连年位居全球手机出货量榜单第一或第二名，但紧跟其后的中国品牌手机，尤其是小米，其市场份额快速上涨，颇有赶超之势。2018年小米手机的全球市场份额为7.6%，而2023年这一数据跃升至13%，同期苹果的市场份额为24%，排名第一。为了维持和扩大其领先优势，苹果不得不投入更多的研发和制造成本，增加新产品的功能，这使得iPhone的生产成本不断上浮。与此同时，经济结构的调整和环保要求的提高，也使得一些传统产业面临着生产成本提高和市场竞争加剧的挑战。激烈的竞争使得利润变得越来越稀薄，这也是导致企业盈利越来越难的原因。因此，在这个竞争激烈的时代，靠传统模式发展难以为继。传统产业必须通过管理创新、技术创新、模式创新等进行转型升级，提高效率和降低成本，从而在市场上立于不败之地。

3. "宏-微悖反"

悖反现象还发生在更宏观的经济调控领域，可以称之为"宏-微悖反"，即宏观经济调控的方向与市场参与者个体的政策需求相违背。这一悖反现象首先体现在政府加强监管与企业或个体经营者期望减少制度限制的需求之间。我国改革开放初期的发展是以规模和速度为主的粗放式发展。在这个时期，我国经济的增长主要依靠扩大投资和劳动力供给来实现，而生产和管理效率的提高相对较慢。随着经济和技术的发展，中国已经逐渐转向创新驱动的精细化发展，开始注重提高生产效率、降低成本、提升产品质量和增强企业的核心竞争力。伴随全球化的进程，国外的先进技术、管理理念被引入的同时，我国与国际经济也建立了越来越深的绑定关系。面对国际上愈加激烈的经济冲击以及经济调控政策，我国也不得不进行更大范围的宏观调控，来保证经济的健康发展。

利率是政府进行宏观经济调控的一个重要工具，它也是悖反的一个典型案例，在微观层面，企业和消费者作为借贷方永远是欢迎零利率或低利率的，但央行为了维持经济社会的整体稳定和发展，却不得不考虑更多因素，在一定的阶段维持较高利率或采取加息措施。2022年起，在美国通货膨胀率攀升至40年来最高点、失业率高企的背景下，为了维持经济稳定发展，美国联邦储备委员会（即美国央行）采取了密集的多次加息措施，将利率目标区间从 2022 年初的 0%~0.25%上调至 2023 年底的 5.25%~5.5%。所谓加息政策，通常是指通过提高政策利率[⊖]来影响整个经济体系的利率水平。政策利率是由美联储货币政策会议决定的联邦基金利率目标区间，它会影响到商业银行贷款的成本。如果政策利率上升，其他银行的贷款成本也会上升，因为银行需要支付更高的利息。为了维持盈利，商业银行可能会提高贷款利率，市场上的贷款利率也会随之上升。因此，加息将导致借款更加昂贵，抑制投资和消费，进而对经济产生影响，使企业的扩张更加困难。然而，在 GDP 负增长、失业率走高、资本市场低迷的背景下，美国企业与民众实际需要更多更便宜的钱来扩大投资和消费。这就是典型的宏观决策与微观需求不一致的现象。就我国而言，消费群体和企业当然永远都欢迎低利率甚至零利率的资金，并且我国的通货膨胀也维持在较低水平。但是一方面，部分行业的投资过热和行业泡沫已经难以抑制；另一方面由于与国际经济的深度绑定关系，美国加息政策也对我国经济产生了一定压力。为了抵御这些不利因素，我国仍需要保持一定水平的政策利率水平，来抑制信贷过度扩张，控制通货膨胀，维护货币政策的稳定，而非一味地量化宽松，刺激经济的增长。因此，宏观层面加息或维持利率稳定的需求，与微观层面降低利率的需求，就形成了"宏-微悖反"。

1.1.3 三大财富红利已去

中国经济经历了近 30 年的高速发展，主要依赖的就是人口、制造业低成本、城市化三大财富红利。而近年来，这三大红利都在减弱甚至消退，无法支撑经济的进一步发展。

首先是人口红利逐步消失。在我国的经济增长过程中，人口红利和消费者端市场红利一直起着至关重要的作用。然而，随着我国人口结构的改变和增长速度的放缓，人口红利和 C 端市场红利正在逐步消失。人口红利是指一个国家

⊖ 政策利率是中央银行制定的一种利率，用于调节市场利率和整个经济的运行状况。政策利率的提高意味着中央银行希望通过紧缩货币政策控制通货膨胀，从而促进经济的稳定发展。而市场利率则是由市场供求关系决定的，当市场上的融资需求大于供应时，市场利率会上升，反之会下降。

在一定时期内劳动年龄人口占总人口比重高，使得社会抚养比低，从而具有抚养和消费劳动力较多的优势。然而，我国的人口结构正在发生变化，老龄化问题日益严重，同时生育率下降速度过快，使得我国的人口红利正在减弱。国家统计局数据显示，截至 2023 年年末，我国 65 周岁及以上老年人超 2.1 亿人，占全国总人口的 15.4%，已经进入深度老龄化社会。2035 年左右，我国 60 岁及以上老年人口将突破 4 亿，在总人口中的占比将超过 30%，进入重度老龄化阶段。这意味着未来中国企业将面临更大的用工压力，同时也需要承担相应的养老金支出，这将对企业生产成本和经济增长产生直接影响。此外，随着我国 C 端市场的饱和，市场红利也在逐渐减少。

其次是制造业低成本红利减弱。我国制造业曾因其低廉的劳动力、原材料、土地和能源成本等低成本红利而在全球市场中占据竞争优势。然而，随着工资水平的上升、环保要求的提高和全球供应链的重组，我国的低成本优势正在减弱。根据国家统计局数据，2023 年全国城镇非私营单位就业人员年平均工资为120 698 元，全国城镇私营单位就业人员年平均工资为 68 340 元，而在 2002 年，全国城镇单位在岗职工年平均工资仅为 12 422 元。这表明在过去 20 余年间，工资成本迅速攀升，对制造业成本构成了明显压力。除了劳动力成本上升造成的压力外，随着劳动密集型企业的内移外迁，依赖传统劳动密集型制造业的发展模式已经难以持续。此外，能源成本也在上升，根据伦敦洲际交易所数据，布伦特原油的最高价在 2023 年达到了 97.1 美元一桶，而在 2002 年的最高价仅为32.02 美元；国家统计局数据显示，PPI 的重要组成部分工业生产者购进价中，燃料动力类的价格从 2017 年到 2022 年间的年均涨幅为 8.55%。原材料价格的波动更是对制造业成本造成了直接压力。以钢铁行业为例，根据国家统计局的数据，2020 年钢材价格同比上涨了逾 30%。

最后，城市周期化红利正在消退。我国经历了快速的城市化进程，城市化需要大量基础设施建设，例如道路、桥梁、交通系统、住房和商业用地等，这些基础设施建设和房地产建设项目为政府和企业提供了大量投资机会，拉动了国民经济的持续增长。此外，城市化还有利于劳动力集聚和生产效率提升、市场扩大和消费增长、金融和服务行业发展、科技创新和人才聚集等，从而进一步拉动经济增长。然而，当前我国城镇化率已经高达60%，城市化周期的红利正在逐渐消退，房地产市场也陷入低迷。随着城市化进程的结束，我国经济发展将面临新的挑战。

总的来说，我国正面临着人口红利消失、制造业低成本红利减弱和城市化周期红利消退等多重挑战。这不仅对我国的经济增长提出了新的要求，也对我国的社会保障和经济发展模式提出了新的挑战。因此，寻找新的驱动要素、新的发展模式尤为重要。

1.2 传统产业堵点卡点难解决

产业发展的动力与效率同产业链的畅通程度有着很密切的联系。产业"大动脉"模型形象展示了传统产业的产业链价值流动不畅通的全过程，有助于理解传统产业面临的堵点卡点的主要成因，见图1-2。

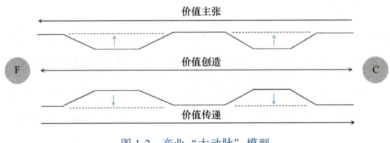

图1-2　产业"大动脉"模型

1.2.1 产业"大动脉"模型

如果将产业看作一个有机生物体的话，那么维系这个生物体生命的"大动脉"就是产业价值链，"大动脉"中流动的血液就是价值。简单来说，产业发展与繁荣的动力，就来自源源不断的价值输送。如果"大动脉"受到了制约或者产生了阻碍，那么产业价值的释放效率就必然会受到影响。

图1-2中，C表示顾客，是需求端；F表示工厂或企业，是供给端。需求端对产业链上游提出价值主张，与供给端进行价值的共同创造，然后接受来自供给端所创造的价值。顾客是产业价值链的终点，也是产业价值链的起点。为了

给顾客创造更大的价值，整个产业上下游会组成由多个参与主体构成的价值链条。这些参与主体紧密相连，相互作用，能够创造出比单一企业更大的协同效应，为最终顾客提供可以感知的价值。这种协同效应不仅体现在产品或服务的质量和价格上，还体现在产品或服务的创新和个性化上。为了满足顾客的需求，链条上各参与方会逐级地把顾客的价值主张向上游传递，告诉上游生产的企业要生产什么种类、规格、功能、品质、数量、时效等方面的产品或服务，以满足顾客的需求。随后，价值链上的参与方会进行价值创造，并将创造出的"价值半成品"逐级传递，最终以顾客满意的价值形式传到顾客的手中。这就是一次完整的产业"大动脉"的"血液"流动过程。

产业"血液"主要指在产业价值链上流动的信息流、商流、物流、资金流等。这些流动要素是产业价值链运转和优化的关键因素，它们决定了产业价值链能否高效地响应顾客需求，能否及时地调整生产计划和资源配置，能否有效地降低成本和风险，以及能否持续地提升竞争力和利润率。因此，产业价值链上各主体之间的协同效应水平，直接影响产业"血液"在价值链上流动的效果，将最终决定企业给顾客提供价值的能力。理想的情况是：顾客的价值主张向上游传递，然后价值链的参与主体迅速响应并协同配合，从设计到生产，从监督到执行，各方协同努力，最终创造出令顾客满意的产品或服务。

1.2.2　产业"血液"流动不畅

然而，在现实中，产业"血液"的流动并不总是那么顺畅。信息流、商流、物流、资金流在产业各参与方之间的流通，往往会遇到各种障碍和阻力，导致信息不对称、交易不畅、物流不及时、资金不充裕等问题。这些问题会降低产业价值链的效率和效果，增加企业和顾客之间的距离和矛盾。

这是由于在产业"大动脉"模型中，无论是客户价值主张向上游的信息逐级传导，还是产品服务向下游的价值逐级传递，在传统产业中都存在着严重的衰减问题，最终导致严重的信息不对称。在经济管理领域，有一个很形象的概念来描述价值流动不畅的现象——"牛鞭效应"。牛鞭效应是一种经济学术语，指产业链上的一种需求变异放大现象，使信息流从最终客户端向原始供应商端传递时，无法有效地实现信息共享，使得信息扭曲而逐级放大，导致了需求信息出现越来越大的波动，信息扭曲的放大作用在图形上很像一个甩起的牛鞭，因此被形象地称为牛鞭效应。牛鞭效应是市场营销中普遍存在的高风险现象，会导致供应端的供应相比于真实需求变得很不合理，进而影响到营销、供应和生产。价值链中的堵点和卡点会不断加剧价值传递过程中的牛鞭效应，导致企业经营困难、库存积压和产能过剩，以及供应链不稳定等问题。

以北美地区最大的巧克力及巧克力类糖果制造商 Hershey 公司为例，在 1999 年的万圣节，市场中的巧克力需求突然激增，导致 Hershey 公司的销售额猛增，但同时也引发了供应链的一系列问题。Hershey 公司的供应链由零售商、经销商、制造商和原材料供应商等环节组成。由于需求预测不准确，零售商向经销商订购了更多的万圣节巧克力，导致经销商向 Hershey 公司订购了更多的产品；Hershey 公司为了满足需求，加班加点地生产和运输巧克力，但由于生产和运输的时间需要一定的周期，加上原材料供应商也需要时间来生产和运输原材料，导致 Hershey 公司无法立即满足需求，出现了供应短缺的问题；随后，Hershey 公司开始加大产量，增加库存以满足未来的需求，但由于消费者需求的波动不可预测，最终导致了过多的库存积压和生产能力的浪费，以及运输成本的上升，对公司造成了不小的损失。

牛鞭效应的影响不仅存在于传统的实体产业，也存在于电商平台等新兴的产业形态。即便依托电商平台开展业务，但是如果电商平台之间缺少协同和有效整合，依然可以造成价值流动不畅现象。悠可集团是国内一家成功的美妆品牌电商服务商，为全球 80 多个高端美妆品牌提供服务，这些品牌在中国获得成功，少不了悠可集团的电商"操盘"。近年来，全域营销全面兴起，电商平台日益增多，营销方式日趋繁杂，多平台重复操作占用了悠可大量人力，营销物料投放效率低下。同时，各渠道缺乏业务整合，数据割裂，阻碍运营分析和复盘优化；推广机制缺乏灵活性，导致营销预算低效消耗。尤其是在"618""双十一"大促时，工作强度高加之推广人员能力参差不齐，后台操作失误引发的推广事故屡见不鲜，不能畅通地与各个品牌方进行沟通和协作，无法根据市场需求进行产品创新和定制。通过构建产业互联网平台，企业可以更有效地整合和共享信息，减少信息不对称和牛鞭效应的影响，从而提高产业价值链的效率和效果，增强企业的竞争力和适应市场变化的能力。

1.2.3 堵点卡点无处不在

在整个价值链的传递过程中，存在较多的堵点和卡点。整个价值链就像一条长长的锁链，各个环节相互依存、协同工作，是保持整个系统高效运转的关键。然而，一旦某个环节出现问题，就像锁链上一颗螺丝松动，会影响整个锁链的效率和稳定性。同时，分工带来的规模限制也使得每个环节难以充分发挥自身潜力，进一步制约了产业链的发展空间。这种情况下，价值链就像一条狭窄而曲折的动脉，难以满足产业发展所需的血液流动。

结合产业"大动脉"模型，从宽度来看，宽度变窄的地方就是产业的堵点和卡点，价值传递、价值创造和资源配置均受到阻碍；从长度来看，尤其是一些产业链条长的传统行业，很容易因为各环节协同不力而出现效率低下。这就会导致产业价值流动不畅，体现为产业中正发生的诸多具体问题：

1）资源的配置不合理会导致生产效率低下，使得价值链参与主体的资源得不到充分利用。例如，在制造业中，供应商、生产商、分销商等之间缺乏信息共享和协调机制，导致原材料、产品、库存等资源分布不均衡，造成资源浪费和成本增加。

2）多个中间环节增加了交易成本，导致产品的价格无法保持竞争力。例如，在农业中，农民、批发商、零售商等之间缺乏信任和合作关系，导致每个环节的费用和风险溢价增加，造成产品价格虚高和利润被侵蚀。

3）产业价值链创造出来的产品或服务同质化竞争严重，难以实现产品差异化，从而难以提高产品附加值。例如，在服装业中，设计、生产、销售等环节之间缺乏有效沟通和反馈机制，导致产品无法满足消费者的个性化和多样化需求，造成产品品质低下和市场饱和。

4）价值传递的过程中，物流环节效率低下，成本相对较高，导致物流成本占比较大，进而导致从工厂到消费者时滞严重。例如，在电子商务中，物流配送系统不完善和不智能，导致物流速度慢、损耗大、服务质量差、投诉率高等问题，造成消费者满意度降低和运营成本增加。

5）信息流动不畅，消费者需求得不到满足。企业距离客户远，导致其并不了解用户的产品体验、用户需求，设计和生产的时候闭门造车，使得传统企业在研发、生产和人才引进上只能进行低投入，进而造成产品的低价值、低价格。例如，在汽车业中，汽车制造商和汽车消费者之间缺乏直接的联系和互动，导致汽车制造商无法及时获取消费者的反馈和建议，无法根据市场变化和消费者需求进行产品创新和改进，造成产品落后于市场和竞争对手。

6）资金的使用效率较低，同时金融赋能也不足，难以实现金融服务和产业的有效对接。例如，在中小企业中，企业规模小、信用记录差、抵押物缺乏等原因，使得企业难以获得金融机构的贷款和融资支持，导致企业资金紧张和发展受限。六大问题的总结见图1-3，这些因素很大程度上会在产业范式转换过程中造成悖反现象，也是导致产业"大动脉"受阻、价值流动不畅通的主要原因。

图 1-3 产业"大动脉"受阻的主要原因

以中国手机市场为例，可以进一步理解价值链中存在的堵点和卡点。在手机原材料采购环节，核心零部件（如屏幕、芯片等）的供应量、价格和质量直接影响手机制造的成本和质量。在手机制造的过程中，生产工艺和工艺设备也需要不断升级，以满足市场中对手机技术的需求。在生产环节，沟通不畅会影响到手机制造的效率和质量。在商品流通环节，则面临市场竞争激烈和同质化问题，导致价格战频发。在物流环节，低效和较高的成本使得手机产品价格虽然便宜，但交付周期长，无法及时响应市场需求。手机的物流周转节点包括从生产厂商到国包商、省包商、地包商到零售网点等，层层时延导致物流更新非常缓慢。此外，信息流环节的问题也不容忽视。手机市场缺乏信息透明度，产品线不合理，营销手段单一，消费者体验较差。由于消费者对手机的需求和购买行为存在巨大差异，如何开展个性化和差异化的营销也成了手机厂商的难题。随着手机销售渠道的多样化，如何在多个渠道上实现协同也成了一个难题。在资金流环节上，因产业链短板，缺乏足够的金融赋能和技术投入，无法支持企业的创新和转型发展，手机完成一次资金周转需要接近一个月，整个资金周转效率非常低。

国内的物流领域也一直存在典型的卡点和堵点，成本高、效率低是一大顽疾，影响着物流行业的效率和服务质量的提升。主要表现在以下几个方面。

1）信息不透明：由于物流行业信息的不透明，物流企业难以获取到客户需求的信息，也难以及时反馈市场需求，这使得物流企业的资源配置不够合理，同时也导致物流供需不平衡，影响物流的效率和服务质量。

2）流程烦琐：在物流行业中，物流配送需要经过多个环节，包括接单、分拣、打包、发货、配送、签收等，环节烦琐可能导致配送过程中出现延误和错误，使得服务质量下降。

3）资源配置不合理：在物流行业中，物流企业的资源配置、仓库分布不合理且物流配送路线设计不科学，无法最大化地利用物流资源，造成资源的浪费和效率的降低。

4）同质化竞争：在物流行业中，同质化竞争严重，许多物流企业的服务和产品在质量和价格方面差异不大，这使得物流企业难以通过服务质量的提升获得差异化竞争优势。从数据层面来看，中国物流与采购联合会统计显示，我国物流效率远低于发达国家。2023 年，全年全国社会物流总额为 352.4 万亿元，占 GDP 的 14.4%左右，明显高于发达国家平均 8%~9%的水平，其中保管费用与 GDP 的比率为 4.8%，管理费用与 GDP 的比率为 1.8%。与发达国家相比，我国物流保管费用是其 2 倍，管理费用是其 3~4 倍。在我国商品流通中，因不必要的搬倒腾挪产生的流通费用占流通总费用的 25%左右，主要表现在海、铁、公多式联运比重低，甩挂运输进展缓慢等方面。

产业"大动脉"上的堵点和卡点的普遍客观存在，与悖反现象相辅相成，是当前传统产业面临的最大挑战，也意味着产业逻辑已经走到了新一轮"范式变迁"的前夜。在这个关键的时刻，我们需要从产业互联网的切入视角来寻找突破口，利用互联网技术和平台化思维，打通产业资源的流动渠道，构建一个高效、协同、创新的模式，推动向新范式的转变，来疏通整个产业中的堵点和卡点，减少悖反现象的发生，以实现产业的高质量发展。

1.3 致景科技：裁缝的革命

我国是全球服装与纺织品出口大国，在纺织行业一直保有竞争优势。但我国纺织行业近年来也面临着巨大的挑战，行业产值出现了下滑。2015年，纺织行业规模以上企业累计实现主营业务收入7.1万亿元，而2022年，这个数据是5.3万亿元。从整个纺织环节来看，纺织的产业链长、市场容量庞大，信息传递存在极高的滞后性，产业链的协同难度也非常大。其中，原材料供应环节存在较高的价格波动；坯布生产加工环节的订单需求不稳定，订单存在季节性变动；成品布料交易环节需要提前囤货，管理难度大，交易风险高；成衣生产销售环节附加值较低，终端的需求变化非常快。正是信息传递的层级多，导致整个纺织产业上下游的协同难度非常大，难以满足终端个性化、碎片化的需求。

致景科技是领先的纺织产业互联网企业，其从成品布交易流通环节切入市场，以交易型平台切入纺织业产业互联网，并不断通过大数据、云计算、物联网等新一代信息技术，逐渐拓展至其他产品型和服务型纺织产业互联网板块，构建纺织服装纵向一体化的数智化综合服务平台，全面打通纺织服装行业的信息流、物流和资金流。2014年，致景科技成立了成品布交易平台，开始与第一批制衣厂建立合作关系，为产业链上下游参与方建立沟通渠道。建立链接后，为应对订单变动的需求，2018年致景科技孵化出成品布订单分配服务平台，将织布厂与下游厂商的订单进行浮动匹配。成品布交易服务平台能够在数据计算技术上实现快速找布，围绕自身品类齐全的面料参数数据库，利用"大数据+AI+智能硬件"来快速精准匹配布料，经过链接与计算，完成纺织产业链的全流程数字化，实现全流程的生产可视化。在完成这一步骤后，致景科技围绕生产环节痛点，开发出产品型和服务型的产业互联网平台板块，于 2020 年上线了飞梭智纺、天工、致景金条。其中，飞梭智纺是完整的工业互联网数字化系统，服务纺织厂超 9000 家，累计接入织机超过 60 万台，能够给纺织厂提供完整的纺织服务，这意味着飞梭智纺的服务已经覆盖了大量的纺织厂家，并且接入的织机数量也相当可观。天工是服务智能制造云平台，能够为服务品牌商提供一站式柔性供应链服务。致景金条板块联合金融机构与合作伙伴，共同解决纺织行业海量中小微企业融资难、融资贵问题，能够服务整个产业链中所有的企业。在开发了这些板块的基础上，致景科技继续整合信息流、物流和资金流，于 2021 年推出纺织智造园，面向更多的纺织企业开放入驻，打造了国内纺织全产业的数字化园区。还在 2022 年上线易菲系统和智慧仓物流园：易菲系统提供服装制造的数字化服务，解决了传统服装厂生产加工环节效率低的难题；智慧仓物流园能够为整个纺织产业提供仓配一体化的物流服务。致景科技的发展历程如图 1-4 所示。

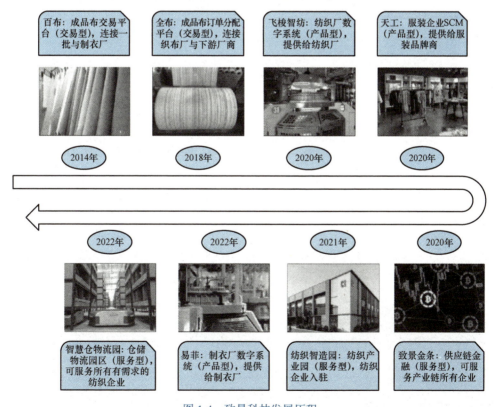

图 1-4　致景科技发展历程

　　总结来看，致景科技以供应链交易为切入点，构建了纺织业的产业互联网，通过云计算、大数据、物联网等技术将关键价值环节拓展到了其他产品型和服务型的纺织行业互联网板块。通过在关键价值支点拓展商业模式，致景科技覆盖了成品布生产、服装生产、供应链、供应链金融等纺织产业各环节，确立了领先的纺织工业互联网服务商的地位。致景科技通过技术创新和商业模式拓展推动纺织产业的升级和转型，提升了传统纺织业的生产速度，优化了工厂管理效率，为整个产业链多个环节提供了破局之道。

第2章

数字化的扩张与升维

2023年，我国数字经济规模达56.1万亿元，同比增长12%，已连续11年显著高于同期名义GDP增长率，数字经济占GDP比重达到41.5%。预计到2025年，数字经济将超70.8万亿元的规模，成为稳增长促转型的重要引擎；产业数字化规模将达56万亿元，占数字经济规模比重将超80%，产业数字化主导地位进一步巩固。在全球范围内也呈现出同样的趋势，根据中国信息通信研究院发布的《全球数字经济白皮书（2023）》，2022年主要国家数字经济规模同比增长7.6%，高于GDP增速5.4个百分点。数字经济，尤其产业数字化成为经济的核心拉动力，已经是显而易见的必然趋势。产业方在数字经济的发展过程中一直是核心的推动因素，因此本章主要从产业方，即企业的角度，通过剖析产业数字化"部门内—组织级—组织间—全产业链"的扩张过程，分析诞生于数据的数字原生企业及"跨界、转型、原生"三类产业互联网新模式，勾画产业层面"全场景、全要素、全链条"的数字孪生，来深刻地理解产业互联网的诞生是产业发展的内生需要，是经济发展的必然趋势。

2.1 从组织到全产业数字化

企业作为产业主体一直在参与互联网市场，包括以C端流量为主导的消费互联网。随着企业数字化转型逐渐成熟，数字化已经不再局限于企业内部，而是逐步跨出企业并向全产业链覆盖，为实现全产业数字化奠定基础。

2.1.1 从未缺席数字经济的产业方

任何一个市场都包含两类重要的参与者：一方是以企业为代表的产业方（Business），另一方是以客户或用户为代表的消费者（Customer）。产业方通常负责创造产品和服务，而消费者通过市场交易来获得产品和服务。产业方和消费者之间的交互形成了不同类型的关系，也决定了不同类型的商业模式。在互联网市场中，那些耳熟能详的应用或服务多数是以消费者端的数字化为核心的。例如，淘宝让消费者实现了购物的数字化，微信和 QQ 让消费者实现了通信的数字化，滴滴打车实现了出行的数字化。消费者端的数字化不仅让用户可以借助数字化手段获取更便捷的服务，还让用户之间实现了广泛的社会互动，并因此催生了以微博、脸书、抖音等为代表的大量社会化互联网应用。我们使用微博与他人互动，使用抖音浏览他人发布的短视频，使用滴滴乘坐他人的汽车出行，在这些场景中，我们似乎都在与其他个人用户互动，很难觉察到产业方的存在。然而，实际上，产业方在众多的互联网服务（包括消费者服务）中都扮演了不可或缺的核心推动角色，如果没有产业方，互联网也不可能从一项技术创新快速发展成为一种重要的经济形态。

产业方的参与是互联网商业模式成立的关键。免费可以说是消费互联网商业模式的一个显著特征，我们不花一分钱就可以使用新闻、邮箱、即时通信、短视频等各类互联网服务。长尾理论的创始人克里斯·安德森在其著作《免费：商业的未来》一书中将免费总结为一种数字世界中的新型经济模式，说明其具有高固定成本、低边际成本的特征，并进一步指出交叉补贴是免费的前提。一个典型的例子就是谷歌的广告商业模式。众所周知，谷歌不仅仅在搜索上开展业务，还为用户免费提供谷歌邮箱、浏览器、在线分享文档、谷歌翻译等多种免费服务。这些服务既然不能获取收益，谷歌为什么还要免费提供给用户使用呢？这正是产业方（即广告商）发挥了重要作用，谷歌的这些免费服务全靠广告业务赚取的收益来维持运营。谷歌虽然也在云服务、硬件服务等领域开展业务，但是谷歌最大的利润来源却是广告业务。谷歌确立了以搜索引擎为核心的网络广告商业模式，通过搜索联动型广告（AdWorks）让搜索某一关键词的用户可以直接看到相关广告，并为广告商提供按点击数来支付广告费的方式。这种创新型的广告形式既便利了那些有真正产品需求的互联网用户，也提升了广告商的广告投入精准度和性价比，获得了快速扩张，并成为将流量转化为收益的一条经典路径。谷歌的这一创新型商业模式成为众多互联网企业赚取收益的方式，阿里巴巴靠出售电商流量获利，百度靠出售竞价排名广告盈利，腾讯靠出售社交流量变现。从理论上而言，一家互联网企业只要有流量就可以通过广告实现盈利，而支持这一模式实现的关键一步就是产业方（即广告商）的付费。

此外，在本地生活服务业中，产业方的参与就更为重要了。在这类业务中，以各类商户为代表的产业方变成了服务的直接提供者，而互联网企业仅仅提供了平台服务和链接功能。以美团为例，2011 年，正值国内团购企业的"千团大战"，王兴找到赫赫有名的阿里巴巴地推团队"中供铁军"的代表性人物干嘉伟担任美团首席运营官。干嘉伟一举将美团地推团队打造为业内知名的"美团铁军"，从而大幅提升了美团线下商务团队的运营水平和效率，为美团积累了大量与产业方合作的经验和能力，成就了美团如今中国最大的餐饮外卖平台的行业地位。根据美团公司发布的数据，2021 年美团活跃商家数量达 880 万，为 6.91 亿用户提供服务。可以说，对于以匹配供需为主业的平台类企业而言，平台上的供应商（产业方）和需求方（消费者）具有同等重要的地位，二者缺一不可。

既然产业方从互联网兴起初始便如此重要，那为什么产业互联网到近些年才开始发展起来呢？一个重要原因是随着产业数字化的深入，企业的数字化意识和程度在不断提升，尤其是行业龙头企业的数字化转型带动效应显著，极大地加速了产业互联网的发展。2022 年，埃森哲咨询完成了一项对包括电子零件与材料、高科技产品、汽车与工程机械、医疗医药、消费品、物流航空、传统零售、化工建材和冶金 9 个行业的 574 家中国企业的数字化转型调研，评价了这些企业在使命、体验、运营、技术 4 个方面的数字化转型程度。调研发现，中国企业的数字化进程 5 年来稳步推进，在质和量上均有大幅提升和增长。转型成效显著的中国企业比例从 2018 年的 7% 攀升到了 2022 年的 17%。过去两年内，部分领军企业在开拓数据变现模式、实现数据流和业务流程有效链接、搭建基于数据分析的决策和管理体系方面的得分均呈现出两位数增长。企业数字化转型的加快，提升了企业内部的数字化水平，使得企业之间在业务上更容易实现数字化协同，从而促进产业互联网的发展。产业方对数字经济的发展起着核心的推动作用，正因如此，要了解数字经济的发展过程，就应当从产业方的数字化进程角度来进行剖析。

2.1.2 部门内—组织级—组织间—全产业链的数字化进程

随着我国传统产业的发展红利逐渐消失，充分挖掘现有生产要素的价值，实现产业的提质增效已经成为企业的共识。另一方面，数字化转型进程的加快使得越来越多的企业开始意识到在供应链环节与上下游企业深度协同带来的巨大价值，企业信息化需求也由最初的以流程和控制为核心的业务系统建设，逐步过渡到以组织间高效协同为核心目标的数字化供应链，全面开启"产业链大协同的产业互联时代"，如图 2-1 所示。

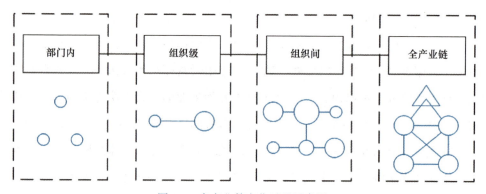

图 2-1　全产业数字化过程示意图

首先，在 20 世纪 80 年代末 90 年代初，部分企业配置了计算机，开启了第一个阶段，即**部门内数字化**，也就是政府或者企业把一个部门内的工作进行线上化，通过采用数字化技术来改善内部流程和管理。这包括应用数字化工具和软件来管理财务、人力资源、生产等内部运营活动。例如，企业可能使用企业资源计划（ERP）系统来整合各个部门的数据，提高生产效率并优化资源分配。在单个部门完成数字化以后，为了组织内不同部门之间可以顺畅地对接、协作，自然而然就要求其他部门也进行数字化，这样便达到了第二个阶段，即**组织级数字化**。这一阶段涵盖了整个组织范围内的数字化转型，旨在提高企业的整体效率和竞争力。典型做法包括制定数字化战略，引入客户关系管理（CRM）系统以改善市场营销和客户服务，以及实施大数据分析以进行决策支持。在政府、大型企业等实力雄厚、走在前沿的组织完成数字化之后，自然而然便会要求与其有密切业务联系的其他组织实现数字化，方便系统对接，如此便达成了第三个发展阶段，即**组织间数字化**。这一阶段强调企业与其供应商、合作伙伴和客户之间的数字化链接，即供应链的数字化。这种链接可以通过电子数据交换（EDI）、供应链管理（SCM）系统和共享的数字平台来实现，以提高协同工作、信息共享和整体供应链效率。随着组织间数字化不断地扩大，不断有企业完成数字化并推动联系紧密的上下游企业完成数字化，最终便达成了数字化扩张的最后一个阶段，即**全产业链数字化**。这一阶段中，产业链上所有相关企业之间通过数字化进行链接，全产业链可实现资源高效运作和价值创造。这可能包括利用物联网、区块链技术和大数据分析来实现整个价值链的数字化监控、协同创新和智能化决策。一些领军企业经过前期的数字化转型，沉淀了产业互联网中台能力，可为产业链上下游企业内部业务系统的建设和升级赋能，同时帮助产业互联网平台之间实现链接，进一步促成了全产业链生态。

阿里钉钉的发展历程，正好反映了这一全产业数字化的转型过程。回顾阿里钉钉的发展轨迹，其从企业内部管理数字化迈向企业间协同数字化，协同工具的扩张过程大概分为三个阶段：

首先是组织内部数字化阶段。钉钉最早的定位是一款企业即时通信工具，为企业内部协同而生，这是钉钉业务的群 1.0 时代。在群 1.0 时代，钉钉的群聊功能以企业内部沟通为核心，主要提供 Ding、项目管理、文档协同、已读、日程与待办等功能。从群 1.0 版本到 5.0 版本，钉钉积累了即时通讯、音视频会议、在线文档、项目管理与审批等组织管理数字化领域的各种功能，这与企业微信没有太大区别。钉钉后来"企业间连接"的各项能力的实现，正是获益于其在解决"企业内部连接"过程中的丰富积累。

其次是组织内部数字化向组织间数字化过渡阶段。随着企业客户在实践中对跨组织连接的需求越来越凸显，钉钉开始有意识地向跨组织的数字化连接迈进。在组织内部数字化阶段丰富建设成果的基础上，针对"企业间连接"陆续开发了一些针对性的功能。最为典型的就是"上下游组织"平台。"上下游组织"是钉钉专门为企业连接上下游组织而打造的对外协作平台，具有上下游通讯录、上下游外部群、跨企业会议、文档知识库、日程与云盘等复合功能。应用"上下游组织"的企业，可以邀请合作伙伴加入统一通讯录，跨组织快速找人；支持设置供应商、经销商等伙伴类型，一键导出组织结构；上下游外部群内可实名聊天，成员如果离职便自动退出；在"上下游组织"平台中可使用 OA 审批、知识库、日志、云盘与视频会议等多种效率工具，也可添加自建应用，让组织间高效开展业务。在 6.0 版本与 6.5 版本中，钉钉分别推出了低代码开发与酷应用功能。低代码功能可以提供低代码模板或工具，让企业的业务人员快速实现大多数业务应用的自主开发。酷应用则是一种全新的场景化应用，可以实现群聊等高频办公场景穿透，让过去低频的业务应用随处可见、随手可用。这两个基础功能使企业间连接不只是停留在简单的信息传递，还从深层次上打通了企业在业务流上的连接，共同开启了钉钉从组织管理数字化向业务管理数字化的转换。例如，钉钉平台上的客户企业，可以使用低代码技术将第三方 SaaS 应用直接分享到上下游组织的工作台与外部群中，实现这些业务应用的跨组织使用；包括企业审批等也可以由外部企业直接发起业务流程，然后共享到上下游组织工作台或者外部群，流转到客户企业内部进行审批。

再次是组织间数字化协同阶段。钉钉 7.0 版本将"企业内部连接"的基础功能与"企业间连接"的针对性功能进行融合，推出"群 2.0"，重新定义了群聊产品功能，创造性地将"群聊"升级为将"企业间连接"各项功能融为一体的枢纽功能，极大提升了组织间一体化协同的应用体验，这是钉钉业务群 2.0 时代。钉钉可以将会议、文档与项目管理等协作功能嵌入群聊中实现跨组织使用，让不同企业在同一个群内便可以实现云文档编辑、应用发布、流程处理与合同审批等工作协同。例如，在召开音视频会议时，群内不同组织的成员只需会议号或链接即可加入会议，并且可以清晰辨别参会者的身份；在群聊内，成员可以将文档、知识库等资料跨组织分享给外部人员，且多人编辑时可以显示不同成员的企业身份；项目管理工具 Teambition 也升级了跨组织能力，让跨组织合作方可以在群聊中进入项目看板，掌握双方合作项目的进展。

除了"群 2.0"这一实现跨组织协同的枢纽功能，钉钉 7.0 的一个新的旗舰功能便是企业服务聚合平台"钉选"，其将钉钉平台上的各类外部服务整合成统一入口。"钉选"一方面拥有超过 1500 款可按需购买的各类 SaaS 应用，另一方面还包括与阿里商旅、携程商旅、智联招聘、猎聘、人人租、爱租机、e 签宝、探迹 CRM 与纷享销客等合作伙伴联合推出的智能差旅、智能租赁、智能招聘、智能合同、营销服务等融合产品，能够很好地帮助钉钉平台上的企业客户实现与外部服务商的一站式打通。

价值链理论的提出者迈克尔·波特将企业所有创造价值的活动分为以供应链为核心的基础性活动与以人事、行政和财务为核心的支持性活动。钉钉平台的"企业间连接"正好覆盖了这两类活动。钉钉的"群 2.0"成功解决了企业供应链等基础性活动领域的跨组织连接，而"钉选"平台的各种应用服务则很好地解决了各类支持性活动的跨组织连接，二者共同构成了钉钉平台在"企业间连接"方面的两个核心支柱。

目前，钉钉平台的"企业间连接"功能已经在企业的具体实践中得到了很好的应用。中国燃气集团在此基础上建立了"中燃外单位合作空间"的上下游组织，并开发了"工程质量安全计分系统"应用，安装在上下游工作台；一汽大众基于钉钉的"上下游组织"功能创建了"一汽大众汽车有限公司合作空间"，实现了文档、会议等基础功能的跨组织协作。

2.2　数字原生企业星火燎原

以数字技术为起点的数字原生企业蓬勃发展，这些企业通过挖掘、采集、加工、存储、交易各类数据创造价值。此外，传统产业中的各类企业也正借助数字技术实现产业的赋能和转型，可称为数字次生企业。这两类企业都在尝试推进产业级的数字化转型，并催生了三类重要的产业互联网模式。

2.2.1　数字原生企业

从数据要素产生的角度看，可以把各类企业分为数字原生企业和数字次生企业两大类。数字原生企业包括高科技、互联网领域的企业等，这类企业随着数字化技术的创新而发展，核心业务与数字化融为一体；数字次生企业是较为传统、成熟的领域中的企业，数字化给这类企业带来了发展的机遇，数字化的进程也更为迫切。

数字原生企业天生带有数据基因。所谓的数字原生企业，是指先有数字技术而后催生了企业的这类企业。我们常讲的"数字产业化"和"数字技术核心产业"都是指数字原生企业所在的产业，这些产业从诞生之日起就生产数据并依存于数据存在和发展。这些大致可分为四类：第一类是数据获取和应用能力极强、商业模式依托数据能力而产生的科技企业，如谷歌、脸书、字节跳动等。第二类是专业的数据生产和交易商，例如我国的数据堂等。它们通过数据采集、加工和分析等环节，产生数据服务和价值。现在我们经常讨论数据的产权界定，但其实与个人隐私无直接关联的数据占数据总量的大部分，例如制造业数据占了当前数据交易总量的三分之一。第三类是各类生产依托数据、以数据为基础条件的创新企业。以中国的独角兽企业为例，虽然数量与前些年相比有所下降，但是这些企业快速向数据产业集中分布。2019 年排名前十的独角兽企业中还有几家难以定位为数字原生企业，但是到了 2021 年，排名前十的独角兽企业都是数字原生企业，这充分说明了利用数据进行创新服务的重要性。第四类是数据类基础设施产业。该类产业蕴含着诸多投资和发展机会。根据工信部数据，截至 2023 年底，我国累计建成 5G 基站 337.7 万个，5G 移动电话用户达 8.05 亿户。

数字次生企业是先有企业，然后通过数字孪生技术的应用来实现产业升级、转型和优化的企业，最终将实体世界的物理对象和过程在虚拟世界中进行数字化建模、仿真和优化。不同于数字原生企业完全基于数据要素开展经济活动，数字次生企业更多地基于数据要素和物理或实体要素产业开展经济活动。数字次生产业涵盖的类别在过去都已经存在，数字技术使这些产业数据化，数字赋能是第二位的。例如，在工业领域，利用数字孪生技术可以提高产品设计制造、工程建设等方面的效率和质量；在城市领域，利用数字孪生技术可以推动新型智慧城市的建设等。这些产业有实体形态，也有虚拟形态，是实体经济与数字经济的融合部分。

2.2.2　产业互联网新模式的催生

产业互联网在国内的发展历史很短，其迅猛发展的背后，除了渐进式发展的传统产业方外，近年来呈爆发式成长的数字原生企业同样熠熠生辉。随着云计算、大数据、数字孪生、虚拟现实等新一代信息技术持续推动行业发展，数字原生企业开始大量涌现出来，这为产业互联网的未来发展铺平了道路。

综合看来，目前已有的产业互联网模式大体有三种，如图 2-2 所示。

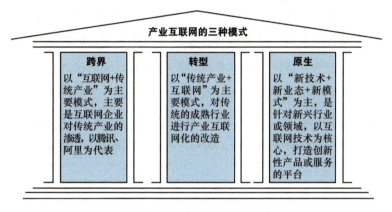

图 2-2　产业互联网三种模式

第一种类型是跨界，以"互联网+传统产业"为主要模式，主要是互联网企业对传统产业的渗透。这种模式以腾讯、阿里为代表，其从互联网技术出发，通常提供一组通用的数字化工具，赋能多个传统产业。以腾讯为例，在产业互联网整体布局中，腾讯基于核心技术，根据不同企业的特点，提供不同的服务方案，包括三个方面：一是使用数字化触达工具提供轻量级服务；二是提供全方位的数字化解决方案以进行深度合作；三是腾讯通过合作、投资和孵化，与企业共同构筑腾讯产业互联网生态圈群，提高综合竞争力。这三种方式共同构筑了腾讯产业互联网体系，赋能金融、教育、医疗、制造、交通、物流、文旅、传媒等行业。

第二种类型是转型，以"传统产业+互联网"为主要模式，对传统的成熟行业进行产业互联网化的改造。这种模式通常从特定的某个传统产业出发，引入数字化能力定制工具或平台，深入产业具体场景和痛点，通过线上与线下的资源融通，将线上的优势资源注入线下、线下的数据实时反馈给线上，从而完成产业的互联网化改造。

第三种类型是原生，主要指"新技术+新业态+新模式"，是针对新兴行业或领域，以互联网技术为核心，打造创新性产品或服务的平台。原生模式更多地采用互联网、大数据、人工智能等前沿技术，创造出新的产品或服务，主要是以数据服务商为代表的新型产业组织形态。例如，字节跳动就是典型的原生类平台企业，为用户提供数字化技术支撑和数据要素驱动的服务体验。作为一家以内容为核心的科技公司，字节跳动旗下拥有多款知名的短视频、资讯、社交等应用。其内部有一个统一的数据分析平台，提供了丰富的数据指标、可视化工具和智能分析功能，帮助各个业务部门进行数据驱动的决策。这种数据决策能够实时地验证产品功能并提供用户反馈。不仅如此，字节跳动还拥有全球级的超大规模深度学习集群，能够利用人工智能技术为用户提供个性化的内容推荐，不断提升用户体验和内容质量，为用户提供全新的数字产品和服务。

2.3　全场景、全要素、全链条数字孪生

产业互联网通过技术创新、模式创新提升传统产业的三方面效能：价值主张和价值传递的效率、生产者的价值创造效率、政府和市场的资源配置效率。据此，我们提出了产业与数字技术融合的双喇叭口模型。产业数字孪生将会是产业互联网发展的趋势。

2.3.1　双喇叭口模型

互联网、云计算、人工智能、区块链等技术创新和产业互联网的链接协同等模式创新改造传统产业，助力传统产业实现全链条、全要素、全环节网络化和在线化，进而产生大量生产数据、协同数据、交易数据、物流数据、资金数据，实现产业数字孪生。图2-3所示的线上线下产业融合双喇叭口模型展示了数字经济与实体产业互相渗透融合的过程。

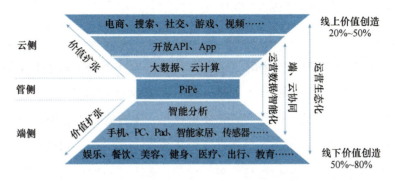

图 2-3 线上线下产业融合双喇叭口模型

双喇叭口模型展示了产业互联网自云侧向端侧的融合过程，它描绘了线上数字空间与线下实体经济之间紧密联系的模式。上面的三角是数字经济或称虚拟经济，以及基于云计算的一系列设施和工具，包括大数据、云计算、各类应用等，它掌握了整个产业的数据，能够以"上帝视角"全盘来看整个产业的堵点、痛点、卡点，能够对整个产业进行重构，使这些痛点、堵点、卡点被解决掉，使整个产业的规模、产业的价值得到提升。下面的三角代表实体经济，包括了娱乐、餐饮、美容、健身、医疗、出行、教育等实体行业，以及终端设备，包括手机、计算机、传感器等。上下两个三角中间是两个对应的喇叭口，象征着数字空间与实体经济之间的链接，并使能双向渗透。通过数字化技术，数字经济向下渗透，线上平台与线下实体经济相互交织、相互渗透，线上线下两个领域不再孤立，而是形成了线上线下一体化的商业模式。

随着线上线下融合的不断加深，产业数字孪生将实现更为全面的发展。通过数字孪生，企业可以在数字空间中对整个产业链进行全方位建模、仿真和优化，从而实现产业全景在线的数字孪生，最终，产业互联网将能够从"上帝视角"对传统产业进行全面数字化改造。这意味着企业可以以更加全面的数据支持和智能化决策，实现从上到下的全面改造和优化，提升整体效率和价值创造能力。通过线上线下融合所带来的协同效应，产业价值和产出可以超出传统的简单相加效果，从而实现更高的效益和增长，产生"1+1>2"的效果。

2.3.2 产业的全面数字孪生

"孪生"是双胞胎的意思，因此，"数字孪生"从字面来理解就是创造一个物理设备或实体在数字空间中的"克隆体"。从本质上来说，数字孪生是指把现实世界中的物理实体，通过一系列技术映射模拟到虚拟空间中去，以实现高效科学的诊断、预测和决策。之所以要映射模拟，主要有两个原因：一是真实本体的造价昂贵，试错成本高；二是真实本体独一无二，无法物理复制。也就是说，数字孪生技术对于造价昂贵、独一无二、无法复制的物理实体有天然适配的应用价值。

回顾数字孪生的起源，这是一项由美国国防领域创新并普及的技术。早在1991年，美国耶鲁大学计算机科学教授大卫·格伦特（David Gelernter）就首次提出了数字孪生的概念。然而直到2002年，数字孪生的概念才被密歇根大学的迈克尔·格里夫斯（Michael Grieves）博士成功应用于制造业，从而逐渐进入公众视野。真正引爆数字孪生的是美国国家航空航天局（NASA）于2010年对航天飞行器进行的技术改进，美国国家航空航天局通过数据构建了航天飞行器的物理仿真模型，在真的航天器和虚拟航天器之间首次建立了数字映射关系，约翰·威格尔（John Vickers）将这一过程命名为数字孪生。随后，美国空军研究实验室在一次演讲中明确提出数字孪生，希望通过数字孪生技术解决战斗机维护和升级的问题。美国通用电气在帮助美国国防部解决F-35联合攻击机解决方案的时候，发现数字孪生可以方便地帮助其实现在虚拟环境下对机器的调试、试验、运行测试和模拟，并且可以同步将方案用于物理实体的机器上，从而节省大量成本，并显著提升效率。此后，数字孪生技术逐渐从国防领域进入工业领域。例如，德国西门子开始利用数字孪生技术仿真模拟真实的工业生产和设计空间，并对工业产品从产线设计、规划排产到实际生产的全流程都应用了数字孪生，极大地便利了全流程监督和提升了管理效率。

如今，数字孪生开始快速在以工业为主的各类产业界普及，并且这种普及正渗透到产业的不同环节中。在工业制造领域，采用数字孪生技术，通过对运行数据进行连续采集和智能分析，可以预测零部件或产线工作的最佳时间点，也可以提供维护周期的参考依据。数字孪生体还可以提供故障点和故障概率的参考等。在物流和供应链管理领域，通过数字孪生技术，企业可以实时监控供应链中各个环节的运行状况，优化物流配送，降低库存成本。在产业链协同领域，数字孪生可以帮助产业链上不同环节的企业实现远程协同和智能制造，让工程师和管理人员在虚拟环境中对生产线进行优化和调整，提高生产效率。由此可见，数字孪生作为一项技术，可以通过数字化的形式降低物理空间中各种产业行为的成本并提高效率。

产业数字孪生是指利用数字化技术和数据模型对实体世界中的产品、生产过程和服务进行全面建模、仿真和分析，以实现对整个产业链条的全方位数字化呈现，是实现全产业链、全供应链的数字化、网络化、智能化的全链路价值重构。通过数字孪生，可以实现对实体世界的虚拟化再现，使得企业在数字空间中可以模拟和优化现实世界中的运营活动。产业数字孪生是实现各产业领域中"人、虚拟空间与现实空间"虚实映射、交互、融合，实现产业全要素链、全产业链、全价值链高效协同、互联互通的深度融合，成为数字经济与实体经济以虚促实、以虚带实融合发展的新型载体，如图 2-4 所示。

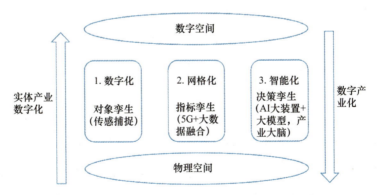

图 2-4　产业数字孪生示意图（图片来源于《产业元宇宙白皮书（2021—2022）》）

与数字孪生息息相关的是近年来成为全球关注热点的元宇宙概念。商汤智能产业研究院在 2022 年 2 月发布《产业元宇宙白皮书（2021—2022）》提出，产业元宇宙能够赋能产业数字化、网络化、智能化转型，包括设计、生产、运输、交付等产业链各环节，其应用遍布制造、建筑、汽车、物流、城市、能源等实体产业。第一步是产业链数字化：对生产线或产品进行传感捕捉，形成孪生商品或工厂模型；第二步是产业链网络化：通过 5G 或物联网，将生产线环境与产品数据实时上传到 AI 超算中心上，生产大数据在线融合，形成"指标孪生"；第三步则是产业链智能化：基于生产数据训练出自动化或半自动化决策模型，沉淀知识图谱和产业大脑，通过机器人或机器手反向指挥生产参数调整形成"决策孪生"的价值闭环。

数字孪生与产业互联网结合，无疑为企业带来了更加高效、智能和可持续的生产模式。数字孪生技术可以为产业互联网提供更精准、实时的数据支持，帮助企业更精准地掌握生产过程中的问题和瓶颈，从而进行有效的优化和改进。与此同时，产业互联网也可以为数字孪生提供更广阔的应用场景和更高效的数据支持，使数字孪生更好地发挥作用。全场景、全要素、全链条数字孪生能极大赋能产业发展，提升传统产业的效率和竞争力。

全场景：数字孪生不仅涵盖了产品的设计、制造、运营等全生命周期的各个环节，还包括了与之相关的市场环境、客户需求、供应链协同等多种场景。**全要素**：数字孪生将涉及产品本身的物理特性、传感器数据、生产设备信息、供应链数据、市场销售数据等多种要素，从而实现对整个价值链的全方位数字化监控和管理。**全链条**：数字孪生旨在实现对整个产业链条的数字化呈现，包括原材料采购、生产制造、物流配送、市场销售以及售后服务等多个环节。

产业数字孪生已逐步成为产业互联网发展的重要基石，它能够为企业提供更加全面、深入的数据支持，帮助企业实现智能化生产、有效的资源配置，以及符合市场需求的产品和服务，推动产业实现数字化转型和提升整体运营效率。价值主张和价值传递的效率决定了整体产业效率，产业数字孪生能够从云侧发现端侧产业价值链的堵点、卡点，利用数字技术改造升级传统产业，解决价值链各环节的信息不对称、价值传递效率不高等问题，提升产业链内要素流通的效率。通过数字孪生，企业能够更好地理解客户需求、产品使用情况和市场变化，从而优化产品设计、提升交付效率，并实现个性化定制生产。比如，通过金融科技降低融资成本，解决融资难、融资贵的问题；通过智能物流体系降低物流成本等。生产者的价值创造效率决定着参与企业的竞争力和行业发展水平。

数字化技术通过对生产流程、生产设备和内部管理的改造，将大幅提升价值创造的效率，帮助企业实现智能制造、预测维护，优化生产计划和资源配置，降低生产成本，提高生产效率和质量。政府和市场的资源配置效率决定着产业发展水平，通过数字孪生，政府和市场能够更准确地理解产业发展现状和需求状况，实现精准监管和资源配置，降低资源在各个环节的冗余、浪费。在市场方面，也有助于促进产业结构升级和经济可持续发展。

第3章

数字技术开启产业新纪元

科技创新一直是全世界各行各业得以持续进步发展的核心力量。在数字技术成熟前,产业的发展主要受限于传统生产要素的供给,并受到较强的时间和空间局限。数字技术的出现,打破了传统生产要素有限供给对产业增长的约束,在一定程度上突破了时间和空间的局限性,为产业变革提供了重要的机遇。从另一个角度来看,一个新兴技术要推动经济社会的发展,必须与相配套的商业模式创新相结合。产业互联网正好具备技术和模式双重的可行性保障,开启了产业新纪元。

3.1 数字技术的高速发展

数字技术是指借助计算机和现代通信技术,对数字信息进行处理、传输和存储的技术集群。最早的数字技术可以追溯到20世纪50年代,当时电子管和晶体管等电子系统的研发和应用被认为是数字技术的起源。然而,这种技术主要用于处理和传输模拟信号,而非数字信号。直到20世纪70年代,随着集成电路的出现,数字技术迎来了快速的发展创新和爆发式的增长。半个世纪以来,数字技术对人们的生活、工作,以及产业的运作方式都产生了颠覆性的改变,对人类文明的进程产生了深远的影响。

3.1.1 互联网的三级演进:Web 1.0—Web 2.0—Web 3.0

无论是消费互联网还是产业互联网,其技术底座都是万维网技术 (World

Wide Web，WWW，也简称 Web）。可能你会有疑惑，为什么我们回顾互联网的技术演进时，提到的是万维网（Web）而不是互联网（Internet）技术呢？这是因为 Web 已经成为绝大多数人使用互联网的主流方式了，虽然 Web 仅仅是运行在 Internet 上的一个应用。因此，要想充分理解消费互联网和产业互联网，对万维网技术的演变史进行回顾就显得十分必要。从技术演进的视角看，万维网的发展经历了 Web 1.0、Web 2.0 和 Web 3.0 三个主要阶段，图 3-1 展示了三个阶段中用户和内容之间不同的关系模式，分别代表了万维网的三代版本。

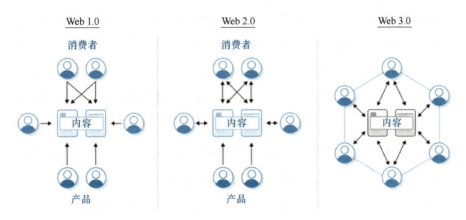

图 3-1　万维网发展的三个阶段

可以将 Web 1.0、Web 2.0 和 Web 3.0 三个阶段的主要区别归纳起来，见表 3-1。

表 3-1　Web 1.0、Web 2.0 和 Web 3.0 的对比

比　较　项	Web 1.0	Web 2.0	Web 3.0
入口	浏览器	App 应用	数字钱包
后端	服务器	云服务	区块链
交互方式	读	读、写	读、写、拥有
经济模式	广告经济	平台经济和广告经济	所有权经济和创作者经济
网络形态	分散式	中心化	分布式和多中心
发布者	公司、机构	PGC、UGC	PGC、UGC、DAO
所有者	公司、机构	公司及平台	组织与个人
数字身份系统	用户名+密码	平台内数字身份	跨平台、基于私钥数字身份

Web 1.0 是万维网的第一代版本，也是万维网发展的初期阶段。1989 年，英国计算机科学家伯纳斯·李（Berners-Lee）成功开发出世界上第一台网络服务器和第一台客户机，用户可以通过超文本传输协议（Hyper Text Transfer Protocol，HTTP）从一台网络服务器转到另一台网络服务器上检索信息。随后，伯纳斯·李又创造性地开发了超文本标记语言（Hyper Text Markup Language，HTML）、统一资源定位符（Uniform Resource Locator，URL）和早期的网页编辑器及浏览器等技术，为万维网的发展奠定了基础。大学、政府、企业都看到了互联网带来的机会，每个人都需要新的计算机程序来访问网络。1993 年，在美国伊利诺伊大学求学的马克·安德森（Marc Andreessen）成功研发了一款操作简便、对用户友好的互联网浏览器 Mosaic，该浏览器迅速流行，成为日后红极一时的网景（Netscape Navigator）浏览器前身。在浏览器带来的上网便利助推下，万维网正式迎来了 Web 1.0 时代。

Web 1.0 时代的互联网是只读静态互联网，对应着信息进化的第一个发展阶段，即信息化阶段。在这一阶段，信息是单向传播的，仅可以由公司或机构来进行发布，用户可以从浏览器中获取静态网页，收集、浏览和读取千里之外的服务器上的信息，但由于缺乏交互式应用程序，用户不能上传或编辑信息。Web 1.0 时代，由于互联网缺乏与用户的互动和数据反馈，企业更多地使用互联网作为信息发布的平台，主要的商业模式仅有广告，因此在该阶段互联网对于实体产业的深度融合还显得有限。这也成为 Web 1.0 的主要局限。Web 1.0 时代用户的数字身份系统主要是用户名+密码。这一阶段的代表性互联网企业包括新浪、搜狐等门户网站公司。

Web 2.0 是万维网的第二代版本，是互联网使用的一次范式转变。不同于只能接收和阅读信息的 Web 1.0，Web 2.0 允许用户创造内容并与其他用户互动，进化为了可读可写的互联网，对应着信息进化的第二个发展阶段，即数字化阶段。在 21 世纪的第一个十年，广泛使用的 Web 1.0 网页逐渐被具有交互性、社交链接性和用户生成内容特征的 Web 2.0 取代。Web 2.0 使用户生成内容（User-Generated Content，UGC）可以被全世界范围内的用户即时获取，互联网入口也更多地从浏览器转移到更加复杂的 App。得益于移动互联网接入、社交网络等关键的商业创新，功能强大的苹果及安卓移动设备的普及，以及云服务的兴起等多重因素，Web 2.0 实现了指数级的增长。Web 2.0 的经济模式也扩展到了平台经济，但广告仍然是盈利的主要方式之一。在这一阶段，网络形态是中心化的，以平台为中心；除了平台仍旧可以发布内容外，用户也能够产生内容、参与讨论并分享信息，但信息和内容的所有者是公司以及平台。这一阶段形成了双向交流的网络环境，增强了用户之间的社交链接性，以及与平台、企业之间的互动性，也促进了信息和数据的广泛共享，为产业互联网的诞生奠定了基础。企业能够更好地了解用户需求，进行精准营销，以及为用户提供个性化服务。Web 2.0 阶段的数字身份系统是平台内的数字身份，包含密码、二维码等多种登录方式。Web 2.0 时代诞生了大量成功的互联网企业，包括 Airbnb、脸书、Instagram、Twitter、抖音、优步出行、WhatsApp、YouTube、优酷等。

Web 3.0 代表了万维网或互联网的下一个演进阶段，并且一定程度上具有与Web 2.0 相似的颠覆性，也被认为将会是一次重大的范式转变，对应着信息进化的第二个发展阶段，即数智化阶段。Web 3.0 是建立在去中心化、开放性和更好的用户效用等基础之上的可读可写可拥有价值互联网。数字资产化将成为核心，区块链将成为后端的重要支撑，而互联网入口将转移到数字钱包。伯纳斯·李早在 20 世纪 90 年代就阐述过其中的一些关键概念。例如，他将去中心化阐述为："在网络上发布任何内容都不需要获得一个权威的中央当局的许可，网络中没有中央控制节点，也没有扼杀开关（kill switch），这意味着不受不分青红皂白的审查和监视。"当前，Web 3.0 的发展仍处于探索阶段，业界对于 Web 3.0 尚未达成一致的标准定义，但是大多认为 Web 3.0 将会具有分布式、去中心、安全性增强、个性化体验、包容性增强和智能化、透明性等特征，并将极大地改善用户交互水平。可能的代表应用包括去中心化金融、区块链游戏、去中心化社交网络、身份验证、数据存储、物联网和数字资产管理等。Web 3.0 的一个重要特征是，用户的数字资产、个人数字身份和数据完全回归个人，也就是说，从过去的以"企业"为本变成以"个人"为本，自己掌握自己的数据所有权和使用权，并且公平地参与到由此产生的利益分配里面，核心就是用户创造内容，用户维护，用户分配收益，用户实现自治。Web 3.0 时代信息的发布者除了平台、用户，还包括 DAO（Decentralized Autonomous Organization，去中心化自治组织）。它是一种基于区块链理念，由达成同一共识的群体自发产生的共创、共建、共治、共享的协同组织形态。这种组织是社区自治的，不需要组成公司来进行治理；DAO 也是一种商业化的组织，我们可以把 DAO 想象成一家存在于区块链上的虚拟公司，它也有资产，进行采购、投资和销售，但所有的规则和合同都是用代码写的。Web 3.0 的数字身份系统是跨平台、基于私钥的数字身份，典型企业有 OpenAI、百度等。Web 3.0 的兴起使得产业互联网更加注重数据安全、智能化应用和价值交换。区块链技术的应用为信任建立和数据安全提供了可能性，而智能合约、分布式应用程序等概念为产业互联网的发展提供了新的思路。

如果通过互联网的演进路径来透视产业发展的逻辑，我们可以发现产业互联网的演进也经历了类似的三个阶段。在 Web 1.0 阶段，以慧聪网为代表的产业门户网站完成了钢铁、煤炭等垂直产业的初步数据化过程。企业通过建立并运营企业网站向其客户或潜在消费者传递有关企业品牌和产品的信息。在 Web 2.0 阶段，链接和互动技术的成熟极大地降低了企业与客户互动的成本，使得企业可以更加高效地与客户沟通。此外，借助互联网技术，客户也可以创造与企业有关的内容，实现与企业、与其他顾客的互动，消费者开始进入到企业的价值创造过程中，生产和消费借助这种互动实现了整合。对于传媒产业而言，比如央视频、咪咕，这些内容甚至直接成了企业的产品。在 Web 3.0 阶段，伴随数据价值化和数据资产化的逐渐成熟，产业链各方互动的数据和内容本身将变成资产，数据确权和变现成为可能，将会极大释放数据的潜能。由此可见，产业互联网的发展也顺应了网络技术的演进过程，借助数据管理的成熟，产业方之间的互动也将更为频繁。

互联网的不断演进，尤其是从 Web 1.0 到 Web 3.0 的发展，为产业互联网带来了更加安全可靠的基础设施、日益丰富的数据资源和智能化应用场景，从而促进了产业互联网的深入发展和应用。

3.1.2 数字原力 BASIC

数字技术种类繁多，我们将能够为产业的未来发展提供重构性影响的七大创新技术总结为一个单词 BASIC：B——区块链（Blockchain）、大数据（Big Data）；A——人工智能（AI）；S——安全（Security）；I——互联网（Internet）、物联网（IoT）；C——云计算（Cloud Computing）。BASIC 在英文中具有基础的、根本的意思，也叫以理解为数字经济发展的重要基础。

B 代表 Big Data，即大数据，也代表 Blockchain，即区块链。我国数字经济之所以能够快速崛起，很大程度上得益于丰富的数据资源储备。借助人工智能技术和各种算法的处理，数据的重要性已经不容忽视，并已经成为重要的生产要素。大数据具有规模和体量大、种类杂和"活数据"的特征，通常是多源异构数据，而且是时刻都在运转的数据。数据对于实体经济的重要作用体现在可以将实体物品数据化，从而打破时空的双重限制。例如，我们可以在一个茶杯中植入一定的感知单元，用于自动监测茶水的温度、分析茶水的成分，之后把数据提炼出来，与个人健康数据进行匹配，这一过程也常被称为训练数据孪生体的过程。通过训练数据孪生体，数据可以使物品变得"有生命"，几乎所有行业都有可能被数据重新改造。而近年来应用越来越广泛的区块链，本质上是一种分布式数据库，通过其自身的分布式节点来进行信息的存储、验证和传递。我们也可以简单地把它理解为一个数字账本，每个人都可以在上面记账，但是记完了之后谁也不能再篡改数据，哪怕是自己记的数据，所以区块链具备去中心化、不可篡改、匿名性、开放性、可追溯、安全性等特征。

A 代表 AI，即人工智能技术。近年来，人工智能一直是最火热的话题，尤其是以 2023 发布的 ChatGPT 为代表的 AI 大模型浪潮，推动人工智能技术逐渐普及到人们的日常生活中。ChatGPT 可以像智能助手一样与用户互动，用户可向 ChatGPT 提出任何问题，并获得逻辑性、专业性、准确性都远超之前的智能对话类 AI 的答案。要理解人工智能技术，可以将其按照复杂程度分为三个等级：一是运算智能，也就是通过计算能够得来的智能。例如，1997 年 IBM 开发的超级国际象棋电脑深蓝计算机战胜卡斯帕罗夫依靠的就是运算能力，而非真正的智能。运算能力是人工智能得以实现的基础。二是感知智能，即基于自然语言处理或语音识别技术，要求机器做到会听、会说、会看，比如智能音箱、Siri、人脸识别等功能都属于感知智能的范畴。苹果公司推出的 Siri 就是通过会听会说，实现了语音交互的商业化。三是认知智能，要求机器做到会想、会思考、能理解，具备真正的思维能力。DeepMind 公司开发的 AlphaGo 成功击败人类最顶尖的围棋高手李世石依靠的就是不断完善的机器学习能力，并据此建立起认知能力。ChatGPT 也是通过训练大语言模型而逐步形成的认知智能工具。

S 代表 Security，即安全。当前，网络安全、数据安全已经成为国家安全的重要组成部分，构建安全、稳定、繁荣的网络空间是数字时代国家安全的战略基础。如果缺少安全技术的支撑，与其伴随的数字经济、数字社会的发展都将面临巨大的风险。例如，英国数据分析公司剑桥分析公司（Cambridge Analytica LLC）非法获取脸书（现为 Meta）的 5000 万个用户资料，操纵网络舆论干涉美国大选，为数据安全保护敲响了警钟。数字技术越发展，人们对于安全的诉求也越高，当一切都被数据化后，数字化的程度越深，人们对安全的敏感性也越高。S 位于 BASIC 技术群的最中间，也意味着安全是整个数字技术中最重要、最核心的技术，也是整个数字技术有序使用的基础。

I 代表 Internet，即互联网，以及 IoT，即物联网。物联网通过传感设备采集物体信息，按照约定的通信协议，将物体与网络相连接，物体之间通过网络进行信息交换。物联网要解决的核心问题是如何尽可能地将各类物体接入网络，同时依托物体标识数据的训练，形成数据孪生体，进而实现对万物的互联与控制管理，这也是物联网技术实现真正价值的关键点。

C 代表 Cloud Computing（云计算）技术。云计算指通过计算机网络（多指互联网）基于共享软硬件提供计算服务的体系，可存储、集合相关资源并可按需配置，向用户提供个性化服务。云的本质是一个数字化的虚拟空间，也就是数字形态所存在的地方。狭义上讲，云计算是分布式计算的一种，使得使用者可以随时获取"云"上的资源，按需使用并付费。广义上讲，云计算是与信息技术、软件、互联网相关的一种计算服务，这种计算服务资源共享池叫作"云"。

七大技术的产生、应用和发展有其内在逻辑关系，也就是一种技术的产生、应用和发展将会导致另一种技术的产生、应用和发展，形成了 I——B——C/S/A 的逻辑关系（见图 3-2），同时也驱动着互联网产业范式的变迁。

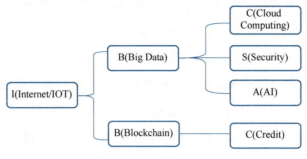

图 3-2 BASIC 技术关系图

通过互联网、物联网（I），尤其是移动互联网，实现了人与人、人与物以及物与物的实时、泛在链接。一方面，万物的链接产生了海量的大数据（B），催生了大数据产业的产生、应用和发展，也导致互联网的产业范式逐渐从信息产业转向数据产业，这些海量大数据必须依靠云计算（C）进行运算和处理，"云"赋予了前所未有的计算能力，从而促进了云计算产业的产生、应用和发展；同时，海量的大数据不可避免地让人担心数据安全的问题，进而也推动了数据安全产业的应用和发展；海量的大数据也为人工智能的产生、应用和发展提供了重要条件，推动了互联网的产业范式从数据产业向人工智能产业变迁。另一方面，联网的每一个个体（包括人、事、物）所产生的数据有可能存储在不同的物理设备上，这可能带来一个巨大的问题，即数据之间的交互验证变得极其麻烦，而区块链的诞生则很好地解决了数据的共享和交换问题，推动互联网的产业范式从数据产业向信用产业变迁。

上述七项技术合起来就是 BASIC，我们将其称之为数字原力。正如布莱恩·阿瑟（Brian Arthur）在《技术的本质》中所提出的："新技术是通过将现有技术组合起来产生的，因此，现有技术将催生更多技术。"BASIC 的每一项技术都不是独立于其他技术的，七项技术作为数字原力，紧密相连、相关促进，是产业数字变革的核心动力。

3.2 数据要素颠覆产业玩法

数字技术，或者说数字经济，其核心都是数据。技术创新的魂魄伴随着每一个变革时代。蒸汽机的发明引发了工业革命，开创了机器替代手工的新时代，"含汽量"成为衡量工业时代是否先进的标准。电力技术的发明定义了"电气时代"，"含电量"是电气时代是否先进的准则。而在数字经济时代，"含数量"就成为数字时代产业的全新标准，为人类平添"数据"这一全新生产要素。数据作为生产要素之一，具有劳动对象和生产工具的双重属性：作为劳动对象，数据通过采集、加工、存储、流通、分析等环节，具备了价值和使用价值；作为生产工具，数据通过融合应用能够提升生产效能，促进生产力发展。企业竞争正从传统生产要素、市场、技术等方面的资源竞争转向数据生产要素的竞争，数据将成为企业占据产业竞争制高点的核心驱动要素。

3.2.1　无处不在的数据

什么是数据？根据我国《中华人民共和国数据安全法》的界定，数据是指"任何以电子或者其他方式对信息的记录"。国际标准化组织（ISO）将数据定义为"以适合于通信、解释或处理的正规方式来表示的可重新解释的信息"。过去最常见的数据是经过工作人员逻辑归纳而形成的定量或定性数据，比如人口普查数据、公司里的财务统计数据；而随着数据传输、存储、处理技术的快速发展，以及传感器、录像设备等数据收集终端的普及应用，非结构化数据的应用越来越广泛，比如文本、图片、音频、视频等。

当今世界，数据无处不在。随着感知技术的发展，数据的获取来源也将无所不在，数据规模快速膨胀。根据中央网信办发布的《数字中国发展报告（2023年）》，2023年，全国数据生产总量达32.85ZB，同比增长22.44%，截至2023年底，全国数据存储总量为1.73ZB。国际数据公司（IDC）发布的《数据时代2025》预计，2025年全球每年产生的数据将增长到175ZB。

那么数据的价值从何而来？数据不仅仅从产业的全链条、全要素、全场景中采集而来，还从企业经营之中随着商业模式的变动而不断在各环节中迭代、创新出来，来源于后者的数据历经了数据的采集、标注、清洗、存储和分析过程，已经资源化，是更有价值的生产要素。数据只有转化为生产要素才可以具有价值，原始数据是无序、混乱的，是没有直接价值的。那么，原始数据是如何转化为数据要素的呢？这需要经历三个阶段，分别是数据资源化、数据资产化和数据要素化。

一是数据资源化。所谓数据资源化，是指通过获取原始数据并进行加工处理，挖掘数据的潜在价值，将无序数据变成有序数据，从而拓展数据的经济用途，使数据变为跟石油、煤矿、土地等自然资源一样的资源。只不过与实物的自然资源相比，数据资源是一种无形资源。当前，数据作为一种基础性、战略性资源的属性已经得到广泛共识。

二是数据资产化。既然数据已经成为像石油、土地一样的资源，那么数据就应该有像实物资产一样的权属，例如可以买卖交易、可以获取利益、可以用于抵押贷款，即数据是一种资产。中国信息通信研究院将数据资产定义为由企业拥有或控制的，可以为企业带来经济利益的，以物理或电子方式记录的数据资源。因此，所谓数据资产化，是指通过对数据进行确权和估值，使得数据具有可流通性，从而挖掘数据资产的流通价值。目前，我国已经在法律上初步确立了数据的资产属性，将数据划分为像不动产、物产一样可以入表的资产。

三是数据要素化。既然数据已经是一种资产了，那么数据就具有了商品属性，成为可以度量、可以交换、可以经营的产品或商品。因此，数据要素化就是将数据变为一种产品的过程，通过数据采集、数据存储、数据加工、数据流通、数据分析、数据应用等过程，使得数据具有生产价值。

数据价值的释放，需要成熟的数据要素市场体系来支撑，释放市场中海量的数据资源。这既包括政府的制度建设，也包括产业各方按既定规则的深度参与。从产业各方的视角，推动数据需求方、数据供给方的匹配，构建数据资源流通的场所，对于提高市场的协同效率与生产效率具有重要的意义。广西北部湾大数据交易中心（以下简称"交易中心"）是经广西壮族自治区人民政府同意，广西壮族自治区地方金融监督管理局、广西壮族自治区大数据发展局批准，由中国—东盟信息港股份有限公司（以下简称"中国东信"）依法设立的国际化数据交易服务机构，是以"政府指导，自主经营，市场化运作"为原则组建的数据服务全生态交易平台，广西唯一依法设立的数据品类交易场所，在实践中探索了数据资源释放价值的诸多案例。第一个典型案例是数据信托探索电力数据价值。2023 年 7 月，交易中心与广西电网公司共同探索，将公共数据和传统信托业务模型创新融合，打造数据价值实现的新路径。广西电网公司与中航信托、广西电网能源科技公司正式签署数据信托协议，与数据产品使用方自治区统计局、数据产品技术提供方中国东信在交易中心完成电力数据产品交易，实现全国首单数据信托产品服务合同的签订及广西首单公共数据产品场内交易，迈出了自治区数据要素流通的一大步。该数据信托产品依托公共服务平台和电网大数据进行数据匹配分析，自动识别企业用电区间的合理性，为辨别企业经营状况提供精准数据。该产品创新应用于第五次全国经济普查，普查效率比以往提升 40%，为自治区高质量完成经济普查工作提供强大助力。第二个典型案例是通过数据专区模式有效链接产业发展。交易中心联合产业平台型企业共同打造数据专区，聚合产业数据资源，对资金、劳动力、科技要素的生产效率产生"乘数效应"，合力推动产业链上下游企业价值互联。与广西联合征信公司共同打造了征信行业数据专区，汇聚建筑、外贸、航运、蔗糖、烟草、电力等行业企业数据，目前已和 70 余家金融机构达成业务合作，打造发票贷、电力贷、零售商户贷等小微金融标杆案例，服务小微企业客户超 500 万户，服务小微融资规模超 2700 亿元。

3.2.2　数据如何赋能产业

那么，数据如何实现赋能产业这一目标？数据的本质是信息，信息论的创始人克劳德·艾尔伍德·香农曾说："信息是用来减少随机不确定性的东西，信息的价值是确定性的增加。"通过获得和分析数据，能极大消除各种信息的不对称，从而优化资源配置，提高应对产业链、供应链积极变化的敏捷性，增强在面临不确定性时的韧性。

数据作为数字经济时代的新型生产要素，具有区别于土地、劳动力、资本及技术等其他传统生产要素的显著特征。一是数据要素总量趋近无限。据统计，全球数据量每 40 个月就增加一倍，呈海量爆发增长的趋势，蕴含着巨大的社会价值和经济价值；二是数据要素具有自我繁衍性，数据属于无形要素，可以被使用，但不会被消耗，因此拥有的数据越多，越倾向于产生更多的数据；三是数据要素具有动态性，数据是不断变化的、更新的，会随着时间、环境、业务流程等的变化而产生变化，因此数据在不同阶段呈现出不同的特征和规律；四是数据要素具有非竞争性，其他生产要素由于具有相当程度的稀缺性而往往处十竞争性使用的状态，然而，数据可以被重复使用而不会受损，这意味着数据在使用中可以不断降低边际成本，并且数据恰恰是通过共享和使用实现价值增值的。

数据要素的这些独有特点，支撑了数据要素可以在产业发展中发挥独特的作用。随着各行业各领域数字化转型进程的不断加快，数据要素渗透到生产生活的各个环节，打通生产、分配、流通、消费各环节，驱动管理机制、组织形态、生产方式、商业模式的深刻变革，为产业提质降本增效、政府治理体系和治理能力现代化广泛赋能。

数据作为生产要素的作用主要体现在三个方面：一是促进生产效率提升，一方面，数据本身就是可无限复制复用的资源，可直接参与生产，另一方面，通过降低信息差、优化资源配置、提升产业协作，数据可以提高土地、劳动力、资本及技术等其他生产要素的利用率和价值转化效率，提高最终产出；二是提高生产质量，数据是驱动工业互联网发展的关键，通过对生产流程各项数据的获取和分析，提高生产管理和产品品控的精确性，企业可以有效提高产品质量；三是驱动创新发展，数据要素参与生产、交换和分配过程，不断迭代，催生新的生产方式甚至创造新的需求，促进经济增长，数据由于具有广泛的流动性，已经成为促进产业新模式和新业态创新的重要动力。

数据全面赋能产业的最佳实践就是产业互联网，可以将以上三种作用方式整合在一起。中国建筑旗下的云筑网就是一个典型案例。在建筑行业，生产资料的采购、劳务分包、专业分包会占到整体建筑项目成本的 60%～70%。建筑企业在经营过程中，面临着采购流程复杂，采购效率低和成本高，供应商监管难度大，以次充好、服务不达标，工人管理难度大等诸多挑战。作为中国最大的建筑房地产综合企业集团和中国最大的房屋建筑承包商，中国建筑集团每年的采购规模高达数千亿，如何高效率、科学、规范地管理采购业务是企业经营者们面对的经营课题。在这个背景下，2015 年，中建电子商务有限责任公司成立，打造了综合型电商平台云筑网。云筑网从建筑集中采购业务的数字化开始，率先实现采购业务的数据打通，并逐步拓展到零星采购、劳务分包、金融服务、工地管理等业务领域，实现不同业务之间的数据互通，为管理决策提供依据。基于此，云筑网打造了云筑集采、云筑优选、云筑智联、云筑劳务、云筑数科五个服务品牌（见图3-3）和云筑网建筑一站式电商服务平台，解决了建筑企业在招采电子化、建筑工人实名制、建筑业供应链金融、MRO（Maintenance, Repair & Operations，指非生产原料性质的工业用品）零星采购、建筑施工管理过程物联网管控、物资验收数字化等经营管理难题。除了自主建设外，中建电商还与其他产业相关利益主体积极互动，实现数据变现。例如云筑网与招商银行进行合作，发布区块链产业互联网协作平台，云筑网的供应商完成招标、签约、订单等采购流程时，系统会将供销资料同步至区块链产业互联网协作平台，供应商需要进行应收账款融资时，可在区块链产业互联网协作平台提交融资申请，由银行根据信息链审核融资信息，解决了建筑类供应商融资难和合作银行授信难两大问题。除了中国建筑集团成员企业之外，云筑网还吸引了中国轻工

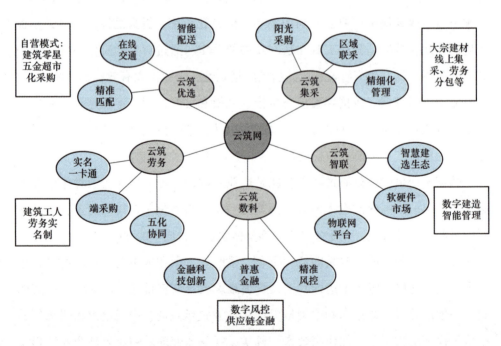

图 3-3　云筑网的五个服务品牌

集团、中南建设、阳光城集团、东旭建设集团、宏立城集团等泛建筑行业企业入驻。据披露，2018 年，云筑网日均访问量达 44 万，年度采购规模高达 6300 亿元，入驻供应商超过 32 万家，建筑产业平台规模初具。中建电商通过信息技术、物联网技术和建筑业务的融合，从建筑业集中采购到建筑业多样化服务的拓展，帮助建筑行业各链条企业跨组织协同，提升了企业的生产效率，也实现了自身从单企业应用平台向产业互联网平台的进化。

3.3　新兴商业模式的成熟

任何一项技术要想推动经济社会的发展，从技术经济范式角度看，都需要技术变革与商业模式创新相配合。如果只有技术创新，但是与市场需求脱节，或者缺少合理的商业逻辑支撑，那么技术创新也只能一直在实验室阶段自我演进提升，很难走向市场并依靠消费者检验和反馈不断迭代完善，更是难以独立生存下去，只能靠资本不断投入，如运营商的 Wi-Fi 业务、铱星系统等，以及一些技术领先但转化缓慢的科技初创企业。技术的变革通常会带来全新的商业逻辑，但如果盈利模式跟不上，没有实现价值共创，就会与市场和用户需求脱节。如果只有商业模式创新而缺乏技术创新含量，比如面向一些基本生活服务需求的共享经济形态以及 O2O 服务形态等，曾经喧嚣一时，当下颓势凸显，这样的商业活动就是缺少可持续发展的无源之水、无本之木。

BASIC 技术具有前所未有的新特征，产生了诸多新的产业效应和新的产业特征：如基于网络连接而产生的网络效应和用户规模经济效应；由智能化技术应用而产生的自治化、无人化运行特征；数字世界和实体世界融合并重构了产用关系，在经济产出方面呈现出正递增效应。这些不同于传统经济的新特征把数字经济与传统经济区分开来，同时也区分了新经济结构及其经济形态与传统经济结构及其经济形态。

数字经济的发展带来了新的生产力与生产关系的变化，尤其是数据资源作为新型生产资料的普遍应用，使得产业间互相渗透融合加深、新兴产业层出不穷、小成本生产成为可能、小微型经济组织大量产生、全球分工进一步细化、产业合作深度全球化，如图 3-4 所示。

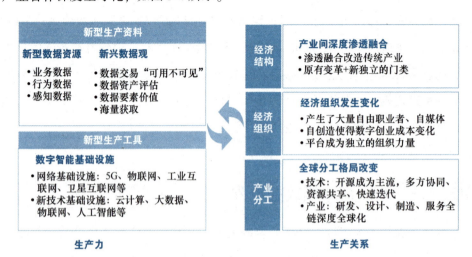

图 3-4　数字经济重构生产力与生产关系

数字技术和数据要素创造了新型的生产资料和生产工具，包括数据资源、5G、物联网、工业互联网、卫星互联网、云计算、大数据、人工智能等，进而引发了生产关系的深刻变化，主要体现在经济结构、经济组织和产业分工三方面。首先是随着数字产业化和产业数字化的深入发展，传统经济的垂直化、部门化结构正在被打破，具有横向分层特征的全新经济结构逐渐形成。另外，在经济组织的形态方面出现了新的变化：一是数字技术催生了平台化的新产业组织形态，企业通过打造平台化的生态系统，吸引产业相关主体，共同提升产业竞争力。例如，成立于 1998 年的工业用品供应商震坤行，最初只是代理销售胶粘剂、润滑剂等化学制品，近年来已经向工业品电商平台化发展，帮助采购商实现一站式采购，降低采购成本，并结合仓储管理，提升其客户的库存周转率和配送效率。平台作为一种新的产业组织形态，可以充分发挥产业主体汇聚和资源整合匹配的作用，有效提升产业运行效率。二是产业主体的生产、管理和市场组织模式将由传统的大规模标准化组织模式向满足个性化需求的弹性生产组织模式转变，管理和市场组织模式由工业经济时代的纵向一体化和寡头、垄断竞争方式向网络化和平台化的共赢共生的生态系统方式演化。三是小微企业、自由职业者数量大幅增加。最后，在产业分工方面，数字技术使得传统的产业垂直分工演变为网络化、平台化、全球化分工。在工业时代，市场主体通常处于垂直的产业链上，向上游企业购买原材料，通过生产制造将制成品售卖给下游企业或客户，并通过与市场中其他对手竞争获取更多利润。在数字时代，借助数字技术的链接性，产业数字平台逐渐成为配置与协调各类产业资源的重要组织，企业通过平台整合产品及服务，共同创造价值，并通过共赢的生态系统获取利润。

通过上述生产资料、生产工具、生产关系的改革，新质生产力诞生了，也就是新制造、新服务、新模式三个要素。一是反向定制规模化，即实现从 C 端消费者到生产厂家的规模化的反向定制。由于边际成本递减，制造企业只有通过规模化生产才能提高利润。通过互联网把大量的个性化需求收集起来，把产品需求分解、模块化，将同样的部件需求进行规模化生产，再将不同部件重新组合成最终产品，交付给消费者，如海尔定制冰箱、红领定制衬衣，都是典型的做法。这种模式也被称为后台柔性生产或敏捷制造。二是长尾需求的集约化。平台把分散的小需求通过互联网收集起来，统一进行市场对接，提高议价权。以农资行业为例，原来和一家代理网点买 10t 化肥，与化肥厂谈定的价格可能是 3500 元/t，但平台把一万个网点的需求收集起来找化肥厂买 10 万 t，价格可能就能降到 3000 元/t，平台赚价差，买家省成本，化肥厂获得大额订单，同时周转变快了。三是消费场景线上化，许多过去纯线下的消费场景的主要阵地现在都搬到线上了。购买实物产品原先是在商场和超市，现在更多是在网店，未来甚至可以到元宇宙；还有很多服务、娱乐，比如看书、看电影、唱歌、打牌等都实现了消费场景的线上化。四是供需匹配智能化。传统产业的供需不匹配和错位往往会造成呆滞库存问题，给企业带来很严重的负面影响，尤其是对生产高价值产品行业（如汽车、飞机等）。而通过大数据进行供需匹配和库存管理后，企业可以实现以销定产，规避滞销和库存风险。五是线上线下一体化，也就是前面介绍过的虚实结合、数字孪生。六是数据服务智能化，不仅能够提供产业数据作为决策参考，还能通过数据计算，直接提供智能决策。

新质生产力又催生了与之对应的新商业模式，包括个性化定制、众筹化采购、虚拟化营销、数字化赋能、一体化服务、数据化变现等。新商业模式继而催生了新盈利模式，与交易、信息、金融、服务、技术五大类服务相适应，产生了达成市场共识的撮合交易、物流服务、仓储服务、设备租赁、培训、咨询服务、供应链金融服务、广告、信息资讯、会员等各种盈利模式。

有了新质生产力、新兴商业模式、配套盈利模式，产业互联网的诞生和发展就真正具备了商业模式的可行性基础。

产业互联网自诞生以来，商业模式普遍被资本市场看好，这也从另一个方面说明了这一产业增长范式变革的可行性。产业数字化和数字产业化均有多家市值 200 亿元以上的企业，产业数字化企业在资本市场相比同等规模的消费互联网企业能获得更高的估值。在近几年经济下行背景下，产业互联网企业仍能保持良好的发展趋势，收入、毛利快速增长，上市企业平均营收规模复合增长率达到 28.7%，创利规模也突破了 20 亿元。产业互联网在一级市场的投融资热度也很高，投资机构最近几年向 2B 企业倾斜，2023 年消费互联网投融资事件数占比降低至 30%，而产业互联网投融资事件数占比为 70%，产业互联网增长的势头明显高于消费互联网，如图 3-5 所示。

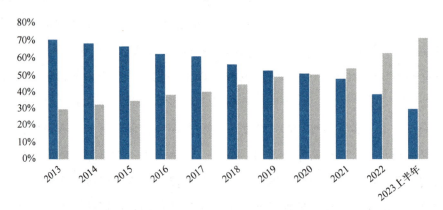

图 3-5　2013 年至 2023 年上半年互联网相关领域投融资情况

第二篇
认 知 篇

本篇主要解决的是"是什么"的问题。2014 年被称为产业互联网元年，但产业互联网的酝酿和发展是一个持续较长时间的过程。历经了近十年的发展，当前产业互联网的载体形态已经从产业单环节或者多环节的数字化平台发展到了下一个阶段，也就是本书重点："超级链接器"。本篇中，我们将探讨产业互联网的演变历程和概念的内涵，"超级链接器"的概念和内涵，以及链接、计算、价值三大本质要素。

第4章

从产业互联网到超级链接器

就算完全具备了前文所分析的必要性、必然性和可行性，产业互联网的诞生与成熟也不是一蹴而就的，而是经历了几个呈现出不同业务形态的发展阶段。当前，产业互联网处于与数智化相适应的发展阶段，我们将其称为"超级链接器"，来形象地说明它的本质特征。超级链接器与前几个产业互联网发展阶段之所以表现出巨大的差别，核心在于数据要素的广泛应用与智能计算。本章中我们将界定产业互联网与超级链接器的定义，并说明产业互联网到超级链接器的演进过程。

4.1　华建通：建筑行业的全能管家

华建通是中国东信打造的国内领先的建筑行业产业互联网平台。平台立足"数字产业"，为产业互联领域上下游客户提供数字化软硬件产品、解决方案及多种相关服务，是服务建筑行业全链条的综合型服务平台。接下来让我们走进华建通，详细地了解产业互联网平台。

4.1.1　建筑行业的大背景

建筑业是一个非常成熟的行业，占国民生产总值比重大，支柱产业地位稳固。建筑行业具有体量大、数字化程度低、产业链复杂等显著特点。建筑业发展正呈现出以"三化两转变"为代表的转型升级趋势，即新型建筑工业化、数字化、智能化、组织模式转变和用工方式转变。国家《"十四五"建筑业发展规划》中明确提出，要打造建筑产业互联网平台并开展试点，探索适合不同应用场景的系统解决方案，培养一批行业级、企业级、项目级建筑产业互联网平台。

统计局数据显示，2023 年全国建筑业总产值 315912 亿元，同比增长 5.8%；预计 2025 年，建筑业总产值将达到 44.54 万亿元，是一个庞大的产业。在产业数字化的大背景下，建筑业数字化也具备巨大的市场空间。按建筑施工企业信息化投入占总产值约 0.2%计算，预计 2025 年我国建筑信息化行业规模将高达 900 亿元，有机会突破千亿规模。我国建筑行业信息化程度仍处于较低水平，当前我国建筑施工企业信息化投入仅占总产值约 0.1%，相比发达国家的 1%有较大差距，仍有很大的提升空间。在"营改增"的背景下，新税制促使施工企业强化对工程实施细节等方面的管理，施工企业不仅需要具备很强的融资能力，还需要对项目风险控制、投资回报和运营等做全面评估和操作。这就要求建筑行业的生产方式进行变革，实现全过程、各要素数字化管理，项目数据、管理信息有效整合，达到资源与数据互联互通的智能化程度。

建筑业数字化的发展经历了三个阶段：工具阶段、协同阶段和模式创新阶段（见图 4-1）。模式创新阶段是对建筑产业盈利模式的重新思考，是在满足了市场的建筑空间需求之后，寻找建筑产业数字时代的新需求，并为产业找到新的利润点。这一阶段是建筑业数字化的真正目标所在，也是构建建筑产业互联网的阶段。

此外，建筑行业内部暴露出的一系列问题，包括监管不完善、产业可持续发展不足、行业结构不合理、企业数字化程度低以及工人欠薪严重等，急需通过进一步提升数字化水平、推动产业的转型升级来解决。

从整个产业来看，建筑产业各主体间割裂的现象较严重，信息不互通，缺少协同工具，产业链协同效率低；建造模式普遍较为传统，现场砌筑居多，工业化水平偏低，导致难以有效提升生产效率、降低施工建造成本。

从监管角度来看，当前经营主体多、范围广、环节复杂、管理工作量大，住建主管部门又普遍缺人，管不细、管不住；安全问题频发，存在违法分包、挂靠严重、成本压缩严重、现场管理不规范、工人安全意识薄弱等现象，导致质量及安全监管难。

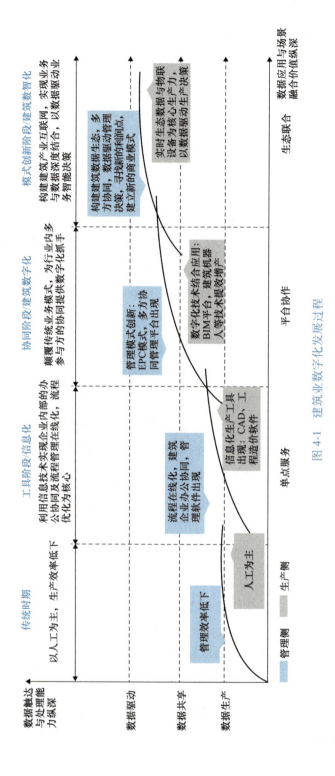

图 4-1 建筑业数字化发展过程

从企业角度来看，建筑行业垫资普遍，且工程款拖欠严重；企业资金需求大，但融资渠道单一，融资成本高；施工事故频发，有效的安全预防措施难以执行，质量安全管理难。

从工人主体来看，以包代管等问题导致行业管理混乱，存在拖欠农民工工资问题，劳动付出难以得到有效保障；农民工文化水平低，行业缺乏职业化发展体系，工人能力难以适应产业升级的技能要求。

从金融需求角度来看，建筑企业资金垫付多、垫付时间长，资金紧张，缺少有效的融资渠道和手段；建筑企业征信难，缺少有效提升信用的手段和方法。

4.1.2　华建通的经营实践

基于对产业的深刻洞察，中国东信打造了"华建通"——建筑产业互联网平台，以监管端切入产业，实现入口掌控、流量聚集，提供涵盖实名制管理、建筑市场监管、质量安全监督、智慧安全管理、装配式建筑管理、智慧工地、建材采购、设备租赁、保险保函、行业资讯等面向政府、企业、工人，覆盖上下游全产业链的产品体系。目前平台已在广西、云南、新疆完成业务覆盖，成功打造桂建通、桂建云、云建宝等典型标杆案例，进一步完善建筑产业布局，打造建筑产业互联网，全面赋能建筑产业转型升级，推动建筑产业数字化进程。

华建通是 toG-toB-toC 的全链条服务的建筑产业互联网。根据其"打造建筑产业的链接器、打造建筑行业的数字化工具箱、成为建筑大数据运营商"的业务定位，华建通打造了九大产品体系，如图 4-2 所示，具体包括华建智管、华建智造、华建会采、华建劳务、华建金科、华建资讯、华建智联、华建租赁和华建生活，覆盖了人机料法环的服务全流程，真正实现纵贯全产业链的全面赋能。

华建通构建人、机、料、法、环全产业、全链条、全要素的建筑互联网产品和服务体系，面向政府、企业和工人开展专业化运营，广泛开展合作，集聚丰富生态，实现多方共赢。遵循"政府主导、企业投资、市场运作、多方共赢"的原则，采取"云+中台+微服务"的架构，面向政府、企业、工人打造全链条的建筑数字化服务产品体系，推动资源汇聚和科技赋能，助力产业转型升级，打造全国领先的建筑产业互联网平台，如图 4-3 所示。

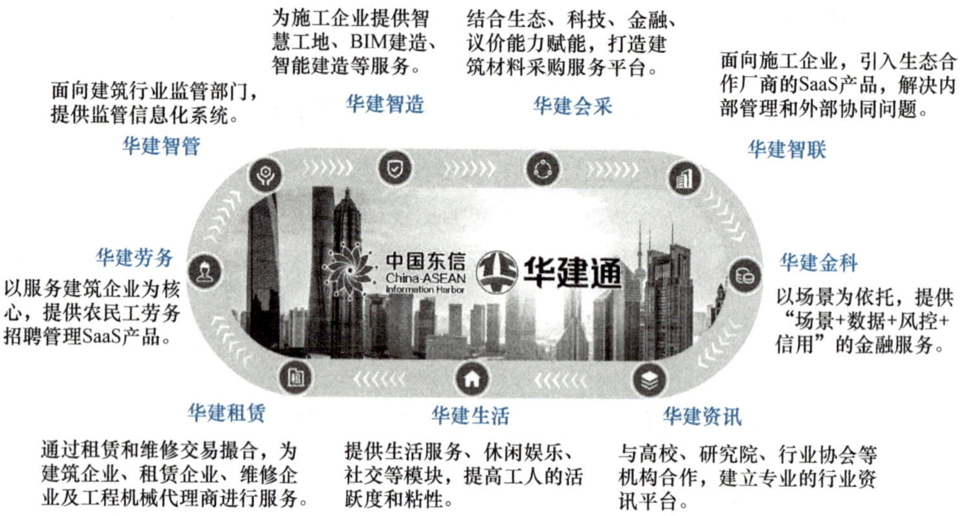

为施工企业提供智慧工地、BIM建造、智能建造等服务。
华建智造
结合生态、科技、金融、议价能力赋能，打造建筑材料采购服务平台。
华建会采
面向建筑行业监管部门，提供监管信息化系统。
华建智管
面向施工企业，引入生态合作厂商的SaaS产品，解决内部管理和外部协同问题。
华建智联
华建劳务
以服务建筑企业为核心，提供农民工劳务招聘管理SaaS产品。
中国东信
China-ASEAN Information Harbor
华建通
华建金科
以场景为依托，提供“场景+数据+风控+信用”的金融服务。
华建租赁
通过租赁和维修交易撮合，为建筑企业、租赁企业、维修企业及工程机械代理商进行服务。
华建生活
提供生活服务、休闲娱乐、社交等模块，提高工人的活跃度和粘性。
华建资讯
与高校、研究院、行业协会等机构合作，建立专业的行业资讯平台。

图 4-2 华建通产品体系

华建智管
实名制工业管理
产品、服务
产业链服务
华建劳务
华建智联
华建会采
华建资讯
华建金科
华建智造
华建租赁
华建生活...
2G
做标准
塑规则
2B
多快好省
降本增效
2C
能力提升
功能服务
实时链接
智能匹配
协同互动
数据汇聚
产业赋能
价值共创
共建、共创、共享
建筑质量生态
建材生产生态
设备生态
金融生态
劳务用工生态
施工生态
做深
做广
实现三化两转变：工业化、数字化、智能化、组织模式转变、用工方式转变

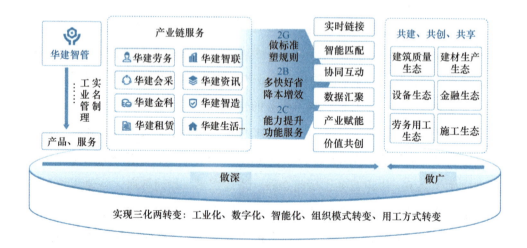

图 4-3 华建通构建思路

从实施成效上来看，华建通有效解决了行业长期以来的痛点难点，显著改善了运行情况。

华建通打造建筑实名制监管新模式。华建通平台以“建设+运营”模式承建

广西、云南、新疆三个建筑实名制管理平台，破解农民工欠薪顽疾，守护农民工合法权益。平台遵循政府引导、企业投资、市场化运营的原则，首创"一人一卡、全省通用"的模式，为监管部门提供从建设单位到农民工的全链条管理抓手，并通过"工薪贷"、华建劳务、教育培训等延伸服务，实现"监管+赋能"的治理效果提升。华建通建设运营模式能够形成"监管部门、施工企业、农民工、银行、运营公司"共建、共管、共赢的机制，解决政府、产业、企业、工人的痛点问题，实现多方共赢。

华建通赋能住建政务服务"一网通办"。为全面准确掌握行业各方主体情况，加强行业监管，解决"信息孤岛"、监管难度大等信息化发展难点问题，华建通建设了建筑市场监管公共服务平台，统一相关住建监管系统的用户及数据体系，企业填报信息"一处录入、多处共享、全程线上办理"，实现"数据多跑路、群众少跑腿"的"一网通办"惠企便民模式，大大提高办事效率及监管效能。

华建通赋能安全监管数字化。为了解决施工现场安全事故频发、质量安全难监管的问题，华建通建设了智慧安全监管平台，涵盖了视频监控、AI 视频分析、塔吊安全监测、升降机安全监测、用电安全监测、全景成像测距、移动巡检和安全教育培训等监管模块，实现智慧安全监管，并且与安全责任险业务打通，为企业施工现场的安全管理提供科技支撑。

华建通赋能建筑金融。为进一步为企业纾难解困，解决建筑行业资金流动问题，华建通通过多种形式为企业提供一站式金融服务；根据工程项目的全生命周期的金融场景提供了相应的解决方案；通过与地方金融局、金融机构、保险机构合作，共同为企业提供保险、保函、地方性金融产品、供应链金融等建筑类金融服务；通过运用平台数据和外部数据，为企业增信，提高融资能力，同时为住建厅和地方金融局等提供建筑金融大数据管理，进一步对建筑业的风险管控提供实时的金融预警。

华建通之所以能够取得良好的建设成效，除了对行业痛点的深刻理解与把握之外，更多的是依靠生态的力量。华建通平台以整合入口、制造场景、沉淀数据、专业运营为思路方针搭建建筑产业互联网，围绕政府监管、智能建造、建材交易、劳务管理、金融服务等建筑产业链核心场景，通过将数字化信息技术、金融科技等能力与传统建筑行业深度融合，充分发挥互联网在生产要素配置中的优化和集成作用，对全产业价值链进行重塑和改造，推动建筑产业降本增效和价值创造，实现产业的转型升级。华建通围绕建筑产业，以数智化能力链接各方，构建产业平台生态，通过龙头企业带动其他中小企业入驻，推动产业链上下游集群集聚，不断扩大生态圈，逐步完善生态建设。华建通生态体系建设主要围绕建设初期规划的产品和服务体系展开，具体包括企业生态、劳务用工生态、建材生态、设备生态、施工生态、金融生态、渠道生态、信息化生态（见图4-4）。

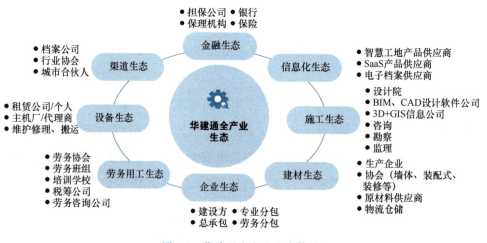

图 4-4　华建通全产业生态体系

华建通生态的构建分为两个阶段，每个阶段都有不同的目标、策略和成果，体现了华建通对产业互联网平台的理解和实践。

平台发起阶段（2018—2020 年）：华建通围绕监管需求（施工生态）建设了广西建筑农民工实名制管理公共服务平台、广西建筑市场监管云平台、智慧安全监管平台、装配式建筑监管、建筑工程质量安全监督 5 个监管平台和华建慧采平台；围绕建材购销需求（建材生态），建设了建筑企业采购方、建材供应商的大型 B2B 平台，致力于为建筑企业采购提供标准化的招标签约服务、采购付款一站式服务、第三方线上服务。通过上述两个生态体系的建设，华建通汇聚了一大批上游原材料供应商和下游总包及设计、招投标、软件开发、网络安全、金融机构（为农民工发放工资）等平台生态服务商，形成了一个以"建材生态"和"施工生态"为核心的初步生态体系。

平台新旧融合阶段（2021—2023 年）：华建通主要围绕产业本身面临的系列难点和痛点，通过产业赋能工具的丰富帮助传统建筑业降本增效。在该阶段，建设了华建金科、华建劳务、华建智联、华建租赁、华建生活等生态体系。华建金科是支付、信贷、保险等金融服务生态，为平台用户提供金融服务；华建劳务是就业服务生态，为工人提供工作机会、技能培训、安全培训等服务；华建租赁为平台上的企业提供建筑设备和工具的租赁服务，汇集了一些设备厂商、租赁公司、大型施工企业等服务商；华建生活则是工人专有的业余生活服务生态，可供购物、消费、休闲等。因此，在满足产业链各方面需求的同时，也形成了更加多元化和完善的生态系统。

总结来看，华建通生态的构建具有以下特点：一是以用户需求为导向，以场景为切入点，以解决方案为核心，打造了多个垂直领域的专业平台，满足了不同用户群体的多元化需求；二是以数据为基础，以技术为驱动，以智能转型为目标，实现了平台间的互联互通和数据共享，提升了平台的运营效率和服务质量；三是以合作为原则，以共赢为理念，以价值为导向，构建了开放包容和多元共生的生态体系，激发了平台内外的创新活力和协同效应。

华建通的案例展示了产业互联网时代典型的传统行业转型路径，通过构建多层次、多元化的生态系统，打通产业链条各环节，实现了产业升级、数字化转型和创新发展。华建通就是一个典型的覆盖全场景、全要素、全链条的产业互联网平台，它通过构建产业生态的方式，解决了建筑行业中存在的难点与痛点，推动了传统产业的转型升级。

4.2　产业互联网的概念

经过了第一篇的阐述以及对华建通案例的描写，相信读者们已经对产业互联网的发展条件和基本运行情况有了全面的认识，现在是时候对产业互联网下一个清晰的定义了。

4.2.1 产业互联网的定义

由于产业互联网仍处于发展和探索阶段，目前尚未形成一个统一的概念体系，不同的专家、学者、企业家对产业互联网提出了不同的定义。中国国家创新与发展战略研究会学术委员会常务副主席、重庆市原市长黄奇帆认为，产业互联网就是利用数字技术，把产业各要素、各环节全部数字化、网络化，推动业务流程生产方式的变革重组，进而形成新的产业协作、资源配置和价值创造体系。中国工程院院士、中国互联网协会理事长邬贺铨认为产业互联网是实体经济转型升级的重要引擎，通过产业互联网，可以很好地了解市场，提升劳动生产率和产品质量。清华大学于 2022 年发布的《中国产业互联网生态发展报告》⊖将产业互联网定义为：为满足各行业企业提升生产效率、按需调整生产活动、实现运营协同的需求，依托行业经验知识（Know-How）和生产数据，并利用智能机器、工业软件、云计算、人工智能、5G 等新一代数字技术，所形成的链接企业内部生产单元和企业外部产业链合作伙伴的数字化生产网络。葛新红、王玉荣在其著作《产业互联网的发展背景、定义及相关概念》中，将产业互联网定义为："产业互联网是数字时代各垂直产业的新型基础设施，由产业中的骨干企业牵头建设，以共享经济的方式提供给行业广大的从业者用。通过从整个产业链角度的资源整合和价值链优化，从而降低整个产业的运营成本，提高整个产业的运营质量与效率，并通过新的产业生态为客户创造新的体验和社会价值。"腾讯控股董事会主席马化腾认为，产业互联网以企业为主要用户，以提升效率和优化配置为核心主题，是数字经济发展的高级阶段。此外，值得特别指出的是，产业互联网内涵的另一个重要来源是"互联网+"。工业和信息化部信息化和软件服务业司支持成立的中国产业互联网发展联盟，其英文名称是"Internet+ Development Association of China"，直接将产业互联网定义为"互联网+"。虽然各方对产业互联网定义的视角和强调点不一，但是都涉及了产业互

⊖ 数据来源：清华大学社会科学学院经济学研究所，《中国产业互联网生态发展报告》，2022 年 7 月。

联网的三个共性内涵：一是产业互联网以创造价值为目的；二是产业互联网以数字技术为支撑；三是产业互联网是一种产业组织变革。因此，基于第一篇中的分析，综合各方观点，**本书将产业互联网定义为**：利用 BASIC 等新一代信息技术，对各个垂直产业的产业链、供应链和价值链进行数字化、网络化、智能化重构，形成新的作业协同、资源配置和价值创造的数字经济范式。

4.2.2　产业互联网 VS 消费互联网/工业互联网

下面通过与其他互联网概念的对比，来帮助读者进一步理解产业互联网概念的内涵。

1. 从商业逻辑区分：产业互联网与消费互联网

正如中国工程院院士邬贺铨所说："消费互联网发展到了一个转折点，未来真正的增长点在产业互联网。"首先来分析这两组概念，二者的区别主要体现在商业逻辑上。

消费互联网的商业逻辑是：链接—流量入口—流量规模—价值变现（门户、搜索、社交、电商）。具体来说，其商业模式是：通过爆款产品的打造吸引流量，再将流量与商业机构进行嫁接，最终实现流量变现的流量模式。

产业互联网的商业逻辑是：链接—资源整合—行动协同—价值创造（垂直电商、供应链管理、协同制造、智能制造）。其商业模式是：利用"互联网+"思维，纵向贯通整个产业链，实现全产业链的资源整合和作业协同，实现互联网对产业的赋能，横向实现线上数据与线下资源和行动的融合，实现企业生产经营线上与线下协同发展的价值共创模式。产业互联网服务企业的服务对象是企业或机构，其主要目标是能够为其创造价值，提供优质的服务，流量将不再是企业关注的核心。如果想要服务企业，互联网企业须探索新的商业模式，成功的核心就在于能够为传统行业提供有附加值的、有依赖度的服务。互联网从消费互联网的流量模式向产业互联网的共创模式变迁，也驱动了互联网的产业范式变迁。产业互联网和消费互联网的不同商业逻辑如图 4-5 所示。

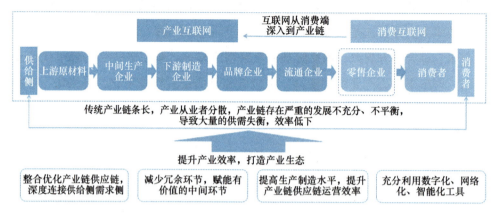

图 4-5　产业互联网和消费互联网

2. 从产业范围区分：产业互联网与工业互联网

还有一组经常混淆的概念是产业互联网与工业互联网，二者的英文名称都是 Industrial Internet，都以互联网和数字化技术为基础，旨在提升整体生产力和产业效率，但二者关注的焦点和范围有所不同。产业互联网更加强调各行业整个产业链甚至跨产业链的数字化转型和信息共享，而工业互联网则更专注于工业制造领域内部的设备和生产线的数字化、智能化改造。因此，相较于工业互联网，产业互联网是一个更为广泛的概念，它利用互联网技术和数字化手段，促进各类产业之间和企业内部的信息共享、协同合作和价值创造，强调的是整个产业链上下游（包括原材料采购、生产制造、物流配送、市场销售以及售后服务等多个环节）之间的链接与融合；而工业互联网则可以看作是产业互联网中的一个子领域，专注于工业制造领域中人、机、物、系统之间的互联互通，它侧重于通过物联网与互联网技术将设备、产品和工厂管理等链接起来，实现生产数据的采集、分析和生产管理的优化，从而提高生产效率与产品质量、降低成本，并推动智能制造、安全制造、绿色制造的发展。

4.2.3　产业互联网的分类

产业互联网是对一种新的数字经济范式的总称，形形色色的产业互联网平台虽然有着相同的底层业务逻辑，但不同平台间仍呈现着一定的差异。我们主要从主导机构和切入环节这两个维度，对产业互联网平台进行以下分类，帮助读者进一步了解产业互联网的内涵及多样性。

1. 按主导机构分类

产业链资源整合能力是产业互联网平台能够充分发挥作用、获得成功的关键，这就要求平台的发起者必须具备产业内的一定优势地位，譬如占据产业流量入口，或具备领先的产业服务能力。产业链上的各参与主体包括地方政府、行业协会、产业领先企业、中小微企业、金融机构、第三方专业技术/服务机构等，不同的主体作为发起者有着不同的发展机制和路径。

第一类是政府主导、市场化运营的产业互联网平台，这类模式是由政府主导对平台进行顶层设计规划，再由政府来协调资源，提供政策指导与资源支持，政府全程发挥主要推动作用。这类平台具有掌握产业关键资源要素、易快速聚集产业参与者上平台、易获得政策倾斜和孵化期资源支持等天然优势。这种模式在启动之初，一般需要政府通过政策规定或鼓励引导，将过去在产业内积累的线下资源引导至线上，创造平台第一批种子用户，跑通业务闭环并验证模式可行性，再通过标杆的效应逐步扩大应用范围。典型的案例有红立方数科。河南柘城县辣椒种植面积常年稳定在 40 万亩，年干椒交易量达到 70 万 t，辣椒大市场交易额突破 100 亿元，是全国最大的辣椒交易市场，也是全国重要的辣椒交易集散枢纽和价格形成中心。2021 年，由柘城县政府牵头，当地国有农业产业化龙头企业河南红立方集团联合上海企源新联打造辣椒产业互联网平台——红立方数科。红立方数科通过走平台化发展的道路，构建立足于辣椒产业的科研、育苗、种植、加工、仓储、物流、营销、资金结算和供应链金融服务于一体的全价值链超级链接器平台。该平台聚集了辣椒全产业链的综合服务系统，包括在线交易、线上支付结算、电子签章与电子合同、仓储服务、物流服务、供应链金融服务、大数据服务以及行业资讯等，也包括政府对产业管控和服务的职能，比如相关扶持政策落实中的管理服务、政府补贴的线上化兑付、质量全程可追溯管理等。这一平台以产业互联网赋能辣椒行业，不断提升辣椒产业数字化水平，推动柘城辣椒产业全面转型升级。但这类产业互联网平台如果仅仅靠行政手段推动业务从线下转型到线上，平台本身却没有提供产业链优化和增值服务为客户带来新价值，则很难持久；另一方面，在政府主导的模式下，如果政府与共建企业不能对模式形成统一的意见，则容易发生政府决策缓慢、组织架构变动、落地执行效果差等问题。

第二类是产业核心企业牵头发展的平台。核心企业是指在产业中掌握着比较多的行业资源和信息，对上下游企业甚至客户有着比较强影响力的企业，多数产业核心企业是大型央企或地方国企，有的是实力突出的民营企业或混合所有制企业。这种产业核心企业发起推动的产业互联网平台具备许多优势，它能将核心企业过去积累的客户、人才、技术等方面的综合资源优势和核心能力通过平台对全产业开放，为产业链上下游企业赋能，带动产业链上的中小企业共同发展，最终实现产业链整体转型提升；不同于政府主导的产业互联网，由于核心企业本就是产业内的领头羊，由核心企业打造的平台更能适应本行业各类企业的需求，平台的资源要素更加丰富，服务体系更加完善，孵化周期更短，投资风险也更小。对核心企业自身来说，打造产业互联网平台也是其进一步抢占产业链制高点的有力武器，通过运营产业互联网平台，核心企业可以进一步把控整个产业链，降低各个环节的成本；除此之外，核心企业也得以在传统业务之外打造出一家基于互联网的新模式公司，推动业务和估值增长。例如，依托于中国建筑集团有限公司，云筑网在建筑行业打通了集采、在线商城、劳务管理、金融服务等环节。云筑网将互联网、大数据、人工智能、云计算、区块链、边缘计算等技术与建筑业务深度融合，在数字供应链及智慧用工方面提供专业服务，是国内极少数提供建筑行业多个核心场景数字化服务的建筑产业互联网平台之一。云筑网依托行业内的核心企业，为产业打造了"数字供应链"与"智慧用工"两大整体解决方案，助力了行业内的降本增效和管理效率提升。但是这种模式也存在其短板，由于主导的核心企业本身就是产业中的一个竞争者，其打造的平台很难具备第三方公允性，与行业内其他企业合作存在一定难度，将一定程度上制约平台发展。

第三类是产业联盟与政府共同打造的产业互联网平台。由多个产业企业自发组成的产业联盟或行业协会往往具有半官方的特征，在规范行业治理和促进行业协同发展中具有重要作用，承载着行业繁荣发展和转型提升的重要使命。这类产业互联网平台是在政府的支持下，由产业联盟或行业协会发起、推进和扶持的。这种模式既能集合产业资源，同时又拥有政府政策支持，通过自上而下地推动产业转型，可以快速推进平台的发展。以行业领先的蔗糖产业互联网平台泛糖科技为例，其股东包含了广西的十大糖企，十大糖企产量占全国总产量的约 50%，在广西的市占率更是超过了 90%。由十大糖企形成的产业联盟的支持是泛糖平台得以快速发展的重要条件。此外，这种模式与第一类模式类似，由政府作为主管部门对整个产业进行政策引导，协调更多的资源，推动平台中全产业链的资源整合。政府作为主导方的短板是较少考虑短期市场化的产出，但在这种模式下，结合产业联盟的市场性优势，能够更为精准地制定平台长期发展模式，解决上下游客户的实际需求。但是，以联盟、协会主导发起的模式也存在一定风险，主要是如果在平台的治理架构上没有明晰的责权划分、缺乏清晰的责任主体，容易出现难以推动决策、无人负责的局面，导致平台发展缓慢。

　　第四类是产业外的第三方企业打造的产业互联网平台。基于其自身积累的流量、技术和生态资源，第三方企业可以在短时间内整合多个行业，实现跨行业协调。对很多第三方企业来说，深入行业进行多样化的产业数字化服务，是拓宽业务形态、提升盈利能力的必要手段。进入产业互联网赛道的代表性第三方企业主要有两类：第一类是互联网巨头，比如阿里巴巴、腾讯，它们在自身的平台上通过提供基础云服务、办公、金融等服务，积累了多方面的服务资源和企业用户，具有生态丰富、触角广泛、产品多样、技术领先的特点，通过生态合作、投资并购、孵化等方式，深化云服务平台，打造细分行业和场景解决方案，构建起产业互联网平台；第二类是 B2B 电商平台，这类平台集聚了大量的产业信息和资源，把握了产业的交易入口，具备打造产业互联网的天然优势，往往以电商平台为基础，向上游延伸至集采、供应链服务，向下游延伸至金融服务、数据服务等。以焦点科技为例，它是国内领先的综合型第三方 B2B 电子商务平台运营商，研发并运营了中国制造网、开锣、百卓采购网、新一站保险网等电子商务平台，以及智慧教育、移动医疗等互联网项目，它的业务模式就是以 B2B 电子商务为核心，向综合服务逐步拓展，先后进入外贸、保险、企业采购、教育、医疗等多个领域。第三方企业作为产业互联网的主导方也有其局限性。产业互联网的特殊性、广泛性和深入性决定了只有那些熟悉传统产业、能够实现深入内部整合、从根本上提升产业效率的企业才能在产业互联网的竞争中脱颖而出。此外，产业互联网的构建是一个产业级的业务流程再造和产业链利益分配机制重构过程，如果不能充分考虑产业各参与主体的价值获得和利益机制，仅靠数字技术引入和业务模式创新是不能支撑平台持续发展的。第三方企业作为产业的"局外人"，在这两点上存在很大的弱点。

2. 按切入环节分类

虽然成熟的产业互联网平台应该是服务全产业链，或者起码是服务多个核心环节的，但产业互联网平台最开始往往是从单一或者少数环节切入的，就算后续平台服务拓展到多个环节，最初切入的环节往往是平台的核心业务所在，是凝聚客户的主要抓手。从切入环节分类，产业互联网平台大致可以分为监管切入、生产切入、技术切入、交易切入和服务切入五大类。

第一类监管切入型一般是指从帮助政府主管部门提供数字化监管或公共服务的角度切入，利用政府监管属性实现入口掌控、流量聚集，这类模式需要有较强的政府关系与政府资源。

第二类生产切入型包括两种子类型。一是工业互联网平台，重点在于生产设备管理，代表平台有树根互联、海尔卡奥斯等；二是 C2M 反向定制平台，按照客户产品订单需求开展定制化、柔性化生产，代表平台有红领集团、阿里巴巴犀牛智造等。

第三类是技术切入型。这类产业互联网平台为企业提供各类专业化工具或管理工具，并且大多以 SaaS 化形式提供，比如广联达提供的项目计价平台等。

第四类是交易切入型，也就是 B2B 电商，包括两种子类型。一是自营模式，就是平台用自有资金先买进货物，再在平台上售出，这种模式的优点是平台可以赚取产品价差，利润率一般较高，另外，平台对产品质量、真伪等方面的管控力更强，缺点是资金投入大，备货、仓储成本高，现金流风险较大，管理难度也较大。自营模式典型的平台有京东自营等。二是撮合模式，平台在交易方面只提供信息撮合服务，产品上下架、价格、订单、发货全部由卖家通过平台提供的工具处理，这种模式中平台主要关注的是提供技术支撑、平台规则制定以及平台治理服务，收取的是技术服务费以及撮合交易的服务费。撮合模式典型的平台有阿里巴巴旗下的淘宝等。

第五类是服务切入型，包括三种子类型。一是提供供应链服务的，包括采购服务、物流仓储服务，代表平台有卓钢链、晶链通等；二是提供供应链金融或其他类型金融服务的，代表平台有航天科技财务、京东供应链金融科技平台等；三是集结行业资源提供生活服务的，如养老行业安康通、贝壳找房等。

无论从哪个环节切入，随着业务的发展，产业互联网平台往往都会逐步扩大其服务覆盖的环节，从而为产业提供更多更全的服务，获取更多的客户和收入。以欧冶云商为例，欧冶云商是中国宝武整合原有大宗商品电子商务优质资源，以全新商业模式建立的钢铁生态服务平台。欧冶云商以"服务型生产体系"为商业模式，依托互联网、物联网、大数据、移动互联等全新技术手段，通过链接交易两端的生产与需求，整合了钢铁产业链各方资源，成功打造集交易、物流、行业资讯、大数据、专业知识等综合服务为一体的产业互联网平台。

4.3　产业互联网的演进

在 2022 年中国产业互联网行业百强榜中，排名前十的企业是阿里巴巴、欧冶云商、满帮、国联股份、上海钢联、汇通达、华能智链、网筑集团、中国中化电商平台和美菜。其中，超过半数的企业为 B2B 电商起家的企业。因此，回顾中国产业互联网的发展史，一个最重要的参与群体就是 B2B 电子商务企业，它们起源早，先天带着平台基因，可以被认为是我国产业互联网发展的早期雏形。

以 1997 年中国最早出现的 B2B 电商企业为起点，我们将中国产业互联网的演进之路分为探索、萌芽、发展、蝶变四个发展阶段。

第一个阶段是探索期（1997—2003 年），也可以把它看作产业互联网的前期信息化阶段，提供信息资讯服务。这一阶段的主要代表企业有阿里巴巴、中国化工网，业务主要以行业信息发布为主。1997 年，我国最早的两家电子商务公司——中国商品交易中心和中国化工网分别上线，由此开启了我国 B2B 业务的雏形。B2B 电商是指企业与企业之间通过专用网络或互联网进行数据信息的交换、传递，开展交易活动的商业模式。传统企业开始选择 B2B 平台作为新兴渠道，解决信息不对称问题，这一阶段涌现出阿里巴巴、中国制造网、中国化工网等一批代表性企业，大量 B2B 电子商务网站开始成立，B2B 信息服务爆发，这些企业通过创建行业信息发布平台来满足行业中企业获取低成本商机的需求，并通过会员制的方式实现盈利。

第二个阶段是萌芽期（2004—2014 年），即产业互联网的网络化阶段。这一阶段以 2004 年中国实现全功能接入国际互联网为起点，特点是在线交易和 SaaS 服务开始成为 B2B 平台提供的重要服务，代表性企业包括中国联通沃易购、信息类互联网慧聪网等，业务形态向提供信息+交易服务/产品服务延伸发展，具体来说，主要呈现出以资源整合、交易为主，辅以 SaaS 和融资服务的业务模式。2004 年，慧聪网推出在线交易服务，买卖通正式开始接受付费。2008 年，阿里巴巴的 B2B 平台淘宝商城（现称"天猫"）上线。2013 年 4 月，找钢网开启自营及联营业务，把以信息服务为主的 B2B 电子商务推进到以交易为核心的产业互联网时代。2014 年被称为中国产业互联网元年。这一年，中国知网首次出现了以"产业互联网"为题目的论文，带来了关于产业互联网和产业互联网化的第一次热议，互联网的发展对传统行业的影响越来越强烈[⊖]。从 2014 年开始，垂直行业 B2B 交易平台快速崛起，B2B 电商企业所提供的服务从仅限于交易前拓展到交易中和交易后，从仅提供信息服务拓展至在线交易、融资等多方面的服务，逐渐成为企业在线资源整合的平台。综合性电商平台（如马可波罗网、敦煌网）、垂直电商（如上海钢联）开始踊跃出现，极大程度地解决了行业信息不对称的痛点。基于平台汇总的大量行业信息和积累的大量产业数据，B2B 电商企业开始酝酿基于信息资源或数据资源的新商业模式。

⊖ 田溯宁，丁健. 从消费互联网到产业互联网 [J]. 中国经济信息，2014（02）：20.

第三个阶段是发展期（2015—2023 年），即产业互联网的数字化阶段。这一阶段的产业互联网发展超出了 B2B 电商的范畴，呈现出信息+交易+供应链+金融等综合服务平台业态，正式进入了产业互联网发展的快车道。2015 年，国家官方开始关注推动产业互联网发展。2015 年 4 月，在由工业和信息化部与深圳市人民政府共同举办的第三届中国电子信息博览会上，工业和信息化部电子科学技术情报研究所、国家信息中心、国家开发银行研究院等 38 家发起单位举办了中国产业互联网发展研讨会暨中国产业互联网发展联盟发起倡议仪式。6 月首家产业互联网领域的非营利社会组织——中国产业互联网发展联盟正式成立。2015 年 5 月，为了推动互联网与实体产业融合发展，国务院发展研究中心还举办了产业互联网发展与政策座谈会，国家部委领导、相关龙头企业负责人、金融专家等参加了本次座谈会。经历了多年的萌芽，2018 年，我国第一批真正意义上的产业互联网企业正式诞生。

第一类由互联网和电信企业转型而来。2018 年 9 月 30 日，腾讯在成立二十周年之际，启动了公司历史上最大的一次战略升级和架构调整，提出"扎根消费互联网、拥抱产业互联网"。同样是在这一年，中国联通一口气成立了 9 家产业互联网公司，面向装备制造业、采矿业、钢铁业、服装制造业、汽车制造业、医疗、法律、应急和交通九大垂直行业深耕。

第二类由传统生产企业转型而来，比如以海螺新材、云鼎科技、三一重工、海尔为代表的制造企业，这类企业转型后通常被称为工业互联网企业。与 B2B 企业不同的是，工业互联网企业很多都是由传统产业龙头企业衍生出来的。例如，海螺新材是一家从事中高档塑料型材、门窗等的生产、销售以及科研开发的传统企业，它打造了型材行业的工业互联网平台，将其定位于构建以用户为中心的大规模定制全流程工业互联网平台，实现订单全流程可视化、全流程可跟踪，提高用户体验度和管理效率。

第三类是已经具备了一定产业数字化基础的 B2B 电子商务企业，多家电子商务企业于 2018 年前后提出向产业互联网转型，高举产业互联网大旗。作为中国最早的 B2B 电子商务企业之一的慧聪集团（原慧聪网）于 2018 年 1 月提出架构调整，确立了"成为领先的产业互联网集团"的愿景，正式吹响进军产业互联网的号角。

在这三类企业的推动下，产业互联网进入了蓬勃发展的快车道。从 2013 年到 2023 年，产业互联网已经吸引了超过 2000 亿元的投资，跑出了 30+家上市公司、100+家独角兽企业、数百家瞪羚企业以及上万家深耕各赛道的平台公司。十年间，许多产业互联网企业借力资本做大做强，成功登陆二级市场；也有的锚定新前沿科技，不断迭代创新商业模式，成为引领行业的独角兽。

第四个阶段是从 2024 年开始的蝶变期，即产业互联网的数智化阶段。这一阶段的产业互联网平台将全面成功进化到"超级链接器"形态，产业大脑决策型、产业云综合生态型等新模式开始普遍应用。这一阶段的产业互联网主要关注资源配置、作业协同、价值创新、生态创新、增量价值创造，以全要素生产力的提升为目标。下一节我们将对"超级链接器"进行详细介绍。

值得注意的是，前三个阶段中，产业互联网的价值创造方式本质上都是通过提高资源配置效率来实现套利型价值共创的，也就是说，把原本配置错位的资源进行重新匹配、归位，达成资源最优配置来提高价值，但在这里，价值创造仍然以原有的有限资源为基础；在赋能方式上，都采用"互联网+产业"的方式，也就是利用互联网技术对传统产业进行链接、改造，从互联网出发，这几个阶段的产业互联网对产业来说仍然是门外汉。综上，前三个阶段中，产业互联网与产业共同创造的是"1+1＝2"的加法效应。而在数智化阶段，也就是超级链接器阶段，产业互联网的价值创造方式过渡到以业务创新实现创新型价值共创为主。这里的创新包括新工具、新模式、新产品等，其中尤以新生产要素，即数据的应用为创新的核心，而以数据为核心的创新是爆炸式的，数据叠加到任何一个场景都可以带来巨大的创新。在赋能方式上，超级链接器以"产业+数智化"的方式对产业进行赋能，由于掌握和应用产业全量数据和知识，超级链接器提供的服务可以做到真正扎根产业，从产业出发，解决产业真正的问题。综上，不同于前三个阶段，超级链接器的价值创造是乘数效应，因为这一阶段的核心生产要素，即数据，是虚拟的，其使用边际成本为零，可以无限重复使用，因此价值创造就突破了有限生产资料的限制。

下面举一个例子来加深对几个发展阶段的理解。我国最早的 B2B 电商平台

之一慧聪集团，可以说是我国 B2B 电商企业向产业互联网转型的代表。1992 年
10 月，慧聪集团在北京成立。1992 年，慧聪集团在北京承办邮电部的咨询电话
专线。1994 年，慧聪进入媒体广告代理领域。2001 年，慧聪研制开发的 I 系列
软件正式对外发布，转型为互联网企业。2004 年，慧聪将慧聪商务网正式更名
为慧聪网，开通 40 余个行业频道和 76 个行业搜索引擎，成为主流门户网站之
一。2003 年，慧聪网在香港联交所创业板上市。2004 年，慧聪网与腾讯科技合
作，推出即时通信工具"买卖通 TM"。2004 年，慧聪网的电子商务平台买卖通
正式开始运营。2018 年，慧聪率先提出布局产业互联网，致力于成为中国领先
的产业互联网集团，以互联网和数据赋能传统产业为使命，更加专注与聚焦，
并进行业务架构调整升级。2019 年，慧聪集团形成了平台与企业服务、科技新
零售、智慧产业三大事业群，建立起完整的产业互联网生态。其中，平台与企
业服务事业群以慧聪网为依托，致力于帮助中小企业提升生产效率，用互联网
平台产品和技术赋能传统产业，构建产业数据链和业务场景，为客户创造价值，
帮助中小企业精准对接优商优品。慧聪网作为平台与企业服务事业群的核心运
营主体，其战略是打造中小企业经营服务平台，其核心价值是为企业级客户搭
建高效的生意闭环。同时，平台与企业服务事业群也提供小额贷款融资、融资
租赁和保理业务服务。科技新零售事业群以 zol. com. cn 为主体，以有用、有趣、
有深度的专业内容催生用户裂变，增强用户粘性，提升行业影响力；以对用户
采购决策、使用疑难场景模型化、参数化、算法化的不断迭代，沉淀数据资产，
构建竞争壁垒；以高品效转化作为客户产品及服务的核心判断，树立长期优势。
通过 C 端消费者导流、SaaS 工具、反向定制、供应链服务等链接零售商户，并
提升其获客能力、营收能力和运营效率。同时，依托小 B 收集的渠道数据及数
据分析，形成向企业级客户（大 B）提供线上+线下完整营销方案的能力，为
3C 及家电产业链上各角色的核心需求提供解决方案，形成 B2B2C 的商业模式。
智慧产业事业群集合了集团在多条垂直跑道中的优势资源，包括优质子公司，
比如防伪溯源行业标准制定者和规模最大的数字化转型物联网解决方案提供商
兆信股份、棉花行业的产业链电商综合平台棉联、深耕化塑产业供应链服务平
台多年的买化塑等。根据慧聪集团年报，2023 年，慧聪集团 6.5% 的收入来自科

技新零售事业群，约92.9%的收入来自智慧产业事业群，约0.6%的收入来自平台与企业服务事业群。

4.4 什么是超级链接器

上一节提到，产业互联网的数智化阶段将全面成功进化到"超级链接器"形态，这一阶段主要关注创新与创造增量价值，是从套利型产业互联网形态的巨大跃迁。接下来将展开分析超级链接器的几大特点，来帮助我们理解超级链接器的本质和内涵。

4.4.1 全要素、全场景泛在链接

尽管产业互联网已经取得了显著的进步，但产业互联网目前的链接往往局限于特定的环节或领域，企业内部和企业外部与产业链之间仍存在割裂现象。这种割裂可能源于多种原因，包括数据保密、技术不兼容、数据孤岛、组织文化的差异以及统一标准和协议的缺乏等。这些问题限制了信息的自由流动和资源的优化配置，阻碍了产业互联网充分发挥其潜力。

然而，全要素、全场景泛在链接的理念正逐步被越来越多的企业接受，并成为推动产业互联网进一步发展的关键。为了实现这一目标，企业需要采取一系列措施，包括建立统一的数据标准和协议，以确保不同系统和平台之间的数据能够顺畅交换；采用先进的技术和工具，如物联网、大数据分析和人工智能等，来推动全要素、全场景的链接和智能化。当全要素、全场景泛在链接得以实现时，产业互联网将释放出巨大的潜力，企业内部和外部的隔阂将被打破，资源和信息将在整个生态系统中自由流动和优化配置。这将带来生产效率的提升、成本的降低以及创新能力的增强，为企业和社会创造巨大的价值。同时，这也将推动产业互联网的进一步发展和成熟，为未来的智能化生产和服务奠定坚实的基础。

例如，未来某家大型汽车制造商在面临日益激烈的市场竞争和不断变化的客户需求时，决定引入超级链接器来实现全要素、全场景的泛在链接。

1）在供应链管理方面，该汽车制造商与上游原材料供应商建立了紧密的链接，通过实时数据交换，制造商能够准确了解原材料的生产情况、库存量、质量指标等关键信息，这种透明度不仅帮助制造商优化了原材料采购计划，降低了库存成本，还确保了在生产过程中能够及时应对任何潜在的供应链中断。

2）制造商也将这种链接延伸到了生产线，将工厂内的各种要素进行了广泛的链接。这包括生产线上的各种设备、零部件和原材料，以及工厂内的人员、数据和服务等。通过物联网技术，这些要素被连接成一个高度互联的网络，实现了信息的实时共享和协同工作。在这个网络中，设备可以自动进行故障诊断和预警，生产线可以根据实时数据进行灵活调整，人员可以通过智能终端随时获取所需的信息和服务。这种全要素、全场景的泛在链接不仅提高了生产效率和质量，还降低了能耗和成本，为企业带来了巨大的经济效益。

3）在下游销售环节，该汽车制造商通过与客户数据的链接，帮助营销人员更深入地了解消费者的购车偏好、使用习惯和潜在需求。这使得营销策略更加精准和有效，同时也为新产品开发提供了宝贵的市场洞察。此外，通过与下游经销商的紧密链接，制造商能够实时掌握销售数据、库存情况和市场动态，从而更好地协调生产和分销计划。

4）这种全要素、全场景的泛在链接还进一步扩展到整个生态系统中的服务商。金融机构、物流公司和政府机构等都被纳入到了这个高度互联的网络中。通过与金融机构的链接，制造商能够为消费者提供更加便捷和个性化的金融服务；与物流公司的链接确保了产品能够快速且准确地送达消费者；与政府机构的链接帮助制造商更好地理解和遵守相关政策法规，同时也为政策制定者提供了行业发展的实时数据支持。

超级链接器帮助制造商实现了全要素、全场景的泛在链接，并促进产业生态系统内各部分之间的高频率、多方向的互动，增强系统的协同性，提升系统的整体效率和响应速度。通过泛在链接和高频多向互动，超级链接器旨在构建一个高度协同、高效运转的产业生态系统。

这种链接不仅提高了生产效率和质量、降低了成本、优化了资源配置，更重要的是它打通了整个产业链和生态系统的各个环节，创造了一个更加智能、高效和协同的产业环境。这种全面的链接不仅为企业带来了巨大的经济效益，也为整个行业的发展和创新提供了强大的动力。

4.4.2 全产业链与跨产业链融合

当前的产业互联网虽然在一定程度上实现了企业与企业之间、企业与生态伙伴之间的链接和融合，但这种链接往往局限于特定的产业环节或领域。例如，在供应链管理中，有大量 B2B 交易平台，促进了企业与直接供应商和分销商的数据交换和协同，关注现有资源的优化配置和效率提升。但超级链接器不局限于某一特定环节或领域，而是追求全产业链以及跨产业链之间的深度融合，打通各个环节，实现全场景的互联互通；致力于全产业链与跨产业链的链接，更注重于创造新的增量价值和商业模式。全产业链与跨产业链的链接是一个更加复杂和庞大的系统工程，需要克服更多的技术难题和制度障碍，也意味着蕴含着更大的发展机遇和潜力。

以智能健康产业为例，作为新时代医疗健康领域的重要发展方向，智能健康产业正通过深度融合医疗、健康、养老、科技、零售等多个产业，打破传统界限，创造出前所未有的价值增量。在传统的医疗健康产业链中，医院、药店、制药厂、医疗设备生产商、保险公司、零售、制造、健康管理机构以及康养养老机构等各自为战，形成了严重的"信息孤岛"现象。这不仅导致了服务效率低下，更造成了资源的极大浪费。然而，随着超级链接器的引入，智能健康产业未来将展现出全新的面貌。我们认为，智能健康平台作为超级链接器的核心载体，通过全面链接和整合医疗数据、健康信息以及用户行为等数据，构建了一个高度互联的网络。在这个网络中，医院、药店、保险公司等各个环节被无缝链接，形成了一个紧密协作的生态系统。同时，智能健康平台还跨越了医疗健康产业与其他相关产业的边界，实现了真正意义上的跨界融合。这种跨界融合为智能健康产业带来了巨大的价值增量。

1）用户可以随时随地获取自己的健康数据，包括体检报告、病史记录、运动数据等。这些数据经过智能健康平台的分析和挖掘，可以为用户提供个性化的健康管理方案，如定制化的运动计划、饮食建议等。这不仅提升了用户的健康水平，更有助于厂家实现产品精准生产和定位。

2）养老机构的跨界融合。在智能健康产业的跨界融合中，养老机构扮演着重要角色。通过与智能健康平台的链接，养老机构可以实时获取老年人的健康数据，为他们提供更加精准和个性化的养老服务。例如，根据老年人的身体状况和营养需求，定制化的餐饮和康复计划可以显著提高他们的生活质量。此外，智能健康平台还可以为养老机构提供远程医疗支持，使老年人在机构内就能享受到专业的医疗服务，从而提升养老机构的吸引力和服务水平。

3）制造商的跨界融合。对于制药厂和医疗设备生产商而言，智能健康产业的跨界融合为他们带来了新的市场机遇和价值增量。通过接入智能健康平台，他们可以实时获取用户的需求和反馈，从而更加精准地研发和生产符合市场需求的产品。例如，基于用户的健康数据分析，制药厂可以开发针对特定人群的定制化药物；医疗设备生产商则可以设计出更加智能化、便捷化的医疗设备，提升用户体验和治疗效果。

4）零售商和分销商的跨界融合。在智能健康产业的跨界融合中，零售商和分销商也扮演着重要角色。通过与智能健康平台的合作，他们可以转型为健康产品的专业销售渠道，为用户提供更加便捷的购物体验。例如，药店可以转型为健康管理中心或健康产品体验店，提供一站式的健康管理服务；在线零售商则可以利用大数据分析技术，更加精准地为用户推荐健康产品。这种跨界融合不仅提升了零售商和分销商的市场竞争力，也带来了更多的销售机会和利润增长点。

5）对于医疗机构而言，通过实时获取用户的健康信息，可以为用户提供更加精准和高效的医疗服务。例如，基于用户的实时健康数据，医疗机构可以实现远程诊疗、智能问诊等创新服务模式，大大提高了医疗服务的可及性和便捷性。

6）保险公司也从中受益良多。保险公司可以利用智能健康平台提供的用户健康数据来开发新的保险产品，如基于用户健康数据的定制化保险计划。这种跨界融合不仅提高了保险公司的风险定价能力，使其能够更准确地评估风险并制定相应的保费策略，同时也为用户提供了更加贴心和全面的保障服务。

全产业链与跨产业链的融合是产业互联网发展的重要趋势之一。通过引入超级链接器等先进技术，实现各个环节的互联互通和跨界融合，可以创造出新的增量价值和商业模式，为整个经济进一步赋能，实现新的增长。智能健康产业的跨界融合畅想在不久的将来将为人们的健康生活带来前所未有的便利和福祉。

4.4.3 数据价值化带来乘数效应

如果说前几个阶段的产业互联网是加法效应，那么随着超级链接器与数字经济进入数智化阶段，数据价值化则带来了乘数效应，实现了指数级的价值提升，尤其是在数据的利用上。在产业互联网中，数据不再是一次性使用的资源；相反，它变得可以反复、多方面地被使用，并且在不同的场景和主体下，相同的数据可能会产生截然不同的效果。这正是超级链接器所强调的"数据价值化"所带来的深远影响。当数据在全产业链和跨产业链之间自由流动和共享时，它就像一个触发器，能够激发出多种多样的应用场景和商业模式。由于不同场景和主体之间的相互作用和反馈循环，数据产生了一些增量价值，不仅是对现有资源的更优配置，更是通过数据的深度挖掘和创新应用，激发出新的洞察和认知，开拓出前所未有的商业模式和市场机会。这些洞察和认知可能来自对消费者行为的深刻理解，也可能来自对生产流程的精细把控，甚至可能来自对市场趋势的敏锐捕捉。例如，在零售行业中，通过对消费者购买历史、浏览记录等数据的分析，企业不仅可以优化库存管理、提高物流配送效率，还可以发现消费者的潜在需求和偏好，从而推出更加精准的新产品或者营销策略；再如，在制造业中，通过对生产线上各种数据的实时监测和分析，企业不仅可以及时发现设备故障、提高生产效率，还可以通过数据驱动的工艺改进和产品设计创新，提升产品质量和附加值。这种基于数据的创新应用，为企业创造了巨大的增量价值。因此，数据价值化带来的乘数效应，实际上是一种由数据驱动的、跨越不同场景和主体的创新和价值创造过程。它通过打破传统边界、促进信息共享和协作，推动产业生态系统向更加智能、高效和协同的方向发展。在这个过程中，数据不仅是一种资源，更是一种能够持续催生出新价值和新机会的强大引擎。

4.4.4　数字化、网络化、智能化赋能，创造增量价值

在产业互联网的前几个发展阶段，价值创造往往是通过套利来实现的，即利用信息不对称或市场不完全竞争来获取利润。然而，随着信息技术的进步和市场竞争的加剧，这种套利空间逐渐缩小。超级链接器能够提升产业协作的智能化水平，通过数字化、网络化、智能化赋能，使得产业互联网能够从套利型价值转向创造增量型价值，实现可持续发展。

数字化提供了数据的收集和分析能力，使得我们能够更加深入地了解市场和用户的需求；网络化提供了链接和协同的能力，使得我们能够更加高效地整合资源和响应市场变化；智能化则提供了决策和优化的能力，使得我们能够更加精准地满足市场和用户的需求并实现价值的最大化。三者相辅相成，共同推动着超级链接器的快速发展。

数字化：数据的价值在于它能够提供客观的、基于事实的洞察。超级链接器汇集了来自产业链各方的数据，并通过先进的分析工具对这些数据进行深度挖掘。这种挖掘能够发现隐藏在数据背后的趋势、模式以及潜在的机遇与挑战。基于这些洞察，企业和产业决策者能够做出更加精准、高效的决策，从而优化资源配置、降低风险并捕捉新的增长点。

网络化：强调的是链接与协同，通过构建高效、互联的产业生态，打破传统产业链中的信息孤岛和沟通壁垒，实现资源、信息和价值的共享与流动，将分散的资源整合起来，形成一个强大的整体。通过网络化，产业链中的各个环节可以更加高效地协同工作，实现资源的共享和互补；促进信息的流通和传递，使得市场信号能够更快地传递到产业链的各个环节，提高市场的响应速度和灵敏度。网络化能形成一个高效、互联的产业生态，这种生态以用户为中心，以数据为驱动，通过智能化的技术手段实现资源的优化配置和价值的最大化。

智能化：当产业协作的智能化水平得到提升，并且决策过程更加依赖于数据驱动时，整个产业的创新能力也会得到显著增强。创新不再仅仅依赖于个体的灵感或偶然的发现，而是成了一个系统化、持续化的过程。新产品、新服务、新业态不断涌现，满足市场日益多样化的需求。

智慧城市是数字化、网络化、智能化技术综合应用的典型场景，它通过超级链接器将城市的各个组成部分紧密地链接在一起，实现数据的共享与利用，从而为城市管理、公共服务、交通运输等领域带来增量价值。在数字化赋能方面，在智慧城市的建设中，数字化技术发挥着基础性作用。通过数字化手段，城市管理者可以全面、准确地收集各种城市运行数据，如交通流量、环境监测、能源消耗等。这些数据经过数字化处理后，可以形成标准化的数据格式，为后续的分析和决策提供支持。在城市交通管理中，数字化技术可以实时监测道路交通状况，收集车辆行驶数据，并通过数据分析预测交通拥堵的发生。基于这些数据，城市管理者可以优化交通信号灯控制系统，提高道路通行效率，减少交通拥堵现象。在网络化赋能方面，网络化技术为智慧城市中的各个系统和平台提供了互联互通的能力，通过构建城市网络，实现各个部门和行业之间的数据共享与交换，打破了信息孤岛现象。网络化赋能促进了城市资源的优化配置和高效利用。在智慧城市的能源管理领域，网络化技术可以实现智能电网的建设。智能电网通过实时监测和调节电力供需平衡，优化能源配置，降低能源损耗。同时，网络化技术还可以将分布式能源资源（如太阳能、风能等）接入电网，提高可再生能源的利用率，推动城市的可持续发展。在智能化赋能方面，智能化技术是智慧城市实现价值增量的关键。通过引入人工智能、大数据等先进技术，城市管理者可以对收集到的数据进行深度分析和挖掘，为城市的规划、建设和管理提供智能化支持。智能化赋能使得城市服务更加精准、高效和便捷。在智慧城市的公共服务领域，智能化技术可以实现智能政务平台的建设。通过智能政务平台，市民可以随时随地获取政务服务信息，实现在线办理各类事务。同时，政府部门也可以利用平台收集市民的需求和反馈，为政策制定提供更加精准的数据支持。

在智慧城市中，超级链接器作为实现数字化、网络化、智能化赋能的重要工具，发挥着至关重要的作用。它通过全面链接和整合城市的各个组成部分，实现了数据的全面整合和高效利用。超级链接器不仅提升了城市管理的智能化水平，还为市民提供了更加便捷、高效的服务体验。

现在，**我们可以给超级链接器下一个定义了**：超级链接器是在产业互联网基础上提出的一个概念，致力于实现全产业链、跨产业链的全场景、全要素的深度融合，通过泛在链接与高频多向互动，形成一个高度协同、高效运转的产业生态系统，通过数据价值化全面提升产业协作、实现智能决策、推动产业创新、创造增量价值，以数字化、网络化、智能化赋能产业成长，是一种全新的产业组织形态。在这个生态系统中，超级链接器不仅提供基础的交易和供应链服务，还通过大数据、云计算、人工智能等先进技术，为产业链上的各个企业提供更加精准、个性化的服务。这些服务包括但不限于市场分析、产品研发、生产优化、物流配送、金融服务等，旨在帮助企业实现全面的数字化转型和升级。

产业互联网是超级链接器的基础和前提，它为产业链上的企业提供了初步的数字化链接和服务。而超级链接器则是产业互联网发展的高级阶段，它不仅在链接范围上更广、链接深度上更深，还在服务内容和质量上实现了质的飞跃。通过超级链接器的赋能，整个产业生态系统的运转效率将得到极大提升，企业的创新能力和市场响应速度也将得到显著增强。同时，超级链接器还将推动产业间的跨界融合和创新发展，为经济的持续增长注入新的动力。

第5章

揭示超级链接器的三层本质

通过前面章节的剖析，结合华建通的具体案例，我们可以概括出：链接、计算和价值构成了超级链接器的三大本质要素，且三者之间具有层层递进的关系，即先链接，再计算，最终形成价值。其实，产业互联网甚至更早的互联网形态也基本具备这三大本质要素，但超级链接器在这三层本质上展现出来的特征与功能与之相比实现了明显的跃升。本章将展开说明这三层本质的内涵和演进逻辑。

5.1 第一层"泛在链接"

产业互联网中存在普适性链接，这是指能够满足和覆盖一个局部市场中所有用户和企业的需求和资源的链接。这种链接可以帮助产业互联网平台获得更多的用户和产业资源，提高自身的市场份额和影响力。构建普适性链接的目的，是实现产业互联网平台的快速发展和规模化，以及为后续的深度链接和生态建设打下基础。

5.1.1 如何进化而来？管道式—平台式—生态式链接

产业链是社会分工造成的一种社会生产组织方式，代表了产业中各个部门或组织之间的一种技术经济关联关系。这种关联关系可以进一步表现在供需、价值[⊖]、产品、技术和空间上，分别代表了对需求程度满足的表达、对产品价值传递的表达、对资源加工深度的表达、对主导核心技术的表达以及对地理空间布局的表达。从价值流向来看，产业链的导向是产品或服务价值的创造和传递，反映了从原材料到消费品、从供应商到需求商之间的价值增值过程。随着数字技术的发展及其对产业链参与主体的关系重构，产业链接方式从传统的管道式链接向平台式链接再向生态式链接转变，其中，超级链接器对应的是生态式链接。分析总结见表 5-1。

表 5-1　产业链形态的演变

	管道式链接	平台式链接	生态式链接
价值创造的对象	强调产品	强调价值	强调权益^①
价值创造逻辑	产品主导逻辑	早期服务主导逻辑	服务生态系统
价值创造主体间的互动方式	企业（组织）到顾客（个体）的单向传递	企业（组织）和顾客（个体）之间双向互动	企业（组织）、顾客（个体）、利益相关者（组织或个体）之间的多主体互动
价值创造关系	单向的价值传递	双向的价值共创	多向的价值涌现
价值创造的形式	垂直	水平	多元化
价值创造的主导权	企业主导	顾客参与或顾客契合	顾客和企业共同主导（共享）
价值创造的融入程度	企业和顾客是分离的	顾客逐渐卷入	高度协同的多方融入

① 是 B2B 的关系，是动态协议、智能合约等形式。

1. 管道式链接——序贯式价值传递

　　管道式链接是封闭和单向的系统，供应商在一端，顾客在另一端，序贯式创造和传递价值——管道末端只能被动接受前端的价值瀑流，这种序贯式价值传递模式下的主体关系逻辑如图 5-1 所示。

图 5-1　序贯式价值传递模式下的主体关系逻辑

⊖　"价值"这一术语来自新古典主义经济学，价值理论被广泛用于解释关于产品或服务的定价或价值交换等问题。在经济学中，价值创造理论起源于为最终消费者创造价值，因此价值创造与经济发展形态具有天然联系。

企业的价值创造过程可以视为投入资源进行生产的过程。1937年，科斯在《企业的性质》中提出，企业和市场是两种不同的资源配置方式，通过市场配置资源会产生很高的交易成本，企业存在的原因就是通过集约化降低交易成本。因此，在传统经济中，企业一般被视为市场的替代，是资源整合和价值创造的主体，其价值创造具有较强的封闭性。从这一角度看，价值创造过程被视作一种隐藏在企业内部的现象，企业通过一系列活动完成价值创造并在价值链上传递给顾客。与此相反，顾客被认为"游离于企业之外"，不参与企业产品或服务的价值创造过程，是价值的毁灭者。

竞争战略之父迈克尔·波特（Michael Porter）于20世纪80年代首先提出价值链理论，对价值创造的价值链范式进行了系统阐述。迈克尔·波特认为企业的任务就是创造价值，并强调了企业在价值创造中的单向角色，将企业的各项活动从战略重要性角度分解为能够创造价值的若干组成部分，包括公司基础设施、人力资源管理、技术开发和采购四项支持性活动，以及进货物流、生产操作、出货物流、营销与销售和服务五项基础性活动，九项活动的网状结构便构成了价值链。价值链范式的一个基本假设是，消费者在和企业交换的过程中并不提供任何可以整合进价值的资源。与此相反，企业被认为提供了所有资源，企业通过组合各种资源形成独特的配置，最终完成产品和服务的创造，从而满足顾客的需求。从价值创造的过程看，价值链范式下企业单独创造价值，企业是价值的唯一创造者，而顾客仅仅代表市场需求。市场交换是实现价值的唯一方式，而价值在市场交换之前就已经由企业创造并固化在产品或服务上。价值的生产和消费是两个独立过程，企业与顾客只在市场交换中进行互动。

2. 平台式链接——双边式价值交互

管道式链接中价值链的生产和消费是独立的过程，经常会出现消费者需求无法传递到生产端的情况。因此企业组织开始想办法将更多的用户整合在一起，在另一端将更多的企业整合在一起，让企业和用户、生产和消费能够及时建立链接。这种方式就是平台型的链接器。平台式链接器是扁平和开放式的系统，不同于管道式链接器的单向流动，其运用双边思维，弯曲价值链，简化价值流程，使得产业链各方的价值交易更为便利。图 5-2 展示了双边式价值交互模式下的主体关系逻辑。

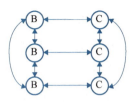

图 5-2　双边式价值交互
模式下的主体关系逻辑

从图 5-2 可以看出，与管道式链接不同的是，通过平台，商家（B）与商家之间可以两两沟通，用户（C）与用户之间也可以两两沟通，且商家与用户之间也可以实现直接的沟通。比如在线票务服务公司携程，它集合了交通、旅游服务供应商以及有需求的用户，并促成平台上各类角色间的互动，为用户提供多样化且便捷的服务。

电商平台就是典型的平台式链接器。平台使得用户与卖家得以直接、高频地互动。在传统线下商店中，由于产品有限，用户的选择权也是有限的，用户关于产品的很多问题，零售商往往回答不上来；但在平台上，用户的主动权更大，选择范围也更大，可以在平台上直接与卖家进行沟通，并且可以对商品进行评价和打分，好的评价记录能够给商品带来一定的优势——买卖双方地位更加平等，且买家就这样参与了价值创造的过程。与管道式链接模式下价值创造与价值实现独立的情形不同，买家参与了生产方的价值创造——这就叫作价值共创。

随着市场的扩大和竞争的加剧，价值和价值创造的过程正迅速由以产品和企业为中心的视角向个性化消费者体验转移。此后，服务主导逻辑[⊖]（Service-Dominant Logic，SDL）逐渐替代产品主导逻辑，将广为使用的"为谁创造价值"的营销范式迁移至"和谁创造价值"的视角。从价值创造的主体看，顾客和企

⊖　服务主导逻辑是一种商业模式或营销理念，强调商品或产品的价值是由消费者感知的、基于服务的，企业提供的商品或产品不是独立存在的，而是作为服务的一部分，与消费者共同创造价值。举个例子，假设你需要买一台电视，在传统产品主导逻辑下，你会去电器店或者在线商店购买。但在服务主导逻辑下，你会思考你所需要的服务，例如观看电视节目、享受高清画质、良好的售后服务等，然后去寻找提供这些服务的资源和渠道，这可能包括订阅流媒体服务、购买配套音响、寻找优质的售后服务等。

业共同参与完成了价值创造。服务主导逻辑认为服务提供者和顾客是价值共创者。价值的共创意味着价值在供应者、顾客和其他价值创造合作者的接触点被创造。营销的服务主导逻辑认为，组织是最主要的整合者和转化者，顾客是价值的共同生产者或共同创造者并内生于价值网络中。从价值创造的过程看，与将价值视为嵌入在产品或服务中的观点相反，价值共创认为供应商及其顾客协作共同创造服务和产品。这意味着价值不再仅仅是在一个独立的非交互式的生产和消费过程中被添加，而是在社会化的背景下几乎同时进行的生产和消费过程中被共创、实现和评估。在平台经济时代，得益于信息技术的赋能，企业和消费者的互动不再局限于物理空间，服务接触的场景逐渐多元化，越来越多的消费者参与到价值创造过程中来，消费者已经成为企业核心竞争力的来源之一。

3. 生态式链接——超级链接器

回顾上一个阶段的平台式链接，平台的双边市场模式将供给方和需求方汇聚在一起，建立一个中心化的平台来协调双方之间的交易。但是对于跨产业链、多利益相关者的链接需求，平台的双边市场模式却存在局限性。随着数字技术的发展，跨链融合成为更多企业的选择，需要一种更加开放的、去中心化的链接模式，以更好地满足多方利益相关者的协同和价值创造需求。超级链接器就是这样一种角色，它是产业资源重组的组织方式，为产业资源流动提供路由功能，通常由具备深度数字化能力和产业纵深知识的平台级企业担当，是产业互联网不可或缺的基础设施，这种多模式下的主体关系逻辑如图 5-3 所示。在这种模式下，链接的对象不再是单个的企业，而是多个生态，即企业集群（cluster）。每条连线都代表着可以通过超级链接器实现的价值链路，它们是多向的、交错的，每一条连线上都可以传输数据和价值，而超级链接器就是这条线路的驱动力和运行中枢，它以价值共创为核心动力，通过一系列的需求识别、数据流转与合约机制，将各个参与方的需求和供给进行链接，从而实现了全产业链的协同发展和价值创造。

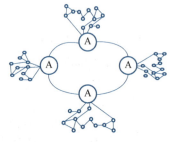

图 5-3　多向度价值路由模式下的主体关系逻辑

生态式链接，或者说超级链接器式的链接，超出了商家与消费者的范围，链接扩大到了包括企业（组织）、顾客（个体）、利益相关者（组织或个体）等多个主体组成的生态系统。这种链接主要是以 B2B 的关系为基础，通过动态协议和智能合约等形式，促成生态内部多主体间的多向互动。在这个链接过程中，强调的是权益的分配、确认与保护。价值创造逻辑是围绕服务生态系统展开的，价值创造主体之间的互动方式是多样化的。价值创造关系呈现出多向的价值涌现，这意味着价值的创造和传递不再局限于顾客和企业之间的互动，还包括与利益相关者之间的互动。价值创造的形式是多元化的，可以是资源共享、服务共享、知识共享等，也可以是其他形式。在价值创造的主导权方面，顾客和企业共同主导、共创共享，这体现了双方在价值创造过程中的平等地位和共享权利；在价值创造过程中呈现出高度协同的多方融入，这意味着价值创造是整个服务生态系统中各个参与者共同参与、共同推动的过程，没有任何一方可以单独主导。这种链接的模式旨在建立、运转一个全新的商业生态系统，强化各方资源的交换、共享与整合，促进各方利益的最大化，并为产业发展注入更多活力。

5.1.2　做大链接，汇聚数据

链接的意义在于资源的汇聚和流动，链接越多，资源在网络中汇聚得越多，资源的交换和使用频率越高，而且资源的每一次流动都会以数据的形式记载下来。链接所产生的数据流通是整个超级链接器的重要特征，也是其发挥产业赋能作用的基础。

超级链接器与传统的产业互联网以及更早的商业模式的最基本区别就是链接的量级和范围。超级链接器提供的是"泛在链接"，也就是无所不连的链接。它的链接范围突破了简单的买卖双方，不再是紧紧围绕着消费者和厂商之间的纵向链接，而是涵盖了第一、二、三产业环节，以及产业链的上、中、下游流程；链接的方向也发生了变化，从单向的提供服务给消费者转变为多向的生态内各主体间互相服务；链接的量级由于范围和方向的变化，也实现了巨大的突破。图 5-4 展现了从以 B2B 电商为代表的传统产业互联网到超级链接器的链接转变过程。可以看到，B2B 电商只能通过数字化手段实现消费者 C 端直连 F 端，减少中间环节的价值损耗，然而，在超级链接器中，包含了更多的产业链条，构建了更完善的产业生态，每一个环节都是一个小生态，最后组成一个大生态，而且都可以传递价值，生态中各个角色之间协作更紧密、互相依存的程度更高，生态中各主体的多样化需求能更好地获得满足，生态中的所有链接因此更加稳固、可靠、生机勃勃。

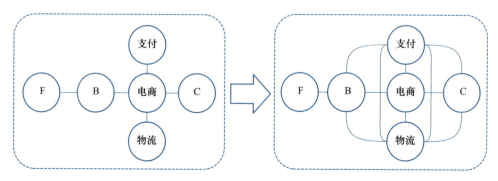

图 5-4　从传统产业互联网到超级链接器的链接转变

正因为链接的重要性，超级链接器从本质上就要求做大链接，以发挥其功能。超级链接器需要构建高度密集的泛在链接，尤其是构建普适性的链接。普适性链接是指能够满足和覆盖一个局部市场中所有用户和企业的需求和资源的链接。由于这种链接可以同时满足大量主体的需求，因此可以帮助超级链接器实现快速的发展和规模化。如图 5-5 所示，通过构建密集的、广泛的链接网络，生态内才能集聚更多的资源，匹配更多的供需，达成更多的交易，从而使整个生态在扩大市场份额的过程中取得更多的商业机会，保持领先地位。

前文讲过，链接及其产生的资源流动，无论是线上的还是线下的，都能以数据形式记录沉淀下来，而数据则是超级链接器最重要的资产。数据帮助人们突破了信息掌握的范围、速度和精确度，人们现在可以快速甚至实时地了解全盘的准确情况。而数据需要处理才能产生价值，这个处理过程就叫作计算。

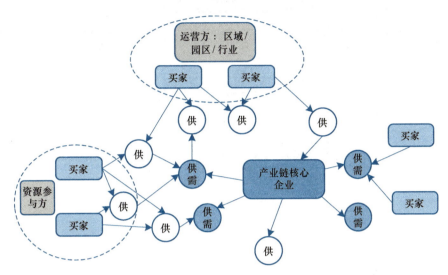

图 5-5　资源-市场-供需的链接过程

5.2　第二层"智能计算"

计算以泛在链接获取海量数据为基础，是超级链接器三层本质的第二层，是从链接到价值的路径。单纯地将产业链中的各个要素进行静态链接，并不能直接带来价值增长。要想真正创造价值，就需要在链接的基础上进行有效的互动，即通过信息交换、资源协作、服务交付等方式，实现价值链中各个要素之间的协同作用。只有推动形成更多、更好的互动，优化协作的效率和水平，才能创造价值，如图 5-6 所示，在链接的基础上，只有通过计算，才能对产业链中的资源进行精准的匹配，为资源的配置提供智能的决策，在产业内发现新的价值。

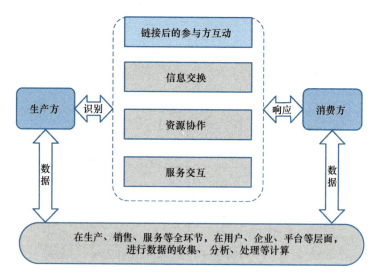

图 5-6 链接之上的计算

5.2.1 计算的发展

计算古已有之。计算是指由已知量求得未知量的过程，人类计算的发展经历了手工计算、机械计算、电子计算三个阶段。

第一个阶段是手工计算。在远古时代，人类通过结绳、刻木等简单的方法来记录生活中发生的事件，这就是最原始的计数工具。随着社会和文化的发展，人们产生了数的概念，也逐渐出现了算筹、算盘、纸笔等相对复杂的计算工具，但这一阶段的计算工具仍然依赖于手工操作，计算的能力、速度、准确度等方面都很有限，无法处理复杂的大型计算问题。手工计算阶段的计算主要是简单的加减乘除，也包括一些较复杂的数学运算。虽然这一阶段的手工计算有其局限性，但它为后来的计算技术发展奠定了重要的基础。第二个阶段是机械计算。随着工业革命的推进，17 世纪的人们开始利用机械设备进行计算，机械加法器、机械计算器、通用自动时序控制机械式计算机等工具先后问世，这些机械设备的出现，大大提高了计算的效率和精度，使得更复杂的计算任务得以实现，大大推动了计算的发展。第三个阶段也就是当前阶段，即电子计算。在 20 世纪，电子技术的发展推动了计算的革命性进步。1946 年，第一台现代电子数字计算机 ENIAC 于美国宾夕法尼亚大学诞生，它使用真空管作为主要组件，体积庞大，耗能巨大。然而，它的计算速度远超当时的任何机械设备，为科学研究、工程设计等领域提供了强大的计算能力。计算机，也就是今天我们所称的电脑，其运行的基本原理就是根据人们的指令，即人们编写的程序，来自动进行数据的快速计算和加工处理，从而实现各种各样的功能。到今天，电子计算呈现出了巨大的发展，创新技术层出不穷，包括云计算、边缘计算、弹性计算、隐私计算、超级计算、智能计算等。

上一节已经说明，超级链接器通过建立普适性和深度的链接，将价值链中的所有要素（如人、设备、原料、生产环境等）进行网络化组织，实现数据的汇聚和流通，从而为产业创造更多的价值。数据流通的过程至关重要，而这个过程离不开计算。随着互联网技术的不断进步，产业链中各个环节的数字化转型都在加快，每天都在产生海量数据。计算可以帮助产业互联网平台对链接所产生的海量数据进行智能化管理和应用，从而实现数据的价值转化和增值。这种泛在计算是指计算过程在价值链路中无处不在，无论是在生产、销售、服务等环节，还是在用户、企业、平台等层面，都可以进行数据的收集、分析、处理、优化等操作。更重要的是，通过结合数据分析和人工智能，计算能够实现资源的精准匹配，能够提供智能的决策建议。以库存管理为例，过去一个门店的某个产品在面临缺货的情况下，可能需要销售员由近到远给多个门店打电话，询问对方是否有货，是否可以调货；而在当前库存管理数字化的条件下，工作人员只需要调取后台数据，输入产品代码，就可以找到有货的门店，甚至智能化库存管理软件可以实现同时管理全国数千家门店和百万级数量的产品，在任一门店的任一产品库存不足时（比如库存数小于3）提前发出预警，自动向库存较多的门店或总仓发出补货调货指令，避免出现缺货的情况。

5.2.2　从云计算到智能计算

随着计算量越来越大，云计算应运而生。云计算是一种基于存储、网络、虚拟化等技术而产生的服务模式。1990 年代初，虚拟化技术开始出现。在这一时期，企业开始使用虚拟化技术将一台物理服务器分割成多个虚拟机，从而提高服务器的利用率和灵活性。2000 年代初，互联网服务提供商出现，网络技术逐渐成熟。随着数据库和应用程序的互联网化，有些公司开始提供基于互联网的服务，如电子邮件、网上存储等。2006 年，亚马逊推出弹性计算云（Elastic Compute Cloud，EC2），这是云计算领域的重要里程碑，标志着云计算开始进入商业化阶段，亚马逊弹性计算云是一种按需提供虚拟机资源的服务，用户可以根据自己的需要随时创建和管理虚拟机。2008 年，微软推出云计算平台 Windows Azure。Windows Azure 提供了一套完整的云计算解决方案，包括计算、存储和开发工具等。2009 年，谷歌推出云计算平台 Google App Engine。Google App Engine 是一种基于云端的平台即服务（Platform as a Service，PaaS），可以帮助开发者构建、测试和部署应用程序。此后，云计算走上了标准化和快速发展之路。

本质上，云计算是一种基于互联网的分布式计算方式。它的原理是将巨大的数据计算处理程序分解成无数个小程序，然后通过联网的多台服务器组成的系统同时处理和分析这些小程序，将得到的结果返回给用户。通过这种方式，共享的软硬件资源和信息可以按需提供给计算机和其他设备，用户可以进入可配置的计算资源共享池（资源包括网络、服务器、存储、应用软件、服务），这些资源能够被快速提供。更重要的是，云计算创造了一种按使用量付费的模式，大大节省了计算的成本。

在云计算模式下，服务器是联网的、共享的，按需进行远程分配，因此一方面，算力资源可以得到有效利用，另一方面，用户可以节省大量的本地部署服务器的成本，而且计算速度也得到了巨大的提升。

云计算主要解决的是计算的速度和成本问题，而智能计算主要解决的是计算的深度问题。随着人类文明的高度发展，人类对智能化未来进行了不断的探索。随着人工智能的快速发展，智能计算出现了。计算的发展，尤其是云计算的出现，为智能计算的发展提供了算力基础，而人工智能的出现则提供了算法基础。2016 年，DeepMind 推出的人工智能围棋程序 AlphaGo 与世界级围棋大师李世石展开比赛，引起了全世界前所未有的关注。这场划时代的人机大战以人工智能的压倒性胜利而告终，并成为将人工智能的浪潮推向全新高度的催化剂。

我们已经深刻感受到人工智能对于生活生产的方方面面的渗透和改造：在制造业方面，人工智能技术可以帮助企业实现自动化生产，提高生产效率和产品质量，例如，智能机器人可以在生产线中自动完成装配、检测、包装等环节，减少了人工干预和误差；在金融行业，人工智能技术可以帮助银行、保险公司等金融机构实现智能风控、智能客服、智能投顾等功能，提高了服务质量和效率；在医疗健康方面，人工智能技术可以帮助医疗机构实现智能诊断、智能影像识别、智能健康管理等功能，提高了疾病诊断的准确率和医疗服务的效率；在智慧城市方面，人工智能技术可以帮助城市实现智慧交通、智慧安防、智慧环保等功能，提高了城市管理和服务的智能化水平；在农业方面，人工智能技术可以帮助农民实现智能化种植和养殖，提高农业生产效率和农产品质量，例如，通过智能传感器和机器学习技术，可以对农田环境和作物生长进行实时监测和预测，实现精准农业；在教育行业，人工智能技术可以帮助教育机构实现智能化教学和评估，提高教育质量和效率，例如，智能教育机器人可以为学习者提供个性化的辅导和学习资源；在语音识别和自然语言处理上，人工智能技术可以自动识别和翻译各种语言，为跨语言交流提供了便利，例如，语音助手可以帮助用户查询信息、安排日程、设置提醒等；在自动驾驶方面，人工智能技术可以实现自动驾驶功能，提高了道路交通的安全性和效率，例如，无人驾驶汽车可以通过传感器和机器学习算法自动规划行驶路线、控制车辆速度和方向等；在商业领域，可以通过对历史销售数据进行分析，预测未来的销售趋势和需求，为企业制定更加精准的营销策略……总之，人工智能的广泛应用已经深刻地改变了人们的生活和工作方式，为人们带来了更加便捷、高效、智能的未来。

智能计算是一种利用人工智能技术对数据进行分析、理解、预测和决策的模式，它使用户可以从数据中获取更深刻的洞察和更优化的方案。随着人工智能的发展，当前的智能计算以大模型为支撑。大模型是一种利用大量的数据和计算资源来训练的人工智能模型，具有强大的泛化能力和表达能力，能够处理复杂的任务和场景。近年来，深度学习模型也在不断突破，出现了一些强大的大语言模型，如 OpenAI 的 ChatGPT 系列模型和谷歌的 Bard 等，这些模型在自然语言处理等方面具有人与人对话水平，已开始普及到许多应用场景。

智能计算的应用越来越广泛，不仅提高了工作效率，而且能够解决许多复杂的问题，对人类社会发展具有重要意义。因此，智能计算在科学研究和工业界都受到了高度关注。研究人员不断提出新的智能计算方法和技术，以提高计算效率和精度，并解决更加复杂的问题。工业界也在不断地投入资金和人力来研发和推广智能计算技术，以提高生产效率和降低成本。

在产业互联网领域，智能计算可以对数据进行更高层次的处理和应用，从而加深数据的价值转化。具体来说，通过对生产数据的智能分析和优化，智能计算可以帮助企业实现生产过程的自动控制、自主调整、自我优化等功能；通过对用户数据的智能分析和预测，智能计算可以帮助企业实现用户需求的精准识别、用户行为的智能预测、用户满意度的持续提升等，从而提供更加个性化、高质量、符合用户期望的服务；不仅如此，通过对海量数据的智能分析和挖掘，智能计算可以帮助企业发现数据中隐藏的规律、趋势、机会等信息，从而发掘新的商业模式和服务模式，拓展市场空间和用户群体。

总的来说，在云计算和智能计算更加成熟的今天，超级链接器的计算可以实现信息流、物流和资金流的智能优化，即能够利用互联网技术对全链条、全场景、全要素的数据进行收集、分析、处理、优化等操作，从而实现数据的价值转化和增值。这种计算过程将会对产业链的数字化升级和智能化转型产生重要的推动作用，帮助产业链中各个环节实现更高水平的创新。全面链接的产业互联网平台可以帮助企业将内部各环节链接起来，即能够将企业内部的各个部门、团队、员工等进行网络化组织，实现信息和资源的高效流动和协同。同时，这种平台也可以帮助企业形成全生命周期的数字化生态，即能够将企业的产品或服务从设计、生产、销售到售后等各个阶段进行数字化管理和优化，实现产品或服务的持续改进和创新。这个过程中，数据的积累和分析可以帮助产业互联网平台对数据进行智能化管理和应用，将成为价值创造的关键。在实现全链路的链接和优化的同时，建立数据分析与挖掘的智能计算能力也至关重要，因为这样才能让产业互联网平台充分利用数据资源，如图5-7所示。

总之，超级链接器的计算过程将会有效提高产业价值创造的效率，对产业链的数字化升级和智能化转型产生重要的推动作用。通过建立全面链接的产业互联网平台，企业可以形成全生命周期的数字化生态，提高企业的核心竞争力和创新能力，而数据分析与挖掘的能力则是实现价值创造和商业创新的关键。

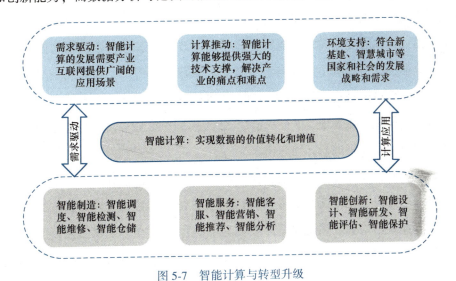

图 5-7　智能计算与转型升级

5.2.3　产业大脑与 AI 大模型融合创新实践

产业大脑是有机融合了泛在链接和智能计算的超级形式，是产业互联网技术基座的高级演化形态，也是前文所讲的产业数字孪生的典型载体。产业大脑的理念是系统集成和经济调节智能化，集成多个数据源及多种新一代信息技术，包含 AI 大模型的深度学习能力。集成产业内外的政策、空间、供应链、金融、科技、销售等产业要素与产业主体，通过数据治理和智能分析，提炼生成生产、运输、销售、支付、仓储等场景以及对应的方案策略，并自动执行策略，使产业实现自动化的最优运营。通过加工政府、企业、行业等数据，结合 AI 大模型的预测与优化能力，提炼生成可重复使用的和数字化的工艺技术、运营管理、行业知识与模型等组件，汇聚形成知识库和能力中心。针对不同应用场景，通过运用数字技术和网络，结合 AI 大模型的跨领域学习能力，对土地、劳动力、资本、技术、数据等要素进行跨组织、跨区域融合，构建个性化解决方案，更好地助力企业创新变革、产业生态优化、政府精准服务。产业大脑既是行业数据价值化的重要途径，也是产业链高效协同的重要支撑，更是产业链智慧治理的核心动力。

从打造路径来说，产业大脑目前主要有地方政府主导模式、链主企业主导模式、产业园区主导模式三种模式。

一是地方政府主导模式。建设主体是地方政府，服务对象包括辖区内的重点行业企业，建设资金主要来自财政经费，集成数据源广，覆盖场景全，智能化程度高，区域内具有很强的权威性，但可能存在后续运营不足的问题。典型案例有浙江行业产业大脑，该模式借助 AI 大模型对区域经济进行深度分析，提出优化建议。后文将进行详细介绍。

二是链主企业主导模式。建设主体是链主企业，服务对象主要是下属及关联企业，建设资金主要来自企业自筹，上下游企业的参与度较高，市场化程度较高，但存在场景和应用范围受限的问题。典型案例有华峰集团建设的华峰新材料工业互联网平台。华峰集团是一家以化工新材料为主业的中国 500 强企业，涉足新材料、智能家居、数字经济、新能源、金融投资、物流贸易等行业。华峰新材料工业互联网平台依托华峰工业新材料供应的基本优势，利用工业电子商务的路径，结合 AI 大模型对供应链进行深度优化，赋予华峰工业及其下游客户交易数字化、供应链协同升级的能力，助力上下游中小企业解决高层规划缺乏、制造业库存管理困难、应收账款期长、设备利用率低等问题。平台自 2018 年 7 月 4 日启动以来，已有 1100 多家上下游企业入驻，平台交易额超过 58 亿元。据统计，平台赋能上下游企业的协同成本降低 60%，协同效率提高了 3~5 倍，下游公司的采购成本降低 30%，上下游企业的融资成本节省 40%。

三是产业园区主导模式。建设主体是产业园区运营单位，服务对象主要是园区内企业，建设资金主要来自运营单位自筹，主要目的是满足园区管理数据共享的需要，可能是跨行业的，但行业影响力较低。典型案例有武汉东湖高新集团打造的"园区大脑"。武汉东湖高新集团是湖北省联合发展投资集团有限公司旗下的上市公司，以园区运营、环保科技、工程建设为三大主营业务。集团携手人工智能行业领军企业科大讯飞共同搭建智慧园区平台，结合 AI 大模型对园区数据进行深度分析，以光谷生物医药加速器和武汉软件新城为试点，通过打造数字孪生"底座"，将园区的各项数据信息汇总至云平台，通过人工智能算法生成数据分析，完成事件的分拨调度，实现虚实联动；将现有信息系统的数据资源进行整合，使之形成数据中台；覆盖到园区运营管理的各领域，凭借先进的人机交互方式，实现园区综合态势监测、综合安防监测、便捷通行监测、设施管理监测、能效管理监测、环境空间监测等多种功能，为园区基础运营、资产运营、数字运营和产业运营提供信息支撑。[⊖]

从具体产品层面来说，产业大脑是基于人工智能、大数据分析和云计算等技术，通过对产业链各环节数据的收集、整合和智能分析，实现对产业运营状态和决策的智能化支持的管理平台。产业大脑的智能化水平很大程度上依赖于 AI 技术的应用，**其具备以下几大功能。**

数据整合与智能分析：产业大脑通过整合内外部数据源，应用 AI 算法快速处理和分析海量数据，提取关键信息，为决策提供支持。

实时监控和预警：产业大脑可以实时监测和分析产业链上的各个环节，并发现异常情况，通过模型预测市场趋势和潜在风险，提前发出预警。

智能决策支持：产业大脑能够为企业提供智能化的决策建议，根据数据分析和模型预测，提供生产调度优化、资源配置、市场营销策略等方面的决策支持，帮助企业迅速响应市场需求和优化业务流程。

产业协同和创新：产业大脑平台能够促进不同企业之间的数据共享和协同创新，构建合作共赢的生态系统。通过数据链接和共享，实现供应链的整合、资源的优化以及新业务模式的探索。

未来预测和规划：基于对大量数据的分析，产业大脑能够进行未来市场趋势的预测，为企业提供更长远的规划和战略建议。

产业大脑本质上展现了产业互联网的进化及 AI 大模型的应用。产业互联网从工具属性的产业接口，进化到工作流平台属性的产业路由器，再进化为基础设施属性的产业操作系统，最终进化为中枢系统属性的产业大脑。产业接口（工具属性）阶段，技术主要是以单一工具或接口的形式出现，多用于简单数据传输、信息展示等功能。这种技术的应用更多集中在单一环节或特定流程上。

⊖ 尹本臻，王宇峰，杨玉玲 . 基于产业链生态的产业大脑模式研究［J］. 信息化建设，2022（10）：23-24.

产业路由器（工作流平台属性）阶段，技术转变为更加复杂的工作流平台，可以协调和整合多个工具，促进不同部门间的协作与数据流动。这使得针对整个企业和跨部门的运营和决策有了更全面的视角。产业操作系统（基础设施属性）阶段，技术成为一个完整的基础设施，能够支持跨部门、跨企业的数据整合和管理，使得整个产业生态的运转更加有效率和智能化。它提供了更强大的数据整合和分析功能，优化了产业链上的资源配置和运作效率。产业大脑（中枢系统属性）阶段，技术进化为产业的中枢系统，融合了人工智能、大数据分析以及 AI 大模型等先进技术，具备智能决策支持、自我学习和优化、跨企业协同与创新等功能。

从总体架构设计来说，产业大脑同时服务政府侧和企业侧，建设内容包括互联网门户、行业数据仓、应用场景、能力组件等。以下是 2022 年浙江省经济和信息化厅印发的《行业产业大脑建设指南》对产业大脑总体架构的设计，如图 5-8 所示。

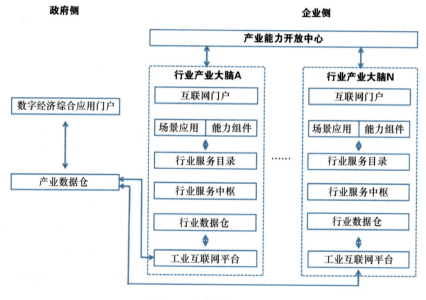

图 5-8　总体架构模型图

1. 政府侧

政府牵头的产业大脑是指政府部门利用产业大脑技术，对本地区或全国范围内的产业发展进行监测、分析和支持，推动经济发展和产业升级。浙江省早在 2016 年提出了推动"产业大脑"建设的目标，现在看来，这是一个具有链接驱动型超级链接器特征的项目。浙江"产业大脑"项目的核心在于政府和龙头企业通过云计算、大数据、人工智能等先进技术手段，将企业之间的数据链接起来，实现资源的共享和流通，从而形成更加高效的产业生态圈。这种方式能够通过打通全行业产业链、价值链、服务链等链条的数据交互渠道，推动全产业的数字化转型。链接驱动型超级链接器的优势在于可以形成产业互联网生态的正向循环，通过构建链接，将各个主体联系在一起，形成共赢的局面。这种模式能够有效地提高产业链条上下游企业的协同效率，推动资源的共享和流通，促进产业链条的优化，从而提升整个产业的效率和竞争力。

（1）政策支持

2021 年 3 月，中共浙江省委全面深化改革委员会发布《浙江省数字化改革总体方案》，提出了"产业大脑"的概念。方案提出："产业大脑是基于系统集成和经济调节智能化的理念，将资源要素数据、产业链数据、创新链数据、供应链数据、贸易流通数据等汇聚起来，运用云计算、大数据、人工智能、区块链等新一代信息技术，对数字产业发展和产业数字化转型进行即时分析、引导、调度、管理，实现产业链和创新链双向融合，推动数字经济高质量发展。产业大脑主要由数据中枢系统、政府端数据仓、企业端数据仓等构成，在政府端，基于一体化智能化公共数据平台推动政府各部门有关数字经济运行的公共资源数据的共享应用；在企业端，基于工业互联网平台构建全要素、全产业链、全价值链的全面连接，推动生产方式、产业链组织、商业模式、企业形态重构，提高经济社会的运行效率和资源要素的配置效率。"2022 年浙江省经济和信息化厅印发的《行业产业大脑建设指南》也对"产业大脑"进行了定义："产业大脑是通过加工政府、企业、行业等数据，提炼生成工艺技术、运营管理、行业知识与模型等可重复使用的数字化基本单元，进而汇聚形成的知识中心。针对不同应用场景，运用数字技术和网络，对土地、劳动力、资本、技术等要素进行跨组织、跨区域融合，构建个性化解决方案，更好助力企业创新变革、产业生态优化、政府精准服务。"2023 年，山东省工业和信息化厅等七部门联合发布《山东省制造业数字化转型提标行动方案（2023—2025 年）》，提出"将聚焦制造业重点行业和标志性产业链数字化转型需求，实施转型路径优化、基础设施强化、服务供给深化'三化'专项行动"；"实现标志性产业链和重点产业链工业互联网平台全覆盖，建设 50 个以上省级"产业大脑"，打造一批对标领先水平的标杆示范"；"以'工赋山东'为牵引，打造具有核心竞争力和生态主导力的'领航型'工业互联网平台企业、培育 40 家以上深耕行业的特色专业型平台"。

（2）决策支撑

产业大脑是基于纵向整合一个产业内政府端、企业端、市场端的全链路数据，利用人工智能、大模型等技术手段对数据进行处理和分析，形成系统化、结构化的行业知识中心，实现对产业发展形势的全面掌握、分析、研判、预警，为政府的经济治理提供决策支撑，为企业的经营活动提供精准指导。产业大脑的理念是系统集成和经济调节智能化，集成多个数据源及多种新一代信息技术，集成政策、空间、供应链、金融、科技、销售等产业要素与产业主体，从数据中提炼生成各个生产、运输、销售、支付、仓储等场景以及对应的方案策略，并自动执行策略，使产业实现自动化的最优运营。

集约化是产业大脑建设的最优方案，集成越多信息，产业大脑发挥的作用越大。因此，产业大脑最好的打造路径便是政府牵头，只有政府才具备快速整合全产业数据源及产业主体的牵引能力；而产业大脑比起传统的数据库，最大的颠覆就在于其智能计算。传统数据库只能实现数据的汇聚与结构化、可视化展示，操作也仅限于针对数据的上传、下载、编辑等等，未与业务流打通；而产业大脑却能通过对原始数据分类、打标，通过大数据分析模拟业务逻辑，建立数据模型，设立自动决策和执行程序，实现对业务流操作的自动化和优化；更重要的是，产业大脑可以通过不断汇聚的新数据，持续调整模型，使自动决策和执行程序越来越精确，并保持与实际情况同步更新。入选浙江省 2022 年度数字经济系统产业大脑优秀案例的杭州钱塘新区的"生物医药产业大脑"就是一个典型。截至 2022 年底，"生物医药产业大脑"汇聚了 300 余万家医药企业数据，平台注册企业 2300 余家，月活跃用户近 2000 次。首先，"生物医药产业大脑"拥有强大的行业信息整合能力，抓取了全国医药行业公域、市场侧运行数据，建立生物医药行业数据仓，并形成 38 个模型组件，实现自动寻找、匹配市场资源，促成供需精准对接。自上线以来，已促成疫苗国产替代等 19 个产业链资源合作项目落地，涉及合作金额约 4200 万元。其次，在智慧辅助研判方面，"生物医药产业大脑"深度分析企业基本信息、经营信息等元素，设置了领域招商、区域招商、政策招商、客群招商四大招商类型的匹配模型算法，筛选价值企业并形成价值企业库，辅助招商研判，目前已助力 17 个亿元以上的生物医药项目招引落地。此外，"生物医药产业大脑"可强化资源调度，帮助实现服务需求"一键推送"。"生物医药产业大脑"深度调研了行业企业在科研、生产、销售等不同环节的服务需求，设立了注册检验、技术培训等七大服务板块，集聚服务平台 19 家、专业服务 58 项、CRO 服务商 246 家，并构建了"一键找园"等大数据供需匹配模型和预警监测模型，对企业外迁、经营风险、法律风险进行实时监测、自动预警，变被动受理为主动服务，为区域医药产业提供了强大助力。

（3）产品架构

从具体的产品架构来说，一个典型的产业大脑主要包括基础设施、数据资源、应用支撑（中台）、业务应用、门户五层，总体架构模型如图 5-9 所示。

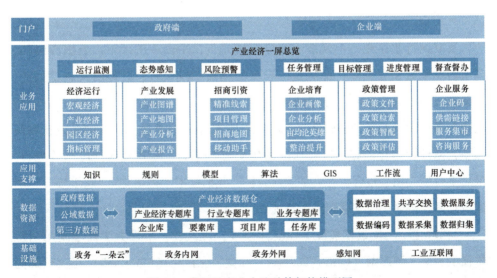

图 5-9　典型的产业大脑总体架构模型图

（4）产业价值

产业大脑采取资源共用、多方共建的模式，聚焦产业生态、新智造应用、共性技术、服务企业等需求，以企业或企业共同体为主，基于"1+N"工业互联网平台和统一标准，建设细分行业产业大脑，推动形成"一行业大脑"的发展格局，最终集成为整体产业大脑的创新生态体系。

产业大脑创新生态体系以经济领域数字化改革为牵引，以产业大脑为引擎，用数据流加速技术流、资金流、人才流有机循环，构建全要素、全产业链、全价值链的全面链接，支撑智能新产品、个性化定制、网络化协同智能化生产、服务化延伸、数字化管理等新模式新业态的发展，形成"产业大脑 + 未来工厂"的发展格局，推动生产方式、产业链组织、商业模式、企业形态重构，提高经济社会的运行效率和资源要素的配置效率，补齐产业发展短板，加速经济高质量发展。

产业大脑综合支撑系统采取整体统一的模式，以政府建设为主体，在一体化智能化公共数据平台"政务'一朵云'"基础上，统一建设产业大脑综合支撑系统，帮助各级政府掌握产业发展态势、预测产业发展趋势、监测产业风险、评估产业发展质量、科学谋划产业布局、精准引导招商。

2. 企业侧

互联网行业存在一个规律：细分领域先行，平台一统天下。数据库时代，先有各类垂直型数据库，最后是综合型数据库一统天下；软件时代也是如此，在 ERP 之前，有 ATS（招聘管理系统）、MRP（物料需求计划）、OA（办公自动化）等解决各类业务的软件，它们后来被通用的 ERP 收归。纵向专业化和横向平台基础设施化路径，以长尺度的历史思维来看，垂直类数据应用等先行，最后平台型应用会整合生态。基于此分析，我们提出"模块化""超级接口"的建设思路，搭建产业互联网操作系统。

"模块化"一词最早来自工程设计领域。1997 年，哈佛大学商学院的两位教授卡利斯·鲍德温（Carliss Baldwin）和金·克拉克（Kim Clark）在《哈佛商业评论》上发表了一篇题为《模块化时代的管理》的论文，从而将"模块化"

的概念引入了管理学界。根据鲍德温和克拉克的定义，所谓"模块化"，就是将复杂系统分解成相对简单、具有独立功能、能够独立运行的子系统的过程。这里所指的复杂系统被称为"模块化系统"，它可以是一件产品，也可以是一个过程；通过"模块化"，它可以被分解成若干个部分，这些部分就是"模块"。这些模块都是被独立设计的，但它们可以通过某些规则联系起来，共同发挥系统的整体功能。与整体化的设计和制作相比，"模块化"具有很多优势：它可以让各个模块独立设计，从而最大限度节约所需要的信息；可以为创新提供足够的空间和激励，从而大幅度促进创新的进行；可以大幅增强系统的应变能力，从而更好地适应市场变化的需要。

第一阶段：模块化为基础，打通产业接口。链接器的真正价值体现在产业成为价值网的时候，买卖双方会互为供应方和消费方，并最终形成一个 API 市场，这个 API 市场会把我们的能力 API 化，形成一张优化整合的聚合网络。例如，随着在线化和构建开放生态的发展，产业、政府、企业均需要强有力的互联网"工具"。根据这种思路，具体产业中的企业由于具有更多的"局部行业知识"，因此更适合扮演"模块设计者"的角色。它们更适合从自身的实践经验出发，积极探索属于本行业的规则和商业模式。用积木式或者模块化方式来打造服务能力和功能，是一个链接器必需的发展方向。根据不同产业需求，将不同的模块组合为每个产业或者商业单位提供不同的链接器服务，实现有针对性且高效的服务。通过链接器，把功能、数据、接口等封装为服务，配以安全、计费等工具模型，实现内部外部互联互通、链接和协同。模块化能够把产业里面原有的资源、能力组织起来建构产业互联，未来企业的社会化分工就可以更细分、更专业，擅长产品就做产品，擅长制造就做制造，擅长营销就做营销，企业把各自专业领域的内功修好，再实现行业间或跨行业的协同合作，便能创造出更大价值。这一阶段是产业接口（工具属性）阶段，技术主要以单一工具或接口的形式出现，多用于简单数据传输、信息展示等功能。这种技术的应用更多集中在单一环节或特定流程上。

第二阶段：打造产业互联网操作系统。产业"超级链接器"能够在底层支撑层面去除行业差异，为各行各业提供积木组合式的服务，赋能各行业转型；

这一阶段比产业超级接口更进一步，能够支持跨部门、跨企业的数据整合和管理，使得整个产业生态的运转更加有效率和智能化，能够提供更强大的数据整合和分析功能，优化了产业链上的资源配置和运作效率。产业互联网操作系统将给整个社会带来比超级接口更底层、更全面、更深入的改造。"产业互联网操作系统"是生态网络中各成员企业共创价值的数据计算底层技术平台，基于数字技术和资源赋能不同产业，能够为生态网络中的成员企业提供解决问题的整套技术、工具和方案；其借助超级 API 接口能力或界面，拆分架构并以松耦合方式进行组合，将相关功能集成并提供给生态网络中的企业成员。利用平台上的接口或者界面、工具和技术，对外输出维持各种庞大的线上能力，比如云计算、大数据、物流、商品、管理、营销广告等，并由此搭建生态系统，成员企业可以根据用户的需求开发自己独特的产品，以创造更多的价值。核心特征是资源开放、价值共创和价值共享，能够突破产业限制，以模块化和核心功能赋能众多场景和平台。这一阶段是产业操作系统（基础设施属性）阶段，技术已经成为一个完整的基础设施，能够支持跨部门、跨企业的数据整合和管理，使得整个产业生态的运转更加有效率和智能化。它提供了更强大的数据整合和分析功能，优化了产业链上的资源配置和运作效率。

第三阶段：产业大脑。随着产业链的日益复杂和全球市场的竞争加剧，产业平台需要更加智能的系统来处理大量数据、监控生产环节，并作出高效决策。产业内外部数据源日益庞大，需要一个集成各类数据的智能平台，从而提供综合、深入的分析和预测。快速变化的市场和生产条件需要即时的数据监控和决策支持系统。企业间需要更多的合作共赢机制，通过数据共享和协同创新来推动整个产业链的优化和创新。综上，复杂产业运营需求、数据整合与洞察、实时决策支持、产业协同和创新都凸显了对高效、智能化运营的需求。结合上一节泛在链接提到的产业接口到产业互联网操作系统的演进规律，产业互联网从工具属性的产业接口，进化到工作流平台属性的产业路由器，再进化为基础设施属性的产业操作系统，最终进化为中枢系统属性的产业超级大脑，为产业提供更精准、高效、实时、便捷的支撑。这一阶段是产业超级大脑（中枢系统属性）阶段，技术已经进化为产业的中枢系统，融合了人工智能、大数据分析等先进技术，具备智能决策支持、自我学习和优化、跨企业协同与创新等功能。产业超级大脑将为产业提供更高级的智能化决策支持、价值创新支持和驱动产业升级的新型平台，主要包括如下功能和应用。

1）数据整合与智能分析。利用先进的算法和模型，对海量数据进行深度学习和分析，从而产生更准确的洞察和预测。如物流产业大脑整合了物流信息和订单数据，结合天气、交通等实时信息，通过智能算法优化货物运输路线和配送计划，提高物流效率，降低成本。

2）实时监控和预警。电商平台通过建立供应链大脑，实时监控商品库存、订单状态和交付进度，通过预警系统提前识别潜在的供应链风险，并调整采购和配送计划，保障交付准时性。

3）智能决策支持。依托人工智能技术，产业大脑可以为决策者提供更加精准、即时的决策支持，帮助他们快速作出正确的战略和运营决策。平台企业通过产业大脑对消费者购买行为和偏好进行深度学习分析，实现个性化推荐和定制营销，提高销售转化率和客户满意度。

4）产业协同和创新。通过链接不同企业和资源，产业大脑促进了产业链上下游的协同合作和创新，推动整个产业生态系统的升级。制造企业间通过产业大脑平台共享设备利用率、零部件供应情况等数据，实现跨厂商之间的生产协同，优化整个产业链的资源配置，推动智能制造的发展。农业产业链大脑整合了种植、加工、物流等环节数据，帮助农民精准调配农资、农产品销售，同时与农产品加工企业和物流企业实现协同，提高农业产业链效益，推动农业现代化。

5）未来预测和规划。基于对大量数据的分析，产业大脑能够进行未来市场趋势的预测，为企业提供更长远的规划和战略建议，以及实现更优的资源配置。

在"模块化""超级接口"的建设思路下，产业大脑作为最终的进化形态，不仅整合了之前所有阶段的功能，还进一步推动了产业的智能化和高效化。通过数据整合与智能分析，产业大脑能够深入挖掘数据价值，为产业发展提供科学依据。实时监控和预警功能则确保了产业链的稳定运行，有效规避了潜在风险。智能决策支持则让决策者能够基于全面、准确的信息做出最优决策，提升产业竞争力。此外，产业大脑还促进了产业协同和创新，打破了企业间的壁垒，实现了资源共享和优势互补。未来预测和规划功能更是为产业的可持续发展提供了有力保障。在这一框架下，产业大脑的应用场景不断拓展，其影响力也逐渐渗透到各个行业和领域。例如，在制造业中，产业大脑可以整合生产线上的各类数据，通过智能分析优化生产流程，提高生产效率和产品质量。同时，它还能预测设备故障，提前进行维护，减少停机时间，降低维修成本。

随着技术的不断进步和应用场景的不断拓展，产业大脑将成为推动产业升级和转型的重要力量。它将为各行各业提供更加智能化、高效化的解决方案，助力企业实现数字化转型和智能化升级。同时，产业大脑的发展也将带动相关产业链的完善和发展，为经济社会发展注入新的活力。

5.3 第三层"超级价值"

作为一种全新的商业体系和组织形式，超级链接器虽然在链接方式和计算方式上实现了范式跃迁，但任何一种商业体系的最终目标仍然是创造价值，只不过超级链接器的价值创造的方式和效率发生了巨大的转变。从产业互联网时代起，价值的创造方式就转变成"共创"，随着产业互联网的深入发展，共创的形式也在不断升级。

5.3.1 链条式共创—平台级共创—生态级共创

超级链接器是产业互联网进化后的结果，因此我们也要从产业互联网的价值共创的演变过程来了解超级链接器的价值共创形式。产业互联网由不同企业或客户等主体构成，通过数据共享、共用和共创打破了企业的边界，实现了价值创造和效率提升，因此价值共创是产业互联网最主要的价值创造方式。产业互联网的价值创造离不开产业参与主体的价值共创，正是在引导产业主体进行持续互动的过程中，产业互联网才为整个生态带来了独特的"共创价值"。

那么，产业互联网是如何共创价值的呢？价值共创源于20世纪90年代管理大师普拉哈拉德提出的核心竞争力理论，该理论认为企业未来的竞争将依赖于一种全新的价值创造方法——以个体为中心、由消费者与企业共同创造价值，即"价值共创"理论。价值共创是相对于价值独创而言的，传统的价值创造观点认为，价值由企业创造并通过交换传递给消费者。例如，在工业时代，以福特公司为代表的汽车生产商生产汽车，而消费者通过购买汽车获取价值，汽车这一商品的价值完全由福特公司创造，消费者仅仅是汽车这一商品价值的使用者或者说价值的毁灭者。然而，随着经济环境的变化，消费者的角色也发生了很大的转变，消费者不再仅仅是被动的购买者，而逐渐转变为价值创造的积极参与者，而信息技术的发展也使得消费者可以更容易地参与到企业价值创造的过程中。一个典型的价值共创案例就是小米的 MIUI 社区，小米手机的粉丝可以通过小米的在线社区 MIUI 与小米公司及其用户互动，在互动过程中为小米手机的相关设计与功能改进等提出建议，小米会根据这些建议对手机进行优化。学者们将这一现象称之为价值共创，代表的不仅仅是企业单一主体创造价值，而是由包括企业、消费者在内的多个主体共同创造价值。消费者参与企业研发、设计、生产、营销等环节，有效地推动了优质产品或服务的形成。著名未来学家阿尔文·托夫勒在其著作《第三次浪潮》中提出"产消者"（proconsumer）一词，用以形象地比喻那些参与企业生产活动的消费者。

　　基于价值共创理论，可以透视产业互联网的价值共创逻辑。产业互联网的参与主体肯定是产业方而非消费者，因此其价值共创是发生于企业和企业之间的一种价值共创，也有学者称之为 B2B 型价值共创。任何企业在价值创造的过程中都要与其他企业合作，几乎没有企业能够包揽从产品研发设计、生产制造、运输仓储到销售服务的全产业链过程。即便部分企业在能力上可以包揽全部环节，这一选择在经济上也通常并非最优解，因此很少有企业会选择"单打独斗"。例如，在食品制造业，饮料品牌巨头可口可乐公司也需要与嘉里集团、中粮集团、太古集团等上游的糖供应商合作才能完成可乐的生产制造，与沃尔玛、物美等下游大型连锁超市合作才能实现触达客户。只不过近年来随着信息技术的发展，企业与企业之间的合作已经逐渐从简单的商务交易活动渗透到企业的内部价值创造流程中，并借助数据要素的流动向全产业链协同的方向发展。基于对数字经济背景下企业与企业价值共创的实践观察，结合价值共创的理论，我们将产业互联网的价值共创逻辑按参与主体数量分为三种类型，分别是链条式共创、平台级共创和生态级共创，对应了企业与企业价值共创的由浅入深（见表5-2）。其中生态级共创对应的就是超级链接器的价值共创形式。

表5-2　产业互联网价值共创逻辑分析

	链条式共创	平台级共创	生态级共创
共创主体	供应方、需求方	供应方、需求方、平台商	供应方、需求方、平台商、利益相关者、消费者
共创过程	资源互补	资源互补、资源整合	资源互补、资源整合、资源共享
共创结果	交易价值	产品价值、服务价值	包括前述价值的多元价值

1. 链条式共创：价值之锚

链条式共创是最基本的 B2B 价值共创，即有两个主体参与到价值共创中。之所以称为链条式共创，是因为共创的主体之间是直接互动的，相当于通过一个看不见的链条相互链接。链条式共创是企业与企业之间最基本的价值共创方式，在这种共创类型中，按照供需匹配的视角，有两个主体参与共创，分别是供应方企业和需求方企业。需求方企业提出某种需要，供应方企业提供对应的产品或服务，需求方企业购买此种产品和服务，这也是最基本的企业间商务交易模式。此种类型最简单，也是企业间商业交易的最基本类型，因此可以称之为价值之锚。企业之间通过链式互动完成资源互补（这里的资源主要是指产品资源），实现各自的价值创造与获取。在实际的产业发展中，几乎所有企业都参与链条式共创。

例如，在服务器市场中，我国政府、金融机构、教育单位和企业对于服务器都有大量需求，但是早期服务器技术主要掌握在 IBM、英特尔、戴尔等国外厂商手中。由于没有替代品，我国客户需要面对国外厂商高额的产品费用和后续长期的运维费用，不得不在预算和性能之间艰难地寻找平衡。我国大型综合IT 企业浪潮集团在开展 PC 业务时发现了客户的这一痛点，于是建立了专门的技术研发团队进行相关技术的模仿和研发，在 1992 年成功研制出第一台小型机服务器 SMP2000，成为我国企业研制的第一台服务器。1996 年，浪潮集团在国家的支持下建成了国内第一条服务器生产线，从而可以批量生产服务器产品，实现规模效益。浪潮集团提供的同性能服务器产品定价只有国外服务器厂商的20%～30%，极大地帮助客户降低了成本。凭借较高的性价比和 PC 业务积攒的客户资源，浪潮集团迅速打开了服务器市场。在此时，浪潮集团与客户之间就是链条式共创，客户作为需求方存在降低成本和满足性能的双重需求，而浪潮集团针对此需求进行了技术创新和研发突破，创造了可以满足客户需求的产品，双方通过商务交易实现资源互补，从而实现了价值共创。在这种价值共创模式下，供应方和需求方是一种点对点的松散耦合的关系，不涉及第三方主体参与，体现为最基本的商务交易逻辑。

2. 平台级共创：价值之舟

随着数字技术的发展和企业数字化转型的成熟，越来越多的企业完成了从研发设计、生产制造到流通销售等价值创造各环节的初步数字化，使得企业的边界逐渐开放，从而可以通过数字化的手段与产业链上的其他主体建立链接，借助数据要素的流通实现产品或服务的共同研发、共同生产和销售，由此诞生了一种新型产业组织——平台。平台是运用网络信息技术，使相互依赖的双边或者多边主体在特定载体提供的规则下交互，以此共同创造价值的商业组织形态。在经济学理论中，平台是为多边市场用户提供交易撮合服务并从中收取费用的第三方经济主体，因此平台通常由企业作为主体来进行运营和管理，通常被称为平台型企业。这一点从产业发展的实际也可以看出，早期的提供信息服务和撮合交易服务的 B2B 电商平台就是典型的平台商。例如上海钢联创办的"我的钢铁网"就是一个为钢铁买卖双方提供钢铁资讯、网上交易等服务的综合性平台。"我的钢铁网"既不是钢铁产品的提供方，也不是钢铁产品的需求方，而是作为第三方为买卖双方更好地交互、交易提供服务。平台往往发挥着基础性作用，平台通常提供基础性技术、产品或服务，这些基础性的功能使得平台中的参与企业可以在此基础上开发互补创新产品。作为一种新的生产力组织方式，基于数字技术且由数据驱动、平台支撑、网络协同的经济活动单元所构成的新经济系统——平台经济异军突起。

平台经济由于涉及平台商、供应商、消费者、分包商等不同主体，参与主体更加多元化，互动关系更加复杂，因此其价值创造也具有新的特征。首先，平台经济具有典型的双边市场特征。所谓双边市场，是指由两个互相提供网络收益的独立用户群体组成的经济网络，双边市场中的两组用户通过平台产生互动，并且其中一组用户的决策和行为会影响平台中另外一组用户的价值。平台企业通常扮演了双边市场组织者的角色，而且，随着平台的发展，平台往往同时组织着多个双边市场，比如原料供应商与加工厂、加工厂与经销商等。其次，平台经济以大数据、人工智能等新一代信息技术为支撑。平台通过应用信息技术来降低市场交易成本，提升生产效率，因此数据与算法是平台经济发展的关键。第三，平台经济具有极强的网络效应和跨边网络效应。所谓网络效应，是指网络中的产品或服务对于用户的价值取决于网络中其他同类型用户的数量。所谓跨边网络效应，即网络一侧参与方对另一侧的促进效应。上述两种效应越强，规模效应越大，也越容易促进竞争格局的集中。平台集合了商家和消费者，平台中产品或服务的价值取决于平台中另一侧用户的规模。例如，网约车平台上的司机越多，也就意味着可以提供服务的主体越多，那么对于乘客而言就有更多的选择余地，也能更快捷地获取用车服务，此时平台对于乘客的价值就越大。实际上，在很多平台发展的早期，平台商为了快速提升平台价值，通常会讨好双边市场中的某一方，以便快速地吸引双边市场中的另一方。例如，滴滴打车和快的打车掀起的补贴大战，一度让乘客几乎可以享受到与公交、地铁相近的价格，吸引了大量用户，进而快速崛起成为头部打车平台。

对于产业互联网而言，平台技术和平台经济的发展也为产业互联网各方共创价值提供了极佳的便利条件。首先，参与主体更多。平台为产业互联网各方链接提供了可能，来自产业链中生产、供应、销售等多个产业环节具有不同需求的用户群体通过平台实现了链接。相比于传统的点对点链式互动，在平台中，有更多的主体参与互动，这为创造更多价值提供了可能性。其次，共创的深度加强。相比起链条式共创中的产品资源的互补，平台级共创中深化至资源的互补与整合，不再是简单的互补互换，而是多种资源，包括产品、研发、资金、知识等的整合，共同研发、共同采购、共同制造。第三，共创的结果更加多元。

不同于链条式共创简单地创造了交易价值，平台级共创由于主体的增多和深度的加深，共创的结果也更加多元，包括资源整合后共创所形成的商品价值、服务价值等。基于上述特征，在平台经济范式下，产业互联网价值共创的参与主体更多，并且随着越来越多的主体参与到平台中，平台对各主体带来的网络效应越来越强，各主体之间共创价值的可能和效果也会相应更高，相比于链条式共创，平台级共创将会实现"1+1>2"的效果。在平台中，原本没有交易过的两家企业有可能通过平台实现资源整合和价值共创，相比于对象确定的链条式共创，平台级共创具有一定的不确定性，也因此带来了更多创造价值的机会，因此我们可以称之为价值之舟。

平台级共创的一个典型例子是上海钢联。前文提到，上海钢联作为平台企业，为钢铁交易的双方提供了平台服务。然而，上海钢联并没有满足于仅仅为钢铁交易双方服务，而是沿着钢铁产业链不断向上下游扩展自己的业务范围，以期吸引更多的产业链各环节参与方。上海钢联在 2000 年成立了"我的钢铁网"之后，陆续将业务向上游扩展，2003 年将服务扩展至铁矿石领域，2010 年又扩展至有色金属领域。无论是铁矿石还是有色金属都是钢铁产品的上游关联产业，其典型特征是资源整合。上海钢联也不断地扩展下游客户，例如，在2013 年将业务拓展至与钢铁客户紧密相关的建筑材料领域，提供建筑材料的相关信息服务和交易服务，不仅提供产品价值，还提供交易价值。上海钢联甚至已经不满足于钢铁产业，还通过资本收购的方式进入农业、化工等其他产业领域。2014 年，上海钢联收购了隆重资讯，将业务扩展至能源农业和能源化工领域。不难看出，产业互联网平台级共创的一个关键逻辑就是不断延伸产业链的覆盖范围，吸引越来越多的产业主体参与到平台中来，只有这样才有可能实现最佳的平台网络效应和最高的平台价值。

综上所述，在平台级共创中，产业主体之间不再是单纯的商务交易关系，而是一种相对紧耦合的合作关系，产业主体之间并不一定是以商业交易为目的进行互动，有可能是共同研发、共同采购、共同制造，工业互联网平台就是典型的平台级共创案例，是聚焦于生产制造环节的价值共创。

3. 生态级共创：价值之海

随着数字化进程的进一步深入，市场需求变得更加分散、多样、多变，对企业的服务能力、灵活度与创新性都提出了更高的要求。为了扩大产品和服务的范围和质量，更好地适应市场的需要，并增强抗风险性，不同领域企业间开展合作，整合各自的产品、技术、知识、流量、市场等资源优势，形成产业生态系统，这进一步深化了价值共创。相比链条式共创，平台级共创各主体间的合作方式已经超越了买卖关系，但仍较为局限，主要围绕平台的既定业务来展开；而生态级共创是一种广阔、灵活、有机的合作方式，打破单向主导形态、打破固定伙伴关系、打破单一产业链条，实现多个组织或多个团队之间的基于角色的多维度合作共创。首先是生态级共创的共创主体更为多元。链条式共创的主体主要是供需双方，平台级共创则加入了平台，而生态级共创的主体包含了供方、需方、平台商、科研机构、政府主管部门、消费者、各方利益相关者等。在平台级共创阶段，各主体间的互动围绕着单一的中心，即平台，但在生态级共创阶段，互动关系更加自由，链接路径更短。不过，一个成功的生态体系中领军企业往往仍不可缺少，譬如阿里巴巴在其生态体系中的领军地位，领军企业的核心职责是促进生态内各主体间互动的频率、深度和质量提升。其次是生态级共创的共创过程更加深入。在前两个共创阶段中资源互补、资源整合的基础上，生态级共创还增加了资源共享这一过程，打破了各方资源单向向平台聚集整合的传统方式，资源得以在各主体间平等、自由地流转，从而达成共创价值最大化。最后，生态级共创的共创结果是丰富的、立体的、多元的。链条式共创主要达成了交易价值；在此基础上，平台级共创基于平台业务类型，还可达成产品价值或服务价值，但一般仍只能达成一种价值；而生态级共创则可以同时达成交易、产品、服务、知识、投资、模式创新、产业创新等复合价值。以知识共创为例，一个成功的生态系统可以跨领域地集合多个具有不同知识和技能的合作伙伴，并且促使他们紧密交流与联结、互相学习与启发，这种跨领域的交流学习往往能创造出更多新的知识成果，进而提升整个生态的能力水平。就投资价值而言，生态中的伙伴出于互补或者互利需要，往往会进行互相投资，此后往往能产生更好的协同效应，产生更佳的投资回报。而生态中的学习碰撞和要素的重新组合，往往能催生出全新的商业模式，甚至是新的产业。

在平台级共创阶段，产业主体之间虽然已经有了共同研发、共同采购、共同制造的合作共创形式，但在生态级共创阶段，各主体间全面开展产品共创、渠道共享、技术合作、项目共建、资金流动等各种形式的合作，一个产业主体的合作伙伴数量比起平台级共创要大得多，往往靠实际业务需要与市场竞争达成合作。

生态级共创之所以在深度和广度上都远超前两个阶段，有一个显著原因是跨越单一产业链，形成产业群落，打通农业、工业和服务业三产从而产生更大价值。链条式共创和平台级共创，其实都是某一条产业链内部不同环节之间的纵向价值共创。本来，数字技术对于产业的影响并不是以产业链为单位的，而是对整个产业和经济生态的全方位渗透。当产业链中的某一主体数字化之后，就有了与其他市场主体交互的数字化接口，而这为横向的产业打通带来了可能。由多条产业链横向打通的产业生态系统为不同产业中不同主体之间建立直接合作关系、开展价值共创提供了可能，因此越来越多的产业正在体现出三产大融合的趋势。

5.3.2　超级链接器助力三产融合

超级链接器之所以能够创造"超级价值"，就是因为它能够促成生态级共创的构建和高效运行。而超级链接器作为赋能全产业链的数字化载体，其构建的生态具备三产融合、纵贯产业的特征，从而得以发挥超强的共创力量。AI 在生态级共创中的作用尤为关键。通过跨行业数据整合和智能分析，AI 可以识别不同产业间的潜在协同点，推动产业间的跨界融合。例如，在农业与制造业的融合中，AI 可以通过分析农田数据和市场需求，生成最优的种植和生产计划，同时预测市场波动，帮助企业在供应链中实现动态调整。

1. 产业融合：传统产业的破局之道

产业融合是全球经济增长和现代产业发展的重要趋势，同时也反映出新一轮科技革命和产业变革以及消费升级对产业发展演进的深刻影响。产业融合是指由于技术进步和管制放松，发生在产业边界和交叉处的技术融合，在经过不同产业或行业之间的业务、组织管理和市场的资源整合后，改变了原有产业产品和市场需求的特征，导致产业中企业之间的竞争合作关系发生改变，从而导致产业界限的模糊化甚至重划产业界限。从概念中可以看出，产业融合通常是逐步从技术的融合到产品和业务的融合，再到市场的融合，最后达到产业融合的实现过程，也是不同产业或同一产业在不同行业的技术与制度创新的基础上相互渗透、相互交叉，最终融合为一体并逐步形成新型产业形态的动态发展过程。

产业是人们为了管理方便而创造的概念，人们按照某些标准或原则，把一些具有相似或相关特征的经济活动或组织归纳为一类，称为一个产业。产业可以根据不同的依据进行划分，如产品或服务的类型、技术水平或发展阶段、地域或区域特征等。例如，根据产品或服务的类型，可以将经济活动划分为农业、工业、服务业等；根据技术水平或发展阶段，可以将经济活动划分为传统产业、新兴产业、战略性新兴产业等；根据地域或区域特征，可以将经济活动划分为本地产业、区域产业、全球产业等。这些划分方式并不是一成不变的，而是要随着社会经济的发展和变化而适时调整和更新的。

由于产业的划分标准本来就是人为的、多样的、可变的，产业天生具有融合的可能。这是指不同的产业之间存在着相互联系、相互促进、相互渗透的可能性。这种可能性主要来源于以下几个方面。

（1）技术进步

技术是推动产业发展和变革的重要力量。随着科学技术的不断创新和突破，一些新兴技术，如人工智能、物联网、大数据等，可以跨越不同领域和行业，实现多种功能和应用，促进不同产业之间的融合和升级。首先，技术进步可以推动信息共享，互联网技术可以快速传播信息，打破信息壁垒，使各行各业能够更好地共享资源，优化资源配置，提高生产效率；其次，技术进步可以加强产业协作，通过数字技术，企业可以更好地进行产业协作，形成优势互补、互利共赢的产业生态；再次，技术进步可以促进跨界合作，互联网技术可以帮助企业与其他产业领域进行跨界合作，创造出新的商业模式和价值链；最后，技术进步可以加速创新，新兴技术及模式降低了创新门槛，使更多的企业、个人能够参与到创新中来，推动产业的持续发展。

（2）市场需求

市场需求是引导产业发展和变化的重要因素。随着消费者需求的多元化和个性化，一些综合性、高附加值、高品质的产品或服务越来越受到欢迎，促使不同产业之间进行合作和整合，以满足市场需求。例如，汽车行业与科技行业的融合，使得汽车不仅是一种交通工具，也成为一种智能设备，具有导航、娱乐、安全等多种功能。汽车行业与科技行业的融合，也带来了新的商业模式和竞争格局，如交通出行服务的智能化、共享化、绿色化等。

（3）政策支持

政策支持是促进产业发展和变革的重要保障。政府通过制定一些政策措施，如鼓励创新、优化环境、提供资金、搭建平台等，可以为不同产业之间的融合提供有利的条件和机遇。例如，政府推动产业结构调整和转型升级，支持战略性新兴产业的发展，如新能源、新材料、生物医药等。这些新兴产业往往涉及多个产业的技术融合和创新应用，如太阳能电池、纳米材料、基因工程等。

具体来说，产业融合可分为产业渗透、产业交叉和产业重组三类形式。产业渗透是指发生于高科技产业和传统产业边界处、由高科技产业向传统产业单向渗透而发生的产业融合，如网络技术向传统商业、运输业渗透而产生的电子商务与物流业等新型产业。产业交叉是指通过产业间功能的互补和延伸实现产业融合，往往发生于有相关性或互补性的产业之间，交叉后形成的新产业既具备相对独立的产业范围，同时又具备交叉前产业的基本特征，例如农业旅游，既有其特点，又具备农业和旅游业的一般特征。由于互补是产业交叉的目的，因此产业交叉更多地表现为服务业与第一产业或第二产业的交叉，或服务业中不同产业之间的交叉，贮存、运输、批发、广告、客户服务、技术创新、金融、法律、管理、培训等服务与第一、第二产业的交叉越来越深入，相互之间已融合成不分彼此的新型产业体系。产业重组通常指的是对产业的调整和整合，包括产业组织优化和产业结构提升。这种调整可以通过多种方式实现，如并购、分立、资产剥离出售等方式。一般认为在某些产业发生集中的、大规模的资产重组与产业结构调整活动，即产业重组。产业重组的目的是优化资源配置，提高产业效率和竞争力，结果往往会带来集中度的提高、专业化程度的提高、平均成本的降低、产品差别的加大等，也可能出现垄断、价格上升等负面效应。

产业之所以复杂，是因为它涵盖了众多的要素、层次、需求和环境。产业不仅包括生产、流通、消费等各个环节，还包括技术、资本、人力、信息等各种资源，以及市场、政策、竞争、合作等各种机制。这些要素之间存在着相互依赖、相互影响、相互制约的关系，构成了一个复杂的系统。例如，汽车产业涵盖了从汽车制造到销售、维修保养等多个环节，涉及技术、资本、人力、信息等各种资源。在汽车生产环节，需要大量的技术支持和先进设备，包括设计、研发、生产工艺等方面的技术要素。同时，汽车制造还需要大量的资本投入，用于建设生产线、采购原材料等。为了确保汽车的质量和安全，人力资源也起着关键作用，包括工程师、技术人员、生产工人等。在汽车流通环节，包括经销商、零售商、售后服务商等环节，涉及市场、竞争、合作等机制。汽车销售需要深入了解市场需求和消费者偏好，进行市场调研和产品定位。与此同时，经销商间的竞争和合作也影响着销售渠道和市场份额的分配。此外，汽车产业还受到政策和法规的影响，例如环保法规、安全标准等，这些政策对汽车技术和产品开发提出了要求和限制。同时，国家和地区之间的政策差异也对汽车产业的全球化发展产生了影响。各个环节和要素的协调与合作，以及市场机制和政策环境的引导，共同塑造了汽车产业的发展格局。同时，产业也要适应不同的客户需求、社会需求和环境变化，不断地进行创新和优化，以提高效率和竞争力。例如，制造业面临着客户对定制化、高附加值、高品质产品或服务的多元化和个性化需求，以及新兴技术（如人工智能、物联网、大数据等）对生产过程和模式的改变和挑战，因此需要通过产品驱动转型来降低产品的复杂度和成本，提高产品的价值和竞争力。这就使得产业具有高度的动态性和不确定性，需要综合分析和协调管理。

在传统的产业模式下，不同的产业之间存在着信息孤岛、资源分散、市场隔离等问题，导致交易成本高昂、知识创新缓慢、市场交易效率低下。产业融合是解决上述问题的重要手段。从概念上来看，产业融合是当今经济社会发展的重要趋势和特征，即不同的产业之间通过技术、资源、市场等方面的交流和协作，实现互补互利、创新发展的过程。不同的产业之间可以通过互联网平台进行链接、交互和协同，能够打破信息孤岛、资源分散、市场隔离等壁垒，实现整个行业发展的跨界融合、跨域创新、跨领域发展。因此，产业融合的效率提升可以从五个方面来分析：一是整合产业链上的各个环节与资源；二是整合不同企业的技术、人才等资源；三是整合不同市场需求；四是形成产业生态链；五是提高参与方的沟通与协作。

第一，产业融合可以整合产业链上的各个环节与资源，解决信息不对称、重复投入和流程阻塞等问题，最终有效连接供应链。这与产业链中的交易成本相关，交易成本是指在市场上进行交易所需要付出的各种费用或代价，包括搜寻成本、协商成本、监督成本、契约成本等。通过产业融合，不同的产业可以共享技术、资本、人力、信息等资源，减少重复投入和浪费，提高资源利用率和效益。在传统的产业模式下，不同的产业之间进行交易时需要通过中介机构或第三方平台来完成信息传递、信任建立、支付结算等环节，增加了交易的时间、成本和风险。在产业融合模式下，不同的产业之间可以通过互联网平台直接进行交易，利用云计算、大数据、区块链等技术来提高信息的透明度、信任的可靠性、支付的安全性，降低了交易的时间、成本和风险。例如，通过电子商务平台，买卖双方可以更快速、更便捷地找到合适的交易对象和信息，减少搜寻成本；通过智能合约技术，买卖双方可以自动执行交易条款和条件，减少协商成本和契约成本；通过物联网技术，买卖双方可以实时监测货物的状态和位置，减少监督成本。再比如，跨境电商物流整合了电商平台、物流企业、海关、监管机构等多方资源，能够实现信息互通、数据共享、监管协同、风险防范等功能，从而降低了跨境贸易的时间、成本和风险，提高了跨境贸易的效率和便利。

第二，产业融合可以整合不同企业的技术、人才等资源，形成协同效应、协同创新，利用不同领域知识对产品和服务进行再创新。这与产业间的知识溢出相关，知识溢出是指知识从一个主体或领域向另一个主体或领域转移或扩散的过程。通过产业融合，可以增加知识溢出的机会和范围，促进知识的共享、传播和创造，提高知识效率。在传统的产业模式下，不同的产业之间存在着知识壁垒、专利保护、竞争对抗等因素，限制了知识的流动和创新。在产业融合模式下，不同的产业之间可以通过互联网平台进行协作、学习和创新，利用人工智能、机器学习、深度学习等技术来提高知识的获取、分析和应用能力，突破了知识的壁垒和保护。不同企业或领域之间可以相互学习、借鉴，结合各自的知识和技术，形成新的知识和技术，并应用于产品和服务的创新。例如，智能手机产业的生产涉及硬件制造、软件开发、通信技术等多个领域，在这些领域中，有不同的企业专注经营，通过跨领域的合作，可以提升产品的品质、创新性和用户体验，推动产业的发展和竞争力的提升。

第三，产业融合可以整合不同市场需求，通过分析整合客户需求，研发出能更好地满足多样化、个性化需求的产品。市场细分是指根据客户的不同特征或需求，将市场划分为若干个相对均衡且具有相似性的子市场的过程。通过产业融合，可以发现并满足更多的细分市场。在传统的产业模式下，不同的产业之间往往采用大众化或标准化的产品和服务来满足广泛的客户群体，忽视了客户的多元化和个性化需求。在产业融合模式下，不同的产业之间可以通过大数据分析、人工智能推荐等方式，更准确地了解客户的偏好、需求、行为等特征，并根据这些特征设计出更符合客户期望的产品和服务，进行个性化定制和营销。例如，通过智能家居平台，家电制造商、电力供应商、物流服务商等可以根据客户的生活习惯、节能意识、购买能力等特征，提供更适合客户的家电产品、电力套餐、配送方式等，并进行智能化控制和管理。

第四，产业融合形成的产业生态链，可以更好地适应不断变化的环境和技术，通过融合不同模式和颠覆性创新来提高效率和竞争力。这与整个产业的动态能力相关，动态能力是指产业在面对不确定的环境和技术变化时，及时调整、重组、创新其资源和组织的能力。在传统的产业模式下，不同的产业之间往往存在着惯性思维、保守态度、封闭体制等因素，难以适应环境和技术的变化，容易陷入固化和落后。在产业融合模式下，不同的产业之间可以通过云计算、区块链等技术，更灵活地配置和调整资源和能力，以应对市场的波动和变化；可以通过开放创新、平台创新等模式，更有效地利用外部的资源和能力，以实现颠覆性的创新和突破。比如，通过共享汽车平台，汽车制造商、出租车公司、保险公司等不同产业之间可以根据客户的出行需求、交通状况、安全风险等因素，提供更灵活的汽车租赁、使用、保养等服务，这能够有效提升出行行业应对不确定市场需求的动态能力，进而提升市场中的资源配置效率。

第五，产业融合可以增强产业的适应性和协作能力，意味着通过不同产业之间的合作与整合，产业能够更好地适应市场变化、技术进步，并通过协作实现资源优化和创新。随着科技的快速发展和市场环境的不断变化，单一产业往往难以应对多变的挑战和机遇。通过融合不同产业的技术、知识和资源，产业可以更好地捕捉趋势、洞察市场需求，并及时调整生产、运营和营销策略。例如，电动汽车的兴起将传统汽车制造商与电池技术提供商、新能源供应商相结合，实现了产业链上的融合，以满足消费者对环保和节能的需求。不同的产业往往面临着共同的问题和挑战，通过协作可以共享资源、分摊成本、减少重复投入，从而提高整体效率和竞争力。不同产业的交叉融合可以带来新的观念、技术和商业模式，推动产业的创新和发展。通过整合不同领域的专业知识和经验，可以探索出更具前瞻性和竞争力的产品和服务。例如，金融科技（Fintech）行业的兴起，将金融服务与科技创新相结合，催生了诸如移动支付、数字货币等创新产品和服务。近年来，我国先进制造业和现代服务业融合步伐不断加快，一些大型制造业企业向服务业转型，取得显著进展，许多服务业企业的业务边界向制造业渗透和延伸。在机械制造领域，陕西鼓风机（集团）有限公司（简称陕鼓）的领头人印建安在 2001 年上任伊始就提出，在工业领域，专业化系统服务将成为消费趋势，制造企业要向用户提供完整的解决方案。于是，陕鼓改变单一服务观念，转变为透平机械系统的供应商和服务商，通过交钥匙工程，解决整个风机系统的问题，甚至是整个流程的问题，最大限度地适应客户的需求。陕鼓的旋转机械远程在线监测及故障诊断系统，通过互联网传输系统运行的数据，由技术专家诊断，全天 24h 为用户提供在线技术支持，大大降低了用户维护检修的成本。目前，陕鼓已为全国 58 家用户的 200 余台套产品提供了远程检测的服务。陕鼓还牵头成立了由 56 家企业组成的成套技术协作网，对产业链和配套资源进行优化整合管理，大大强化了服务能力。

在数字经济浪潮的背景下，当前产业融合的核心形式无疑是数字化对各行各业的渗透。全产业数字化包括"全链条、全场景、全要素"数字化，通过新一代信息通信技术实现实时链接，从而实现"价值主张、价值创造、价值传递"相融合，实现第一、二、三产业的融合。因此，未来企业的价值共创将在全产业范围的数字化进程中爆发。在产销合一（production + consumer）、全局本地化（global + local）、垂直领域全球化（global + vertical）、产品服务精准化（local + vertical）、共建共创共享等趋势引导下，以及跨链融合、跨行业融合、跨产业融合的行业内部需求推动之下，三产大融合成为必然趋势，千行百业汇入数据洋流，成为超级链接器价值追求的源泉。

2. 超级链接器的实践模式

促进三产融合的模式有许多种，但大多以某一产业为主，并由政府或企业作为主体来推动，譬如"链长制"以政府为主导，聚焦于产业链上相关企业的协同发展，确保产业链健康发展的同时向其他产业链延伸，然而，超级链接器不仅局限于交易流通，更是着眼于整个产业，围绕全产业链上的各生态参与方展开，相当于用数字技术勾连了不同产业链的不同环节，从而组成一张数字化的柔性价值网，实现贯穿三产的信息流、资金流、物流三流合一，最终实现三产融合的多向度的价值创造，如图5-10所示。

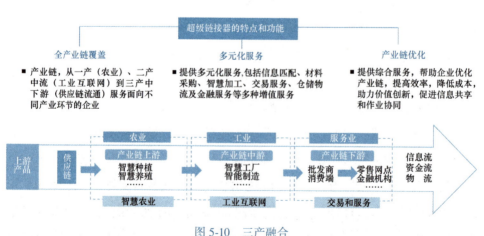

图 5-10　三产融合

当前大部分产业互联网平台为 B2B 交易平台，是面向中小企业用户、以交易流通达为核心的平台，而超级链接器是围绕全产业链上的企业用户的，不仅局限于交易流通，更是着眼于整个产业。超级链接器提供的服务主要有如下三大特点：一是可以实现全产业链覆盖，超级链接器致力于涵盖整个产业链，从一产（农业）、二产中游（工业互联网）到三产中下游（供应链流通），其服务面向不同产业环节的企业用户；二是提供多元化服务，包括原材料采购、智慧加工技术、交易撮合、自营交易平台、仓储配送物流以及供应链金融等多种增值服务；三是通过提供这些综合服务，超级链接器可以帮助企业优化产业链，提高效率，降低成本，助力价值创新，并促进信息共享和协同合作。

中国东信打造的"林联网"就是一个以超级链接器促进三产融合的典型案例。林业是国家经济的重要组成部分，是涉及国民经济第一产业、第二产业、第三产业的复合产业。随着林业的迅速发展和相关需求逐日增加，产业内部也暴露出一系列问题，包括效益低下、运输不便利、监管和种植的标准不统一、品类多、资源分散、数据孤岛多等问题，需要进一步提升数字化水平，推动产业的转型升级。基于对产业的深刻洞察，中国东信以林业大数据技术为核心，以提升林业政务服务为抓手，以推动林业全产业数字化转型和高质量发展为目的，打造了林业三产融合的产业互联网平台——"林联网"。正如它的名字，林联网平台链接了林业监管及一、二、三产的各个环节，以遥感和大数据技术提高资源管理效率和准确性；以 AI 农技服务提高种植水平，以数字化工厂为基础推动生产和加工数字化；以线上交易和智慧物流为依托，推动供应链协同；以供应链金融、物资集中采购为手段，赋能核心主体，推动林业资源汇聚和产业链农、工、贸一体化运营，在全国统一大市场体系下，实现林木产业全链降本增效和价值创造。林联网平台的架构如图 5-11 所示。

接下来通过飞熊领鲜的案例来深入了解数字平台打通三产的方式。飞熊领鲜是一家服务于冻品肉产业链和餐饮连锁品牌的数字化供应链平台，通过深度服务加工厂和最终服务连锁餐厅等 KA 大客户，实现产业互联网和消费互联网的融合发展。通过构建生态体系，平台打通了农业（农、畜、禽、水产品）、工业（加工、智慧工厂）、服务业（餐饮服务）三产，通过数字化工具整合资源，构

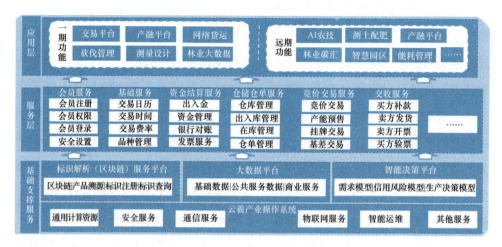

图 5-11　林联网平台架构

建了从食材原料到餐饮成品的数字化供应链网络。

农业方面，飞熊领鲜与国内外优质的上游肉类生产资源建立合作关系，获取优质的食材供应。平台通过数字化工具整合农业资源，实现农产品的精准采购和溯源管理，确保食材的品质和安全。

工业方面，飞熊领鲜选择从加工厂切入，深度服务腰部加工厂，帮助他们进行数字化生产改造和新品研发。平台提供 MES（制造执行系统）等数字化工具，帮助工厂实现实时监测生产安全、有效管理产品品控、提高出成率等目标。同时，平台还整合了食品工程师、星级酒店大厨等餐饮产品研发优质资源，为加工厂提供基于客户需求的产品研发支持。通过数字化工具整合加工厂资源，构建真实全面的加工厂资源平台，形成数字化加工履约网络。

服务方面，飞熊领鲜通过整合上游供应商资源、下游加工厂资源和第三方冷链物流资源，打造了数字化供应链网络。平台为上游供应商提供在线交易、竞价、拍卖等完整的 B2B 交易服务，同时为下游加工厂提供拼单集采、原料采购、数字化生产改造等服务，帮助降低成本、提高效率、扩大规模。平台提供一站式供应链管理服务，包括采购、仓储、物流、销售等环节的数字化管理和优化，提高了整个供应链的效率和可靠性。此外，在服务餐饮行业方面，飞熊领鲜直接服务餐饮连锁等终端大客户，提供一站式供应链管理服务。平台根据不同餐厅的预制菜产品需求，整合平台上的加工厂资源生产加工，联动上游大中 B 供应商精准匹配加工厂原料采购需求，平抑原材料价格波动，提升全产业链效率和毛利率。同时，平台还为餐饮连锁品牌提供定制化产品和品牌孵化支持，帮助它们在市场上取得成功。

飞熊领鲜平台打通三产的深刻内涵在于其跨界融合、协同发展的理念，将农业的原材料供应、工业的加工制造、服务业的餐饮需求进行了有效对接。通过数字化工具整合农业、工业、服务业的资源，实现了产业互联网和消费互联网的融合发展。

跨界融合使得平台能够更好地利用各产业的资源，提高整个产业的效率和附加值，实现产业价值的最大化。平台通过与供应商、加工厂、餐饮客户等合作伙伴的协同发展，实现了产业链的优化和资源的有效利用。通过数字化工具整合，推动了农业、工业、服务业的数字化升级，整合平台上的加工厂资源，实现产品的定制化生产，满足了客户的个性化需求，提高了市场竞争力。

由此可见，传统的 B2B 电商平台也正走向第三种模式——超级链接器，在垂直产业链上做深做透，并寻求横向复制扩展的机会，从而打造为"全产业链、全场景和全要素"的"三全"产业互联网生态体系。

第三篇
实　践　篇

　　本篇主要解决的是"怎么做"的问题。本篇立足主编团队多年的企业实践，结合内容翔实的案例剖析，清晰地呈现了"超级链接器"的打造路径和运营方法：在打造路径方面，本篇提出了平台设计商业上的"六步法"和技术上的三层架构，并提供了大量可直接运用的分析工具；在运营方法方面，本篇提炼了"实时链接、智能匹配、协同互动、数据汇聚、产业赋能、价值共创"的二十四字运营方针，以及与之对应的六个方面的具体运营方法。

第6章

实战指南之一：六步法搭建超级链接器

前文对超级链接器的特质和优势作了详尽的介绍，那么如何打造一个超级链接器呢？

打造超级链接器的第一步是设计平台。设计一个平台是相当复杂的工作，需要考虑各方面因素。我们将这些需要考虑的重点因素和判定方法总结为"六步法"，具体来说，"六步"包括行业选择、价值链分析、切入环节、盈利模式、生态构建、扩张路径，通过这"六步法"，初入超级链接器门径的"小白"们也可以轻松地完成一个高质量超级链接器平台的完整设计和搭建，本章将详细介绍"六步法"实操方法，从 0 到 1 搭建产业互联网平台的实战方法，如图 6-1 所示。

六步法搭建超级链接器

1 行业选择	**2** 产业价值链分析 画图产业链图谱	**3** 选择切入环节 **4** 梳理盈利模式

价值创造分析	提供什么价值
	平均毛利率
	每个环节分润比例
竞争状况分析	集中度
	全国集中度
	广西集中度
痛点分析	每个环节痛点
数字化替代/赋能	数字化降维打击分析

切入环节
1.监管环节
2.生产环节
3.交易环节
4.服务环节
5.金融环节
6.技术支撑
7.数据运营
……

盈利模式
1.交易类
2.服务类
3.金融类
4.技术类
5.信息类

5 生态构建

6 扩张路径

图 6-1　六步法搭建超级链接器

6.1 运营产业互联网的条件

产业互联网的发展需要具备一系列的基础要素、关键资源和核心能力。这些要素、资源和能力共同构成了产业互联网健康、稳定、持续发展的基础，是运营产业互联网的条件。

首先，四项基础要素是产业互联网发展的基石。一是主体性质方面，政府平台、国有背景、上市公司、产业龙头等主体性质的企业具有强大的资源整合能力，这使得它们在发展产业互联网项目时更容易成功。例如，我国的一些大型国有企业在发展产业互联网时，能够利用其强大的资源整合能力，快速构建起覆盖全国的产业互联网网络，为我国的产业数字化转型提供有力支持。二是体制机制是产业互联网发展的保障。灵活、高效的决策机制和强大的风险承受能力，使得企业能够更好地适应互联网平台运营的要求。例如，一些创新型企业在发展产业互联网时，能够建立灵活高效的决策机制，快速响应市场变化，从而在激烈的市场竞争中取得优势。三是组织模式是产业互联网发展的关键。能够支撑跨区域纵向整合的组织机构，是产业互联网发展的必要条件。例如，一些大型企业在发展产业互联网时，能够建立适应产业互联网特点的组织模式，实现资源的快速整合，从而在产业互联网领域取得突破。四是文化基因是产业互联网发展的灵魂。具备数字化平台运营的思维和文化基因，是产业互联网发展的关键。例如，一些创新型企业在发展产业互联网时，能够建立以数字化平台运营为核心的企业文化，推动企业持续发展。

其次，五大关键资源是产业互联网发展的动力。政府资源、产业资源、金融资源、人才资源和客户资源，是产业互联网发展的五大关键资源。一是政府资源，我国政府高度重视产业互联网的发展，出台了一系列政策支持措施，并设置产业支持基金等。企业在发展产业互联网时，能够充分利用政府资源，获取监管部门认可和政策支持。二是产业资源，我国拥有世界上最齐全的产业体系，这为产业互联网的发展提供了丰富的资源和广阔的市场空间。通过产业资源整合，可以整合供应链各环节，包括原材料采购、生产、物流、仓储等，优化供应链管理，跨空间、地域、行业等重新配置生产要素以数字驱动实现全链路产业协同，大幅提升效率和降低成本，实现产业链的优化和升级。三是金融资源，金融是产业互联网发展的血脉，供应链金融服务是产业互联网的标准配置，整合银行、保险等资源，提供融资、支付、保险等更便捷、高效的金融服务，有助于降低企业融资成本。四是人才资源，拥有熟悉产业、产品、技术和运营的人才。五是客户资源，一定的客户资源对项目、产品、平台的初期发展非常有利，通过政府、股东、行业协会、生态伙伴等整合汇聚客户资源，通过了解客户需求、优化产品设计、提升服务质量，实现可持续发展。

最后，四项核心能力是产业互联网发展的核心。行业洞察、资源整合、技术能力和运营能力，是产业互联网发展的核心能力。一是行业洞察，对行业痛点、堵点、卡点、价值诉求、运作规则、发展趋势有比较深刻的了解，能够进行行业政策解读和预判、行业市场分析、客户需求洞察、产业研究规划，进而才能进行商业模式创新。二是资源整合，产业资源整合能力是产业互联网平台能够获得快速发展的关键，整合产业价值链中从上游到下游、从有形到无形的各种可用于价值创造的资源，特别是产业、金融、政府、客户等多类资源的整合能力。三是技术能力，具备 BASIC 的产业互联网平台技术开发能力。例如，一些企业在发展产业互联网时，能够充分利用自身的技术优势，快速开发出关键的软件实体，从而在产业互联网领域取得突破。四是运营能力，具备 2B 的互联网平台运营能力和经验，构建包括组织建设、资源配置、产品开发、市场推广、业务流程、平台管理等"六位一体"的组织管理体系。

总的来说，产业互联网的发展需要具备以上运营条件，才能在激烈的市场竞争中取得优势，推动产业互联网的健康、稳定、持续发展。

6.2　第一步：行业选择——量大、链长、分散

超级链接器与实体经济的融合是其发展的基石，发展成熟的超级链接器往往能够跨越三产，融合多个产业，然而在最初构建的时候，往往需要选择单个行业来进行有针对性的突破。而行业选择的标准就是量大、链长、分散，在满足

标准的行业里打造超级链接器，就能把握住正确的时机，乘势而为，事半功倍。

6.2.1 行业选择标准

行业选择标准有三性：规模性、复杂性、分散性，即行业规模大（量大）、产业链条长（链长）、行业集中度低（分散）。

首先，选择的行业规模要足够大且市场成长性要高。超级链接器的立足点在长期运营，而其重要盈利模式之一就是撮合交易，按一定比例收取服务费。因此，从营利性来考虑，应首选规模大且成长性高的行业。另外，数字化工具对我国当前的传统企业来说还不构成"刚需"，而是"锦上添花"，通常，经营态势良好的企业会更积极地拥抱数字化的新产品或新模式。例如，根据国家林草局的数据，中国林业行业总产值由 2012 年的 3.95 万亿元增长到 2023 年的 9.2 万亿元，行业规模翻了 1 倍多。万亿级市场加上快速增长的势头，我们不难判断林业是一个理想的行业选择。

其次，打造超级链接器首选产业链条长的传统行业。这类行业的行业链上下游环节繁多，信息传导难，协同效率低，亟需找到新的发展动能。以建筑行业为例，建筑产业链涉及上游的建材制造、规划设计、工程造价等，中游的投标、施工、装修、建材采购等，下游的工程保修、物业管理、房地产销售、销售中介等多个环节，产业链条长，各环节间割裂现象较严重，信息难以互通。因为整个产业链中缺少协同工具，产业链协同效率低下，供需对接不及时、不充分，既限制了市场活跃度，又导致企业运营成本居高不下。在这类行业中，运营成本改善空间相对较大，超级链接器通过模式创新为行业协同性的提升带来了新思路。

最后，选择的行业最好具有产业参与者众多、市场集中度低的特点。如果一个行业内从业者众多，但是同质化严重，内部竞争激烈，那么这类行业通过互联网进行链接和整合的空间就非常大，市场参与者加入平台生态的意愿就更强，对平台的依赖度和黏性就更高。比如我国中药行业中，企业数量多、规模小、产品单一，约80%的中药饮片加工企业属于中小型企业，就是一个典型的这类行业。

6.2.2　行业"六度分析法"评分模型

超级链接器的行业选择方法论可以总结为"六度分析法"，即从国家政策、市场空间、发展趋势、行业利润、竞争态势和自身优势 6 个维度进行定量或定性的评价打分，来综合判断该行业的规模大小、发展潜力、切入难度等。其中，竞争态势为负向评分，即行业集中度越低，评分越高，其他维度均为正向评分。华建通是中国东信打造的建筑业超级链接器平台，下面以建筑行业的分析过程为例，来加深读者对"六度分析法"的理解。

- 国家政策：从政策关注来看，政策利好建筑业行业发展，重点关注"数字化、绿色化、工业化、智能化"四化的落实。（评分高）
- 市场空间：建筑行业规模巨大，2022 年建筑业产值超 31 万亿元，是国民经济的重要组成部分。（评分高）
- 发展趋势：2021 年，建筑业总产值比上年增长 11.04%。建筑业总产值增速比上年提高了 4.80 个百分点，连续两年上升。（评分中）
- 行业利润：建筑业产值利润率低，且总体呈下降趋势。2021 年，建筑业产值利润率跌破 3%，盈利能力较差。（评分低）
- 竞争态势：建筑行业是劳动密集型行业，属于"规模不经济"的行业，行业集中度较低。根据国信证券的研究报告，2022 年建筑业 CR8（头部八大企业的市场份额）为 42.5%，而 2018 年该比例仅为 30%。（评分高）
- 自身优势：通过分析企业的自身优势判断是否能搭建该行业的产业互联网平台。（评分高）

总的来说，建筑行业的"六度"中有"四度"评价结果高度符合超级链接器行业选择标准，因此判定为非常适合打造超级链接器的行业。

6.3　第二步：产业互联网价值链分析

"价值链分析"（Value Chain）也叫作产业链分析，最早由哈佛大学教授迈克尔·波特在 1985 年提出。作为一种强有力的战略分析工具，价值链分析被广泛应用于企业的战略管理实践，其核心思想是通过系统分析产业链内上下游、企业内部各运营环节之间的关系，结合企业自身资源禀赋和能力现实来综合确定企业的竞争策略，包括目标、策略、战略控制点等。价值链在经济活动中无处不在，一般来讲分为两个层面：一是上下游关联企业之间存在的行业价值链；二是企业内部各业务单元之间存在的企业价值链。其中，行业价值链分析主要分析产业中的上游、中游及下游都有哪些环节构成，这些环节如何分工与合作，进而完成产品由原材料到消费者手中的经济活动，这也是本书的实践方法论需要重点讨论的内容。要发展产业互联网平台，需要对产业链各环节利润分布（即每个环节占到整个产业链条的盈利水平）有足够的了解，并对该环节的战略控制点进行深入分析（战略控制点是指能对该环节产生重大影响的子环节、关键要素或者资源等）。而企业价值链则是对企业内外部环节产生的价值进行分析，找到产业中各个环节的利润点并梳理关键活动，从而优化企业产业结构。价值链分析法又分为五小步，具体来说，包括产业图谱分析、价值创造分析、竞争状况分析、痛点分析与数字化赋能成效分析，具体如下：

1）产业链图谱分析。先拆解产业链条，画出产业链图谱。产业链图谱，主要是指该行业内的产品由原材料、生产、运输、销售等活动过程最终到达消费者手中每个环节的描述，可以根据目的不同，选择不同的产业链划分方式，下面介绍几种实践中常用的划分方法。一是按流程先后划分为上游、中游、下游（前、中、后）；二是按生产分工分为原材料、制造加工、销售；三是按客户种类分为 B 端、B/C 端、C 端；四是按供应顺序分为上游原材料、中游制造加工、下游销售、终端消费者四个板块。

2）价值创造分析。即基于以上产业链图谱，分析产业链各环节分别提供什么价值以及在价值链中地位如何。具体来说，分析内容包括各环节的主要作用、价值点和战略控制点、平均毛利率、在产业链中的分润比例，以及资本市场上市和投资情况等。

3）竞争状况分析。分析内容包括产业链各环节的行业集中度（全国、当地省区）、竞争壁垒（高/中/低）、其他类似平台的业务布局，以及其关键成功因素等。竞争状况分析可以帮助我们明确自身平台定位以及错位发展的发展思路。

4）痛点分析。针对产业链各环节角色面临的痛点，用思维导图的方式逐层拆解，找到每个角色的关键突破口，以及产业互联网平台发展的策略和建议。

5）数字化赋能成效分析。针对产业链各环节，通过其传统方式和数智化方式在创造什么价值、如何创造价值、本环节价值规模、本环节规模占全价值链比重以及毛利率等方面的对比分析，判断数智化方式是否可以替代传统方式，是否可以实现数字化赋能或降维打击。

通过以上的完整产业链分析，可以对产业链的各个环节进行覆盖多个维度的完整拆解分析，支撑后续的商业决策。

6.4　第三步：找到价值链的切入环节

要构建一个具有竞争优势的产业互联网平台并非易事，在众多市场参与者中脱颖而出，找到适合自身业务和市场环境的切入点至关重要。通过详细分析产业互联网平台的价值链，我们将揭示其中的机会和挑战，并提供实用的方法和策略来帮助企业找到关键突破点，通过案例研究和经验分享，揭示在不同行业中找到关键切入点的成功实践。

超级链接器成功的关键是服务整个产业链，而传统的数字化工具或解决方案仅仅立足于解决单点问题。超级链接器解决产业链整体痛点的重要抓手就是推动实现全产业链商流、物流、信息流、资金流"四流合一"，而最初的切入则往往从打通四流之一开始，也就是从交易、物流、信息服务、金融服务四大环节之一切入开始。

第一种切入方式是从"商流"切入，即从交易切入。这是最为常见的方式，也是最先攻破四流中的。例如，上海钢联从钢材交易切入，引入钢厂、代理商、经销商、终端客户等钢铁行业参与者成为钢银电商的商家和客户，平台全程参与货物交易、货款支付、提货、结算、开票等环节，与商家和客户形成交易订单，钢银平台收取基础寄售交易佣金；再如，慧聪网是中国 B 端企业服务商和行业门户，于 2000 年切入交易环节，从最初的商情广告公司向 B2B 交易型网站转型。先从直接的需求交易切入，从交易切入的优势在于可以得到真实的用户和交易订单，基于订单和历史交易可以汇聚海量的数据，等发展到一定阶段后，再延展金融、产业研究等其他服务，逐步发展产业互联网。由于产业上下游都有相对稳定的供应商和客户群体，销售过程复杂，仅提供线上交易平台和撮合交易很难满足 B 端客户的要求，必须从整个产业供应链角度考虑其他增值服务以形成足够的平台粘性和吸引力。因此，从交易切入的模式需要延伸到生产、流通、金融等衍生的生产服务环节，提供综合服务，最终形成产业链集成服务体系。以欧冶云商为例，欧冶云商是中国宝武整合原有大宗商品电子商务优质资源，以全新商业模式建立的钢铁生态服务平台。欧冶云商以"服务型生产体系"为商业模式，依托互联网、物联网、大数据、移动互联等技术手段，通过链接交易两端的生产与需求，整合了钢铁产业链各方资源，成功打造集交易、物流、行业资讯、大数据、专业知识等综合服务为一体的超级链接器平台。

第二种切入方式是从"物流"切入，从物流服务延伸至供应链整体服务，再向更前端的交易及生产制造等环节或者更多服务环节渗透。运满满平台作为物流产业互联网的典型案例，成功地实现了从物流服务延伸至供应链整体服务的切入。通过整合货源与车源、优化物流运输效率，以信息的透明和资源的高效利用为目标，在过去几年中，运满满平台建立了庞大的物流网络，吸引了大量的货主和车主加入。通过平台上的智能匹配算法，它能够快速将货物与合适的运输车辆进行匹配，并提供全程跟踪和监控服务，确保货物安全送达目的地。基于其强大的物流网络和数据资源，运满满开始向供应链整体服务领域扩展。通过与供应链上下游企业的合作，运满满平台提供了更多的增值服务，例如仓储管理、订单处理、库存管理等。通过整合供应链各环节的数据和资源，运满满平台帮助企业优化供应链运作，提高整体效率和灵活性；运满满平台还与金融机构合作，推出供应链金融服务，为参与供应链的企业提供资金支持和风险管理工具。这种整合了金融服务的物流产业互联网模式，进一步促进了供应链上各方之间的合作与共赢。

第三种切入方式是从"信息流"切入，即从信息服务切入。互联网早期仅仅是单向的信息资讯提供，用以满足人们获取信息的需求。当收集了产业链上下游充分的信息，单向信息传递的互联网平台也逐渐发展为分享信息、链接交互的平台，逐步延伸了产业链条的信息服务，构建了综合的服务体系。例如，美股上市的化学品电商综合服务平台摩贝化学成立之初就是从化合物数据库切入的，具体来说，就是将化合物产品数据标准化，并建立数据库线上平台，开放给供应商。在摩贝化学成为行业内最大、最专业的化合物搜索引擎之后，采购商询盘日益增多，摩贝化学平台开始协助供应商和采购商交易。随着撮合服务的深入，客户对于交易相关的延伸服务的需求与日俱增，供应链金融服务应运而生。随后，摩贝化学又开启了现货商城，把服务延伸到仓储端、物流端。至此，摩贝打通了化学品线上交易、线上支付、线下物流和仓储的多元化的供应链金融服务、外贸出口服务等关键环节，用互联网的开放、透明和高效，创造了全新的化学品生态链。

第四种切入方式从"资金流"切入，即以供应链金融服务为主。供应链金融服务能够基于产业场景数字化的信用来实现金融机构对产业链上中小微企业的金融支持，从而支持产业发展。供应链金融服务是增强中小企业黏性的有力抓手，也是产业服务过程中的标准需求。从供应链金融切入的模式，后续需要逐步与线下仓储、物流等服务进行数字化打通，转变成全程供应链服务，才能够初步形成一个超级链接器。例如，国内农粮大宗交易的龙头粮达网就是从农粮贸易商资金周转困难的痛点入手，以仓单质押模式为产业链贸易商提供供应链金融服务为切入点，吸引买家和卖家到平台进行交易；平台中的供应链金融服务又进一步带动了物流的需求，粮达网通过平台的物流订单合并从而进一步降低产业链物流成本，逐步形成了农粮产业一站式产业互联网综合服务平台。

在最初打造平台时，虽然先切入"四流"中的哪一个没有固定的范式，但有两个原则可以参考：一方面取决于该行业迫切需要解决的痛点在哪里，另一方面取决于运营主体在哪方面更具备技术、人才等资源优势。根据本节展示的方法和思路，切入点的分析和选择还可以进一步细化：比如切入商流，是从厂商到代理商之间的交易切入，还是从代理商到批发商之间的交易切入？总而言之，产业互联网平台的发展，需要跳出行业"平台"本身的视线范围，只有全面俯瞰产业链上下游的真实情况，才能找到行业关键和薄弱环节，达到数字化赋能的最佳效果。

6.5 第四步：选择平台的盈利模式

选定了切入环节后，下一步就是设计平台的盈利模式了，盈利模式也对应着平台所要提供的产品和服务。

6.5.1 盈利模式选择

遵循"以用户为导向，以利润为中心"的原则，将盈利模式设计要素概述为业务范围、客户选择、价值获取、战略控制等。盈利模式强调企业如何通过销售产品或提供服务来获得收入和利润。发展成熟的超级链接器平台往往呈现复合特征，同时存在着多种盈利和变现模式。

通过对多个产业互联网平台的研究归纳，盈利模式大致可分为交易类、服务类、金融类、技术类、信息类五大类。产业互联网平台盈利模式具体分类见表6-1。

表6-1 产业互联网平台盈利模式分类列表

类　别	具体盈利模式
交易类	撮合交易服务费（佣金）、自营交易价差模式
服务类	物流服务费、仓储服务费、设备租赁费、培训（含线上线下）费、线上咨询服务（如管理、医疗）费、售后服务费、维修保养费、家政服务费等
金融类	供应链金融服务费；支付收入；贷款、保险、投资、理财收入；资金沉淀收入等
技术类	系统建设费、系统运维服务费、软件销售费；SaaS服务费
信息类	广告收入、信息资讯收入、会员费、数据分析服务费、数据销售服务费

找钢网是交易类盈利模式的典范。找钢网作为钢铁行业的产业互联网平台，其盈利模式主要为交易类。通过提供线上交易平台，找钢网为钢铁供应商和采购商牵线搭桥，并从中收取一定的交易服务费。这一模式的关键在于为买卖双方提供高效、便捷的交易体验，从而确保交易的顺利进行。

希音作为服装行业的产业互联网平台，其盈利模式主要为服务类和交易类。

希音通过提供线上设计、打样、生产等一系列服务，满足了服装企业对于个性化定制的需求，并为其提供从设计到生产的一站式解决方案，基于这些服务促进平台交易规模提升。

国联股份作为化工行业的产业互联网平台，其盈利模式主要为信息类、交易类与金融类的结合。在早期，国联股份主要提供黄页信息，逐步发展为为上下游企业提供集采拼单和供应链金融服务，实现了与企业的深度绑定。这种模式的成功之处在于解决了中小企业采购成本高和融资难的问题。

腾讯云作为云计算服务提供商，其盈利模式主要基于技术类。腾讯云通过提供云服务器、数据库、存储等服务，向企业用户收取相应的费用。这种模式的成功之处在于为企业提供了稳定、高效的云计算解决方案，帮助企业降低 IT 成本并提高运营效率。

6.5.2　盈利模式评估

在前文中，我们已经选定了产业中的一个或多个重点环节作为切入点。一般来讲，单独一个产业环节可以涵盖不同场景，涉及多个不同主体，因此可以有多种盈利模式、产品和服务，这完全是允许的，关键在于如何选择与取舍，需要平台在盈利模式的规模性、成长性、可行性等方面进行综合评估和分析。可以采用因素分析法、矩阵分析法相结合的方式进行评估，通过"三性评估"得出具体盈利模式（见表 6-2）。

表 6-2　"三性评估"盈利模式分析表

类　型	评估维度	释　义	参考评估指标
盈利模式吸引力	规模性	该盈利模式的未来市场空间多大、增速多快	市场规模、市场增长率等
	成长性	该盈利模式未来是不是长期存在、成长空间是否足够大	该盈利模式对应的产品服务是否具有刚性、是不是长期存在的普遍点等
平台自身能力	可行性	平台自身竞争优势和资源禀赋是不是能够支撑该盈利模式的构建	技术、产品、市场、品牌、渠道等

下面以对找钢网交易类盈利模式为例说明"三性评估"。在规模性方面，找钢网凭借便捷、高效的运营模式，以及线上线下的补贴，吸引了大量客户。找钢网通过免费撮合交易汇集订单流，并从交易量中赚取佣金收入。在成长性方面，找钢网凭借对行业痛点的深入理解和持续创新，不断拓展业务领域。例如，找钢网通过优化商户之间的供应链，顺其自然地提供一体化服务，包括仓储、加工、物流、金融等。这种一体化服务模式不仅提升了交易效率，还为行业带来了系统化的解决方案。此外，找钢网还积极布局国际电商、大数据服务等新兴领域，进一步提升了其盈利模式的成长性。在可行性方面，找钢网的核心创始人和团队具备丰富的行业经验和资源优势。同时，找钢网在技术、产品、市场、品牌和渠道等方面也具备强大的竞争优势和资源禀赋。这些因素共同支撑了找钢网交易类盈利模式的构建和实施。

6.6　第五步：构建生态，共创价值

产业互联网平台的核心理念之一是通过构建强大的生态系统来实现协同创新和资源共享。而生态构建则意味着平台不仅仅是一个单纯的产品或服务提供者，而是努力将各种参与方链接起来，形成一个相互依存、相互促进的合作网络。本节将详细介绍生态构建的核心原则和实践方法，以帮助读者理解如何建立一个强大的生态系统。我们将探索如何选择合适的生态伙伴，建立良好的合作关系，并激励他们参与创新和价值创造的过程。

6.6.1　打造商业生态系统

产业互联网自诞生以来，就与"生态"紧密联系在一起。在互联网时代，由于数据和信息的流动性，跨地域、跨部门、跨组织、跨产业的互联互通成为新的常态，产业聚集的概念打破了传统地理层面的"产业集群"概念，取而代之是虚拟的、范围更广的、突破时空限制的网络化生产组织形态，也就是现在常说的"商业生态系统"。随着互联网时代的到来，特别是最近十年来互联网逐渐由消费领域向产业领域深层次渗透，"商业生态系统"这种生态合作与共同进

化的思想理念更加深入人心。在互联网发展的过程中，阿里、腾讯、京东、华为、苹果、谷歌等知名企业也都不约而同地纷纷将鼓励、包容、发展、赋能中小企业伙伴具象化到了自身的战略决策和行动计划之中，通过打造"链接器"、提供"工具箱"、做好"服务商"等手段，并结合具体的业务案例，在商业实战层面证明了生态战略的巨大价值，进而使"生态"战略成为数字经济时代企业数字化转型的"标配"与"首选"，无论是数字原生企业还是传统企业的数字化跃迁。海尔的卡奥斯平台从家电制造业起步，逐步向农业、能源、医药、供应链等行业拓展，形成了庞大的产业生态；华为 FusionPlant 平台工业 App 的数量超过 2500 个，其中 60% 以上来自生态合作伙伴；国内首个石油和化工工业互联网平台石化盈科 ProMACE 也已联合合作伙伴为 14 家大型石化企业提供了体系化的工业互联网解决方案。这些充分说明了产业互联网生态构建的重要价值。

之所以如此，主要归因于平台生态两个方面的作用机制：第一，平台生态促进了信息和资源共享机制——平台经济的一个重要内涵是"共享、赋能"。平台通过链接各方，将闲散的需求和资源进行整合，并通过平台共享让每个单体企业获得规模效应的红利，极大地提升了资源的配置效率，这也是产业互联网创造价值的本质。第二，平台生态自带的开放性和价值共创机制。在产业互联网时代，企业需要充分关注生态优势。生态优势背后的假定不再是零和博弈，而是共赢，是把饼做大，形成共生、互生、再生的利益共同体。超级链接器平台通过对产业链上的个体进行系统整合，形成新的产业链治理机制和利益分配机制，去竞争为合作，去封闭为开放，建立产业命运共同体，实现所有参与者多方共赢以及产业生态的良性治理。

既然生态如此重要，那么到底该如何做？

现实的产业世界千差万别，不同行业各有各的说法和路径。前面提到，超级链接器解决产业链整体痛点的重要抓手就是推动实现全产业链商流、物流、信息流、资金流"四流合一"，而最初的切入则往往从打通四流之一开始，也就是说，从交易、物流、信息服务、金融服务四大环节之一切入开始。沿着这一思路，我们继续探讨超级链接器的生态构建方法论。产业互联网是互联网链接产业需求端和产业供给端的双向渗透网络，通过物联网、大数据、云计算、人工智能等新一代技术的系统化改造，促进资源整合、多流合一、高效协同，实现全产业链条的生态化协同。因此，产业互联网成功的关键在于产业生态的构建，生态的构建要围绕实现信息流、商流、物流、资金流"四流合一"这个核心展开，提升产业链整体协同能力、竞争力。

首先是信息流。围绕资讯和数据服务展开，信息流是打造产业互联网时首先要关注的内容，其生态参与者包括政府监管部门、专业研究机构、咨询服务商、行业治理协会、数据服务商等，提供的服务主要包括行业政策法规、市场研究、竞争情况、产业发展情况等，这些构成了产业互联网平台进行行业选择与平台打造的基础信息来源，决定了平台选择什么样的主导模式、切入环节和商业模式等，是构建产业大脑的重要信息来源。

其次是商流或者说业务流，围绕平台交易服务展开，包括供需匹配、服务、统购统销服务、产能预售服务等。它是对平台交易信息的真实客观记录，对平台数据积累、数据资产形成、数据价值发挥意义重大，有很多衍生出来的盈利模式都要以其为基础才能发展起来。其生态参与者包括行业龙头企业、经销商、上游重点供应商、下游渠道商、二次加工商、O2O 的媒体渠道等。

再次是物流/运输流，围绕平台物流服务展开，本环节提供物流撮合、货物运输、仓储管理、货物代理、监管等，主要满足高效便捷且低成本的货物运输和保管服务，提高产业整体物流效能。好的物流服务体系对平台发展至关重要，其生态参与者包括货物代理、船舶代理、物流公司、仓储机构等。

最后是资金流。资金流即支付结算、金融信贷服务，围绕供应链金融服务展开，这几乎是现代产业互联网平台的标配，其重要性可见一斑，主要提供线上支付结算、在线融资、在线保险、在线开票、贷后管理、精准营销、智能风控等服务，其生态参与者包括三方支付企业、银行等信贷机构、商业保险、保理、租赁、金融科技服务商（支付科技、征信科技、数据科技）等。

然而，平台生态的构建也不是一劳永逸、一帆风顺的事情，从搭建到成熟、完善有一个长期的发展过程。关于生态构造的基本过程，一般来讲，根据其所处的不同阶段，产业互联网的生态成长可归纳为三个阶段，即简单撮合平台生态、综合服务平台生态、产业创新与治理平台生态，分别对应平台发起、新旧融合、产业智能三个阶段。在不同的阶段，生态建设与演进的内容与重点各不相同。首先是简单撮合平台生态阶段（1.0），生态构建的主要任务是平台基础架构的建设和业务跑通，市场关注的重点是行业方向、平台背景、市场容量、团队能力、痛点多寡、产品能力，而生态构建的核心在于满足政府部门基本的业务监管需求和企业的简单信息咨询服务，以及交易撮合服务。通过产业平台的建设，搭建全新产业模式，提出未来产业数字化变革升级的路径方向。其次是综合服务平台生态阶段（2.0），生态构建的主要任务是丰富服务，提高黏性，提升平台的多样化赋能能力。市场关注的重点是平台 GMV 流水质量、平台黏性、客户价值、收入规模、运营能力，生态构建的核心是全场景、全链条、全要素的综合服务体系搭建，将传统线下开展的各类业务与服务资源聚合到平台，通过线上线下结合的方式，逐步实现对传统产业运行模式的替代和改造，即上述的平台新旧融合。最后是产业创新与治理平台生态阶段（3.0），生态构建的主要任务是利用平台产生的海量数据，利用大数据、人工智能等技术，推动产业数据向数据资产迈进，向数据生产要素迈进，服务行业创新。市场关注的重点在于平台市场竞争力、整合能力、管理能力、收入增长、利润水平等，生态构建的重点在于借助平台成熟的产业级中台能力，培育能够催生新产业、新模式、新产品、新服务的创新型市场主体。

现实中有部分案例值得研究和分析，结合上述关于生态构建的方法体系综合分析，或许我们可以见微知著，一探产业互联网生态构建的可能路径与通行做法。建筑行业的代表性超级链接器平台——华建通的发展历程基本符合这一逻辑。华建通产业互联网平台最大的特点就是在生态中加入了政府这一重要变量，而一般的产业互联网平台由于政府不产生直接的经济价值，都或多或少忽略了政府这一生态变量。华建通建设运营模式解决了建筑领域政府、企业、工人等多方面的痛点和顽疾问题，在服务政府监管、企业经营、工人就业等方面发挥了巨大作用。华建通能够取得如此成就，除了对于行业痛点的深刻理解与把握之外，更多的是依靠生态的力量。华建通围绕建筑行业，以数智化能力链接各方，构建产业平台生态，通过龙头企业，带动其他中小企业入驻，推动产业链上下游集群集聚，不断扩大生态圈，逐步完善生态建设。华建通生态的构建同样经历了几个阶段：首先是平台发起阶段（2018—2020）。本阶段围绕监管需求（华建智管生态）建设了广西建筑农民工实名制管理公共服务平台、广西建筑市场监管云平台、智慧安全监管平台、装配式建筑监管、建筑工程质量安全监督几个监管平台和华建慧采平台；围绕建材购销需求（华建会采生态），建设了建筑企业采购方、建材供应商的大型B2B平台，致力于为建筑企业采购提供标准化的招标签约、采购付款一站式、第三方线上服务。通过上述两个生态体系的建设，华建通汇聚了一大批上游原材料供应商、下游总包及设计、招投标、软件开发、网络安全、金融机构（为农民工发放工资）等平台生态服务商。其次是平台新旧融合阶段（2021—2022）。本阶段主要围绕产业本身面临的系列难点和痛点，通过产业赋能工具的丰富帮助传统建筑业降本增效。该阶段建设华建金科、华建劳务、华建智联、华建租赁、华建生活等生态体系。华建金科是支付、信贷、保险等生态，为平台用户提供金融服务；华建劳务是就业服务生态，为工人提供工作机会、技能培训、安全培训等服务；华建租赁为平台上的企业提供建筑设备和工具的租赁服务，汇集了设备厂商、租赁公司、大型施工企业等服务商；华建生活则是工人专有的业余生活服务生态，包括购物、消费、休闲等。

6.6.2　生态平台六大模块管理法

回到平台生态圈打造实践问题，生态的打造与管理主要包括对合作伙伴的引入管理、合作管理、赋能管理、绩效管理、问题管理、退出管理六大模块。

首先讲引入管理模块。一般来说，合作伙伴的引入分为招募、申请、预审、评估、决策、签约、归档七个环节。

在合作管理模块中，最重要的就是制定对合作伙伴的分类分级标准，以及对应的可选合作模式和具体权益。就分类来说，一般按照平台自身的业务，可以将合作伙伴划分为上游合作伙伴、中游合作伙伴、下游合作伙伴。上游合作伙伴一般既包括产品技术类合作伙伴，即为平台提供技术产品、解决方案成品或技术能力支撑（如 API 或 SDK）的供应商，也包括平台所售商品的供货商；中游合作伙伴一般指服务支撑类合作伙伴，包括集成、交付、运维服务提供商，为平台提供金融服务、咨询服务、法律服务等专业企业服务的机构，以及与平台共享商机、共同拓展项目的相关合作伙伴，如设计院、投标代理公司等。下游合作伙伴一般指渠道类合作伙伴，包括分销商、代理商等。就分级而言，一般按伙伴的实力、当前合作的深度和对平台业务的价值高低划分为几个级别，如注册级、认证级、优选级、核心级、战略级。就合作模式来说，有集成/被集成、代理/被代理、战略合作、合伙、合资等多种深度的模式。就伙伴权益来说，一般来根据伙伴的分类分级结果，在佣金政策、激励支持、赋能支持、金融支持、技术支持、运营支持、销售支持、宣传推广等方面制定差异化的规定。

赋能管理模块主要包括商业合作赋能、技术支持赋能、金融支持赋能和专家培训赋能。

绩效管理模块根据生态合作伙伴的不同类别、不同级别设置不同考核指标，譬如：针对产品技术类合作伙伴，评价内容包括但不限于商机共享、业务发展情况、业务质量、合作响应度、客户服务质量等维度；针对服务支撑类合作伙伴，评价内容包括但不限于项目商机获取、项目客情公关、项目售前参与度、集成方案设计质量、集成方案实施效率、售中实施及运维质量及合作响应程度等维度；针对渠道类合作伙伴，评价内容包括但不限于分销代理业绩、业务质量及运行稳定性、运营分析及数据挖掘、客户服务响应、满意度回访及合作响应程度等维度。

在问题管理模块中，平台须建立合作伙伴服务渠道，包括但不限于电话、生态服务平台在线客服、微信公众号、公司官网、邮箱等，接受伙伴业务咨询、故障申告和投诉。

在退出管理模块中，合作伙伴退出一般包括主动退出、强制退出、到期自动退出三种情形，平台应在合作协议中充分考虑退出情形，要求合作伙伴必须在退出前妥善解决退出带来的客户服务、业务延续等问题。

6.7 第六步：持续扩张，走向未来

产业互联网本质上是一个价值共创生态，必须为平台上的用户创造增量价值才能长久发展。因此必须立足当前，谋划长远。那么，当我们介入一个行业后，该如何去拓展平台的业务范围，持续增加平台用户黏性、为客户持续创造价值？这涉及平台扩张的问题，通过对产业互联网案例的总结与提炼，我们发现产业互联网的发展存在三大扩张路径，分别是 T 型延伸、纵向延伸、横向延伸。

6.7.1 三大扩张路径

T 型延伸，可分为沿着客户拓展盈利模式和沿着技术扩张应用两种发展路径，这是一种内涵发展模式，以自身对本行业或领域的深入经营、技术创新迭代、客户口碑的积累为基础：一是从客户多元化的需求着手，构建多种服务模式，解决客户需求，从而扩张自身依托产业互联网平台的盈利模式；二是从技术创新和迭代方向入手，升级和拓展平台的功能应用，给客户提供高效且低成本的平台服务，为客户创造增量价值。后文将介绍的广联达和酷特智能是此路径较为经典的案例。

纵向延伸，是一种纵向型的外延式发展模式，一开始选择某一个合适的产业环节为切入点，利用信息技术与互联网平台，充分发挥互联网在生产要素配置中的优化和集成作用，不断沿着产业链上下游进行扩张，通过技术赋能各产业消费端之前的各环节，助力产业链上的企业实现降本增效。前文介绍过的致景科技是这类扩张路径的一个典型案例。

横向延伸，是一种横向型的外延式发展模式，以现有业务为基础，推行跨界、跨行业、打造生态网络、优势互补等多元化经营战略，通过打造不同垂直行业的平台来拓展产业覆盖范围。国联股份是横向延伸一个例子。

产业互联网的三大扩张路径如图 6-2 所示。

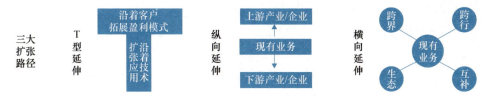

图 6-2　产业互联网的三大扩张路径

6.7.2　广联达：围绕客户价值的扩张之路

广联达作为数字建筑平台服务商，立足建筑产业，围绕工程项目的全生命周期，为客户提供数字化软硬件产品、解决方案及相关服务。业务面向建设方、设计方、中介咨询方、施工方、制造厂商、供应商、运营方等产业链各参与方，提供以建设工程领域专业化应用为核心基础，以产业大数据、产业链金融等为增值服务的数字建筑全生命周期解决方案围绕工程建造的全生命周期为客户提供产品和服务，自研自建渠道，并通过覆盖全国的营销网络、一体化的运作支持迅速感知用户需求，迭代产品，构建出一套敏捷高效的"研-营-销-服"模式。

在产品研发层面，针对客户不同需求，深度分析其业务诉求，梳理关键场景，与客户共同确认业务价值点，并在产品设计过程中不断验证，进行业务逻辑的实现和优化。在营销服模式上，广联达积极推进营销整合，有针对性地配置资源，确保客户触达的深度和广度以及产品价值的高效传递，在推动客户价值增长的同时牵引产品的持续改进，反哺内部的"研-营-销-服"价值链，给数字化带来全新的建设思路。广联达围绕设计、造价、施工等工程建造的不同阶段，基于底层平台和数据的统一，打造出具备交叉协同功用的多岗位产品或产品集，利用一体化方案深度支撑设计院、建设方、施工企业等多方客户的系统化需求，增强客户黏性。基于统一平台的"端+云+数据"的产品架构提升了协同价值，让增值服务更专业、便利、智能。在"研-营-销-服"价值链运营基础上，广联达着手建立全产品线的客户成功指标体系并纳入战略管理流程，意在从战略源头出发，打通战略、产品、资源预算配置、职能保障的全链条支撑体系，用客户成功牵引商业成功，如图 6-3 所示。

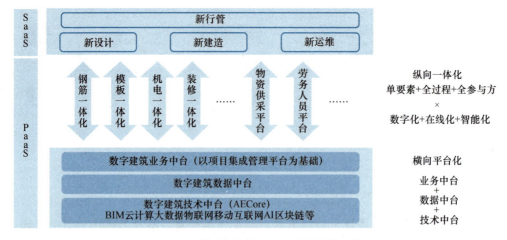

图 6-3 广联达：围绕客户价值的扩张之路

6.7.3 酷特智能：沿着技术扩张应用

酷特智能以 3000 余人的自有服装工厂为试验室载体，用十多年的实践探索，实现了从 0 到 1 的蜕变，建立了 C2M 产业互联网平台的核心能力，即智能制造、个性化定制解决方案和数字化治理体系。酷特智能 C2M 产业互联网平台及其数字化治理平台以客户交互中台、研发中台、供应商中台、仓储中台、物流中台、用户中台、治理中台、协同中台、数据中台为核心，通过海量异构数据汇聚与建模分析、工业经验知识软件化与模块化、各类创新应用开发与运行，从而支撑生产智能决策、业务模式创新、资源优化配置、产业生态培育。在酷特智能 C2M 产业互联网平台的支撑下，公司现在已实现"运营平台化、过程数据化、结果数字化、后台智能化"，成为企业数字化治理的成功典范。目前已经形成 400 多个微服务模块，并形成客户交互系统（OMS）、仓库管理系统（WMS）、研发设计系统（IMDS）、排程管理系统（APS）、制造执行系统（MES）、供应链管理系统（SCM）、任务管理系统（TGS）、企业治理系统（COS）、安全管理系统（SMS）九大业务系统，可以为客户提供企业业务 PaaS平台，实现快速开发解决方案，开放赋能，轻松实现后端业务资源到前台易用能力的转化，也可以为客户提供定制化 PasS、SaaS 服务，为企业塑造"敏捷创新与业务治理的能力"。该平台具有全球部署、低成本极速配置、兼容主流智能终端等优势，助力企业省心省力地实现工业化和信息化融合，助力企业从传统制造到智能制造、从大规模制造到个性化定制，形成新业态、新模式。同时，酷特智能多年实践的智能制造和个性化定制解决方案，是可以复制的智造方案，可赋能更多传统产业转型升级。酷特智能 C2M 产业互联网平台，旨在帮助更多传统企业升级转型，实现"零库存、高利润、低成本、高周转"的运行能力。目前，酷特智能已在服装鞋帽、机械、电子、化工、医疗、家居建材、门窗等30 多个行业 100 多家企业中进行了实践和探索。

　　首先，在制造端，酷特智能打造了以版型数据库、款式数据库、工艺数据库、BOM 数据库等为核心的定制数据库系统，打破了服装行业乃至制造业中"个性化与工业化"的矛盾，真正实现了"一人一版，一衣一款，一件一流，7个工作日交付"的大规模个性化定制，突破了传统服装高库存的瓶颈，并解决了传统个性化定制高成本、无法量产的痛点。其次，在管理端，酷特智能打造了面向未来的 C2M 产业互联网数字治理平台，真正实现了全流程数据驱动，企业经营要素一键实时精准呈现、全员自治工作，进一步提高效率，降低成本，提升了客户的满意度和员工的幸福指数。基于酷特智能在服装个性化定制领域的核心技术及定制数据库系统，其根据市场的需求持续进行服装品类的横向拓展，进行个性化及柔性化生产，如图 6-4 所示。

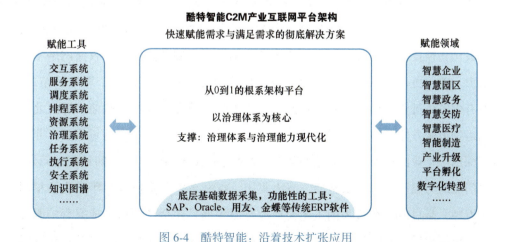

图 6-4　酷特智能：沿着技术扩张应用

6.7.4 厦门象屿：纵向一体化的扩张之路

厦门象屿是象屿集团旗下的供应链服务公司，早期以贸易业务起家，兼做综合物流服务以及物流平台的运营。2012年，厦门象屿首次提出创新供应链服务模式，并于次年设立控股子公司象屿农产，切入粮食供应链服务，于2014年初步搭建从粮食种植到销售的粮食全过程供应链综合服务，整合商流、物流、资金流、信息流资源，为客户提供包括信息咨询、物流仓储、供应链资金、解决方案等的综合服务。厦门象屿结合不同业务的特点，打造多元化的大宗商品服务模式，但实质上都是往产业链上下游延伸，为客户提供采购、仓储运输、金融、咨询等在内的一篮子综合服务；在单一大宗品类的业务模式成熟之后，再将其不断复制到新的产业链，提升全品类的供应链运营能力。在全产业链形成完善的服务和渠道能力后，厦门象屿在大宗商品产业链条上顺势切入有赋能价值的生产制造环节，形成"供应链服务+生产制造"的产业链运营模式。

厦门象屿联合阿里团队合作打造"象屿农业产业级互联网平台"，实现粮食种植环节、仓储环节、流通环节、加工环节等全链条数字化，形成集农资服务、农业种植、农业金融、粮食收储、物流运输、原粮供应、原粮加工等于一体的服务布局，在"一手粮、多元粮、高速网、全产业链"等方面实现差异化竞争优势。前段打造粮食种植产业联盟，通过"兴兴象农"App为种植户提供农资采销服务、农技咨询服务以及农产品收储服务，解决行业普遍存在的渠道原始、贸易环节多、信息不对称等问题，强化对一手粮源的掌控和品种拓展的能力；中段构建粮食仓点联盟，整合其他区域的第三方仓储节点，使得收储网络密度更大、覆盖更广、下沉更深，将服务范围由黑龙江向吉林、辽宁等地区拓展，并有效解决行业卖粮难、储粮难问题；后段构建粮食流通产业联盟，通过北粮南运物流服务体系实现不同品质原粮的跨区域调剂，满足不同地域饲料、养殖和深加工企业的需求，解决行业生产与消费之间存在的时间与空间错配的问题。厦门象屿为温氏股份、双胞胎、海大集团、益海嘉里等企业客户年供应原粮超千万吨，是目前A股最大的玉米全产业链服务商。在全产业链形成完善的服务和渠道能力后，厦门象屿切入生产制造环节，布局大豆压榨厂，提升产业运营能力。厦门象屿的业务布局如图 6-5 所示。

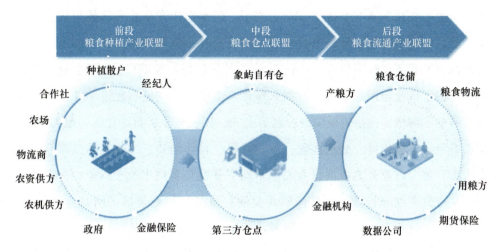

图 6-5　厦门象屿的业务布局

6.7.5　国联股份：一横一纵扩张之路

产业互联网的龙头企业国联股份，正是通过"一横一纵"的"横向平台复制、纵向产业链深挖"来打造链接千行百业的超级链接器。

"一横"是横向平台复制，通过打造不同垂直行业的平台来拓展产业覆盖范围。国联股份在 2015 年推出涂多多电商平台，覆盖钛产业、溶剂产业和树脂产业；2016 年，国联股份又上线卫多多和玻多多平台，分别覆盖了卫生用品产业、造纸产业和玻璃产业；2019 年，国联股份上市后又推出肥多多、粮油多多，覆盖了化肥、油脂、饲料和农药等产业，最终形成了多垂类平台并行的 B2B 模式。此外，国联股份还计划推出药械多多、芯多多、砂多多等平台，覆盖更多产业。由此可见，国联股份已经打造了覆盖从工业品到农业品的多品类电商平台，打造三产融合发展的超级链接器。之所以能够实现快速的跨平台复制，有三个主要原因：第一个原因在于国联股份通过从交易入手，即提供集采模式来解决产业痛点，而这种痛点在不同行业都普遍存在，因此为公司变更赛道提供了需求基础。集采模式适用于下游分散、上游充分竞争的产业，这样能够通过集合订单的方式为公司争取更大的利润空间，这也是传统的信息服务商较为容易向交易服务商转型的原因。以涂多多平台最早发力的钛白粉、卫多多的原纸为例，上游企业的毛利率基本维持在 20% 的水平，但是对于龙头企业话语权较大的钢铁行业，毛利率基本上只有 10% 左右，做垂直类钢铁电商的龙头企业上海钢联长期以来毛利率只有不到 2%。第二个原因是国联股份长期深耕行业，这也使得企业掌握了行业知识，对行业有深入理解。国联资源网拥有超过 100 个细分行业集群的子网站，包括机械设备、电工电气、仪表电子、石油化工、电力煤炭、钢铁有色、工程建材、交通运输、节能环保、轻纺消费、文化艺术、综合行业等大类。每个行业大类根据行业大小不同下分数个至数十个子行业，每个子行业下又分数个细分行业。而具体的商业信息服务过程则包括了网站会员服务、会展服务、行业资讯服务、代理服务，通过国联资源网为各行业会员提供线上供求商机信息和营销推广服务，组织各类线下供需对接、技术交流等行业会展活动，提供各类行业资讯和数据产品，以及提供行业广告服务。国联股份在布局多多电商时直接由国联资源网将主力团队进行抽调，对客户和行业的理解能够完美承接。第三个原因在于客户资源充足，可以有效破解垂直电商平台初期的获客难题，更易于平台冷启动。国联股份通过国联资源网的多年深耕，积累了一批早期用户，能够很好地实现转化，例如涂多多电商前身是国联资源网旗下的涂料产业网、油墨产业网、胶黏剂产业网、水性涂料行业协作联盟等行业分网；玻多多电商前身是国联资源网旗下的玻璃产业网、玻璃行业协作联盟等行业分网。2021 年，国联资源网注册用户数达到 280.85 万户，同比增长 5.1%，合作用户数达到 10 013 户，同比增长 6.24%，而同期的多多电商注册用户数只有 49.38 万，交易用户数仅 13 458 户，还有较大的转化空间。综合来看，国联股份凭借客户资源优势和长期的行业经验，不断向包括第一、第二、第三产业在内的多产业垂直平台横向扩充。

"一纵"是纵向产业链深挖，不断扩展每条垂类产业链的长度。国联股份主要通过三种方式深挖产业链。一是提高市场渗透率。国联股份通过增加老客户在平台的采销额占比、吸引新客户的方式提升渗透率。国联股份在早期通过国联资源网转化、销售团队地推等方式实现，还积极运用电商节、直播带货等互联网打法，在提升交易额的同时，实现平台推广和拉新。国联股份目前设置了

"双十产业电商节"等电商节活动。"双十产业电商节"是每年最大的电商节活动。"双十产业电商节"于 2016 年推出，每年成交额增速均超过 100%，2021 年"双十产业电商节"单日成交额已达 90.58 亿元，占多多电商全年总收入的24.4%，成为公司的重要收入来源。在玩法上，公司也效仿互联网电商，2021年"双十产业电商节"当天推出了 54 场直播带货，此外还包括 0 元秒杀、竞拍、特卖等活动。二是延伸产业链，增加产品品类。例如，涂多多最初是通过钛白粉打入钛产业的，2016 年主要销售产品中只有钛白粉和钛精矿，但 2017、2018 年逐渐增加了四氯化钛、金红石、钛渣等，向产业链上下游延伸。产业链的纵向延伸不仅能够增加商品 SKU，扩大市场空间，同时也有利于实现供应链上下游延伸策略，增强合作关系，面对周期波动确保货源供应。三是实施多元化服务模式，通过国联云平台从多种角度为客户提供服务。国联云是国联股份纵向产业链深挖的第三条路径。在 B2B 1.0 时代，平台聚焦于信息展示，进入B2B 2.0 时代开始切入交易，而 B2B 3.0 时代则是产业互联网的时代，在完成了交易的数字化后，企业需要更全面的数字化，包括物流、生产等环节，因此赋能全部环节就成为国联股份纵向深挖产业链的第三条路径，能够有效打开多元化的变现模式。相比那些一开始就致力于实现企业数字化的公司，从交易切入数字化的 B2B 电商具有深入的行业理解、丰富的客户资源、海量的交易数据，很好地解决了获客难题。因此，国联云代表着国联股份从电商平台向产业互联网全面进发，有望成为其未来长期增长的第二曲线。

第7章

实战指南之二：基于三层架构打造超级链接器基座

基座是产业互联网的"暗物质"，虽然眼睛看不到，但却是产业互联网成立的基础，也是超级链接器的数字能量来源。没有这个能量，超级链接器也就失去了动力。产业互联网具有转换成本高、赢家难以通吃等特征。根据 IDC 的研究报告，全球公有云 SaaS 市场按 2021 年收入计算，排名第一的微软也仅占10.9%的市场份额，CR5 仅为 32.2%。除去 SaaS 种类众多、细分场景庞杂等因素，转换成本高也是市场无法形成垄断的重要原因。而一个好的技术基座可以大大降低企业的转换成本，提高企业服务对不同场景、不同客户的适应性。接下来从两个知名企业案例开始了解超级链接器的技术基座。

7.1 借鉴龙头企业，找到链接器"第一性原理"

腾讯经过四次战略升级，服务对象从用户（C）发展到产业（B），再发展到社会（S），最终指向为社会创造价值，用户、产业、社会（CBS）相辅相成。腾讯提出了"腾讯产业互联网，以云为基，助力客户服务用户"，云与智慧产业事业群是腾讯产业互联网的服务窗口，腾讯云已有超 300 款基础产品，并向合作伙伴提供广泛深入的支持，以生态共创加速数字化升级。腾讯产业互联网整体包括三层架构，如图 7-1 所示。

基础层方面，IaaS（基础设施即服务）是云计算发展的重要基石，它通过向用户提供虚拟化的计算、存储、网络等基础设施资源，帮助用户实现数据的处理、存储和传输，是工业互联网平台的基础运行保障。在基础层，腾讯云拥

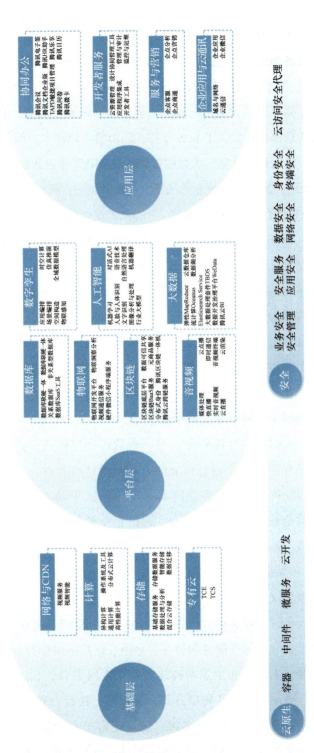

图 7-1 腾讯产业互联网三层架构

有丰富的产品线和领先的技术实力。腾讯云服务器产品包括云服务器、企业版云服务器、裸金属服务器等，通过虚拟化技术将物理服务器资源池化，用户可以根据需求选择不同的实例规格，实现按需分配、弹性伸缩。此外，腾讯云还推出了云数据库、对象存储等产品，为用户提供了全面的 IaaS 解决方案。在支持行业应用方面，腾讯云为众多行业提供了 IaaS 支持，助力数字化转型。例如在金融行业，腾讯云为企业客户提供弹性计算、大数据存储、安全隔离等云基础设施服务，支持金融风控、交易处理、客户营销等业务场景。在政务领域，腾讯云助力政务云平台建设，支持政府数据的存储、共享、开放，并提供了视频监控、语音识别等 AI 能力。

平台层方面，PaaS（平台即服务）是将平台作为一种服务呈现给用户的商业模式。它可以帮助用户快速构建和部署应用程序，降低开发和运营成本。在 PaaS 平台上，用户无须关心底层基础设施的复杂性，可以专注于应用程序的开发和部署。腾讯在 PaaS 领域拥有丰富的产品线和应用案例。通过腾讯微云，用户可以在云端存储和管理文件，进行文件分享、在线编辑、团队协作等；而腾讯云开发平台可为开发者提供云计算、大数据、人工智能等能力的开发和部署环境，开发者可以在平台上快速构建和部署应用；通过腾讯数据库，用户可以云端一键部署和管理关系型、非关系型数据库。

应用层方面，SaaS（软件即服务）是一种软件交付模式，指的是通过互联网提供软件和应用程序，用户通过订阅的方式使用这些软件。企业微信、腾讯会议、腾讯文档等软件产品和服务是腾讯在 SaaS 模式下的重要代表。企业微信是腾讯推出的一款企业级办公协作平台，通过企业微信，企业可以实现内部沟通、工作流程管理、外部协作等全方位的办公协作，可以与企业内部其他系统（如 CRM、OA 等）无缝集成，实现企业内部业务流程的数字化和智能化。腾讯会议支持高清视频会议、屏幕共享、白板互动等功能，可以实现远程办公协作。腾讯文档支持多人实时编辑文档，可以实现团队协作和知识共享。以上 SaaS 产品已经广泛应用于企业级软件服务和教育、金融、医疗等多个行业。

腾讯以链接器、工具箱和生态网构建产业互联网平台，利用信息技术与各行各业深度融合，推动各行各业转型升级，在政务、医疗、教育、交通、出行、金融、传媒、工业、能源、农业、文旅、建筑等多个行业应用，创造新产品、新业务与新模式（见图7-2）。除了以微信为载体，面向商家、媒体、政府、企业

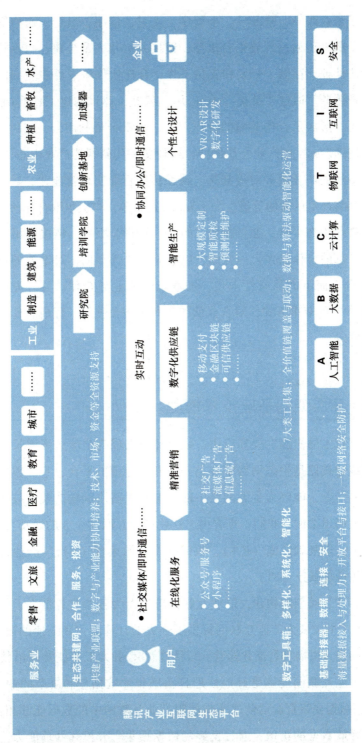

图 7-2　腾讯产业互联网基础链接器

开放，引入了公众账号、服务号、小程序、支付、信用、出行、购物等一整套服务体系外，腾讯还通过开放平台策略，链接并孵化大量公司。腾讯提供底层的通信、用户认证、存储、分发和支付工作，合作伙伴负责更多更细的垂直领域运营和客户服务。通过"链接-平台-应用"模式，腾讯构建了腾讯+垂直应用伙伴的生态圈，形成了合作共赢的合作生态。腾讯希望利用云、支付、AI、安全、LBS 等基础设施赋能产业合作伙伴，搭建新一代的智能产业生态，把 10 亿级的用户和专业的产业服务对接起来，帮助传统行业实现智能化、数字化，对用户和行业都将产生巨大的价值。为了发展 2B 业务，积极争取合作伙伴，腾讯成立了云启产业生态平台，通过投资、孵化、培训、服务，链接腾讯内部的资金、资源与外部的合作伙伴。一方面，以战略布局为导向，对重要的行业和业务板块进行自上而下的战略性卡位，加速双方的业务合作。另一方面，通过"加速器+资本"的双重方式，对合作伙伴进行全方位扶持，促成合作伙伴和腾讯形成更多联动。

7.2 三层架构基座技术模型

随着数字技术的快速发展和应用，数字经济已成为全球经济增长的一个重要引擎。超级链接器是生态网络中各类企业共创价值的平台，基于数字技术和资源赋能不同产业，能够为生态网络中的企业提供解决问题的整套技术、工具和方案。通过腾讯案例，我们不难看出，这些产业互联网企业的成功与"四 T"模型紧密相关，即基础设施（ICT）、数据要素资源运营（DT）、产业运营系统（OT）和金融科技服务（FT）。

通过"四 T"模型的构建，产业互联网链接器为各参与者带来了广泛的益处和优势。ICT 的发展为产业互联网提供了强大的计算能力和高速的数据传输，促进了平台的快速发展和智能化运营；云计算、5G 和人工智能等前沿技术的充分利用使得产业互联网能够更好地处理日益增长的数据量和复杂的业务需求。在 DT 方面，数据要素资源运营的实现使得产业互联网中的数据能够相互流通，最大限度地释放数据的价值；通过良好的数据搜集、分析和处理能力，产业互联网平台能够为各产业链环节提供精准匹配算法支撑和数据价值变现服务，从而提升整个产业链的效率和竞争力。OT 作为产业运营系统，对于指导产业链各环节的运营起着关键作用。通过优化运营流程和创新商业模式，产业互联网能够实现价值的持续提升；企业可以根据 OT 的指导，不断优化自身的运营策略，提高资源利用效率和产品质量，进而获得更大的竞争优势。最后，在 FT 方面，结合产业要素的金融科技服务为产业互联网上的各参与者提供重要抓手。通过应用大数据、云计算和人工智能等技术，金融科技可以提高金融业务的效率，并降低金融运营成本和风险；同时，全产业链、全流程、全场景的信息传递功能也能够降低产业链和供应链物流成本，实现资源的优化配置和效益的最大化。

华建通在构建建筑产业互联网平台基础架构时采用了典型的"四 T"模型：ICT 方面，华建通采用了东信云作为基础设施层载体，东信云基于云原生技术底座实现，可为超级链接器中的上层系统有效提供满足产业需求的弹性资源扩张和应用灰度扩展部署，是华建通平台上线将近 5 年实现高可用（可用性达到99.999%）的关键因素；DT 方面，借助中国东信北部湾大数据交易中心的优势技术与资源，构建了农民工实名制大数据监管平台，为建筑施工企业提供精准大数据分析与治理服务，提升建筑施工人员管理效率、降低管理成本；OT 方面，华建通成立了专门的运营中心，负责建筑产业互联网所需的实名制服务、销售服务、商贸服务、政企服务和数字施工服务的统一运营管理；FT 方面，华建通依托中国东信在金融科技方面的优势能力，成立了金融服务中心，借助区块链、大数据等技术，为产业链上下游客户提供风险可控的金融综合服务，最终实现产业价值升维。

欧冶云商同样构建了类似的"四 T"模型，指导其在产业互联网平台业务的开展。在交易服务方面，依托沉淀的钢铁大数据和运营系统，欧冶云商以平台化运营的方式，创新钢铁新零售模式，为上游资源方（钢厂、贸易商）提供碳钢板卷、不锈钢、螺线等钢材全品类和全流程在线零售服务，配套仓单交易和订单交易、结算交易和撮合交易、挂牌交易和竞拍交易等多种组合销售模式，满足中小买家（贸易商、终端用户）基于时间、空间、批量、品类等的个性化采购需求。同时，欧冶云商为买卖双方提供货物信息认证、用户信用评级、店铺运营、智能搜索、智能定价、第三方支付、自助提货多种增值服务，有效提升了用户黏性。在物流和加工服务方面，欧冶云商提供从仓储管理、运输管理到加工管理的全流程交付解决方案，从而确保了仓储、运输和加工过程的数据化、可视化和智能化。"欧冶运帮"提供从钢材出厂到最后一公里交付的全程物流平台化服务，促进物流供应链降本增效；"欧冶云仓"与合作伙伴共建智慧仓库，打造高效的智能监管能力；"欧冶加工"整合合作加工厂，实现委托加工用户和加工厂的高效对接。目前，国内已经有近 2000 家仓库加盟成为"欧冶云仓"的合作伙伴并安装了欧冶的"宝盈通"仓储管理系统。另外，超过 2.5 万辆车辆和 1600 条船舶成为"欧冶运帮"的合作伙伴，部分承运商安装了欧冶云商的运输管理系统，近 700 家加工厂成为"欧冶加工"的合作伙伴，并打造智慧加工厂，从而形成了覆盖全国的物流基础网络。在技术服务方面，依托中国宝武在钢铁供应链领域数十年的深耕和强大的钢材技术知识积累，欧冶云商建立了钢铁材料牌号、公差、缺陷等完整的数据库，并通过"欧冶知钢"PC 端和移动端知识工具，为用户提供钢材选购和使用场景的专业技术服务；同时，欧冶云商通过将技术专家与用户高效链接，提供专家在线咨询、知钢识材解析、在线技术培训等知识解决方案，满足用户个性化技术需求。此外，欧冶云商还提供质量异议高效处理、用户定制化知识服务等增值服务，构建了差异化技术服务竞争力。在供应链金融服务方面，欧冶云商依托自身的线下物流网络和线上平台优势，通过数据征信和智能监管相结合，构建多维度、数字化、可视化信用服务体系，帮助中小企业直接对接银行等金融机构，有效解决银行风控难、中小企业融资难和融资贵的问题。目前，欧冶直融服务已经对接多家银行，通过高效、智能的风险管理服务，为银行对接中小实体企业提供了安全、可靠的信用环境，并通过系统对接和全流程在线化方式，有效解决了中小企业融资慢问题。

欧冶云商的案例证明，超级链接器为企业提供了通用而灵活的技术平台，使得企业可以更加便利地融入数字化经济。通过超级链接器，企业能够快速接入和利用各类数字技术和资源，例如云计算、大数据分析、人工智能等，从而提高生产效率、优化业务流程，并开拓新的商业模式。在超级链接器构建的生态网络中，不同领域、不同规模的企业可以相互链接，共享资源和信息，形成协同合作的关系。这种协同作用有助于优化供应链和价值链，提升产业的整体效率和竞争力。通过打破传统行业壁垒，超级链接器将不同行业的企业聚集在一起，促进了跨界合作和知识交流。这种跨界合作有助于创造出全新的产品和服务，推动产业的创新发展。

超级链接器平台能够促进数字化产业的协同发展，培育出更多的数字化企业，并推动数字技术在各个领域的广泛应用。通过超级链接器构建的生态网络，企业可以更加便捷地共享数据资源。不同企业之间的数据可以通过链接基座进行集成和交换，形成更加全面和准确的数据视图。这种数据共享有助于提升数据的质量和规模，为各类应用场景提供更加精准和个性化的服务。在生态网络中，企业之间可以共同创造和分享价值。通过功能基座提供的互动管理和应用开发能力，企业可以共同参与解决用户需求，并将创造的价值回馈给生态网络的其他成员。这种价值共享有利于形成良性循环，激发创新活力，推动整个生态系统的蓬勃发展。

那么，一个产业互联网企业应如何在自己的超级链接器中抓住这四个要素呢？通常情况下，这些企业的超级链接器基座可采用三层技术架构来实现"四T"模型，即基础设施基座、抽象能力基座和产业应用基座，分别对应 IaaS、PaaS 和 SaaS 三层，实现对产业的采集、生产、加工、运输、仓储、物流、交易等环节的全链条、全场景、全要素赋能。其中，基础设施基座对应 IaaS 层，这一基座是整个产业互联网平台运作的基础，主要包括计算、存储、网络等，是整个超级链接器的基础设施；抽象能力基座对应 PaaS 层，是超级链接器的操作系统，是产业互联网平台的重点，形成产业发展所需的数字化能力，提供互动管理、应用开发、数据处理和资源调度等功能服务，赋能产业互联网平台上的各类应用；产业应用基座属于 SaaS 层，处于超级链接器的顶层，面向产业用户提供数字化服务的门户，是业务到对应功能实现之间的转化。

产业互联网超级链接器的基座通常由不同类型的服务提供商构建和运营，有聚焦 IaaS 层的基础设施、数据综合服务提供商，有专注产业能力工具箱提供的 PaaS 服务提供商，也有专注 SaaS 服务运营的应用服务商。各层级服务提供商在超级链接器接口支持下相互协同，通过新一代数字技术，实现数据先自上而下再自下而上的双向驱动。SaaS 层供应商在应用层通过用户的授权获得用户数据，然后使用 PaaS 层大数据接口进行处理，再使用 AI、大数据分析技术借助 IaaS 层的智能硬件进行训练、分析，进而形成智能算法，反向向上赋能用户数字化服务，最终为用户提供更加精准、多元化的服务，实现产业生态的良好发展。

7.2.1 超级链接器的基础设施基座：IaaS 层

基础设施基座是超级链接器搭建的根本，也是平台运营的基础前提和数据中心。产业互联网依靠新兴技术的开发实现想法的落地，通过高效的信息通信设施提供较好的用户体验，基础设施基座通过云储存、云操作等基础设施为平台层和应用层提供运行的能力。它提供可扩展的云计算和大数据处理能力，高速稳定的网络通信和物联网技术支持，以及安全保护机制和隐私保护措施。辅以边缘计算、5G 技术、虚拟化和容器化技术，基础设施基座可实现低延迟和高带宽的实时交互，灵活配置资源，并整合人工智能和机器学习技术，为产业互联平台提供智能分析和预测能力。同时，基础设施基座采用开放标准和接口，与不同系统和平台进行集成，确保平台的多样化应用场景和跨平台互操作性。基础设施基座的稳定性、弹性和可靠性对于产业互联平台的正常运行和发展至关重要，它连接各种设备和系统，实现数据的流动和价值的创造。

华建通产业互联网平台，采用了中国东信产业互联网操作系统提供的基础设施能力，可以实现公有云、私有云、混合云的多种部署，同时采用了弹性可控的容器云架构，通过使用容器云，华建通产业互联网平台能够更高效地运行、扩展和管理其业务。容器化技术提供了更好的资源利用、快速部署和持续交付的能力，使华建通产业互联网平台能够实现敏捷开发、弹性伸缩，并且在多样化的环境中灵活适应。

7.2.2 超级链接器的抽象能力基座：PaaS 层

超级链接器的真正价值是当产业价值网形成的时候，买卖双方会互为供应方和消费方，并最终形成一个 API 市场，将能力 API 化，形成一张优化整合的聚合网络。例如，随着在线化和构建开放生态的需求逐渐增多，各类产业、政府、企业均需要强有力的互联网"工具"。目前 PaaS 服务提供了各类不同的技术、产品和服务，帮助改善企业运营效率，缩短研发时间。PaaS 产品的开放 API 接口能实现大公司内部多部门、多环节的数据互通、系统对接，满足既要"在前线快跑"，又要"稳住后方"的需求，还要能实现产业链打通。

考虑到产业互联网的业务复杂性和扩展性要求，一般会采用微服务架构构建产业互联网平台 PaaS 层。微服务可以带来更高的灵活性、扩展性和高可用性，通过微服务架构将应用分解成小的自治服务，每个服务可以被独立地开发、测试和部署，并使用约定的 API 进行服务间通信。这种方式使得应用更容易扩展和升级，因为只需要在特定的某种服务中增加所需功能，不会影响整体进程的架构。其次，微服务架构可以加速产品研发速度，通过微服务架构，可以将应用和服务分解成更小的、松散耦合的组件，从而更容易进行并行开发和测试。这种方式可以提高研发效率，加快产品研发速度。微服务使得每个服务可以使用不同的技术和工具进行开发，从而降低了技术门槛。不同的团队可以使用自己熟悉的技术和工具进行开发，提高了开发的灵活性和效率。PaaS 层分解成多个小的服务，每个服务都有明确的功能和职责，这种方式使得维护更容易，因为只需要关注特定的服务，而不需要了解整个应用的结构和逻辑。

通过 PaaS 开放平台的建设，产业互联网平台能够更好地满足个性化需求，并提供丰富的技术和业务能力支持，实现产业链上下游的协同发展。PaaS 平台自助式的应用开发和部署环境，使合作伙伴能够快速创建、测试和发布应用程序。通过使用现有的技术能力和模块化组件，合作伙伴可以高效地构建定制化的解决方案，满足特定行业和企业的需求。通过开放的 API 接口和数据共享机制，合作伙伴可以轻松地与产业互联网平台进行集成，并实现跨平台的协同合作。这种开放性和合作性不仅促进了创新和共享，也为产业链上下游各个参与方带来了更多的商业机会和增值服务。

华建通、慧康养、蔗糖通等产业互联网平台均采用了中国东信产业互联网操作系统提供的 PaaS 层能力。在技术层面，能够获得统一的数据引擎、前端组件、流程引擎、规则引擎、BI 引擎、服务网关和 AI 引擎。在业务能力层面，能够获得与产业环节息息相关的基础业务能力，包括生产过程智管、物流管理、销售管理、交易管理、制造管理、采购管理、劳务管理等。PaaS 灵活的 API，使得这些产业互联网平台能够快速灵活地组建个性化的应用服务，满足产业的发展需求。

中国东信还提供了安全隐私号通信业务。所谓的安全隐私号，是基于订单形成服务双方真实号码与隐私号码的绑定关系，订单双方可拨打安全隐私号进行相互联系，显示或留存在双方手机上的只有隐私号，订单服务结束后，双方无法通过隐私号再取得联系。安全隐私号基于基础电信运营商通信网络，为企业客户及其平台用户提供隐私通话服务，既能保护用户隐私，又能保护企业利益，使企业有效管控平台通话行为，避免客户流失、投诉争议和企业平台私下交易等损害企业利益的行为发生，还能使企业对平台上展示的各类信息进行价值评估，实行差异化资费与投放策略。中国东信隐私号具有号码丰富、稳定性高、价格优惠、可定制化、经验丰富、业务模式灵活等亮点，广泛应用于电商物流、网约车、外卖跑腿等行业，已为上千家行业标杆客户提供稳定的隐私号服务，系统承载着超过 5000 万呼/日的业务量，可快速应对和处理各类问题。

7.2.3　超级链接器的产业应用基座：SaaS 层

在具备了基础设施基座和抽象能力基座后，超级链接器就可以考虑如何快速打造数字化服务，赋能更多产业链上下游客户，这对应产业互联网的 SaaS 层。SaaS 是一种允许用户通过网络链接并使用基于云的应用程序的软件商业模式。具体来说，整个产业应用基座相关价值链包含三个部分：底层基础设施、PaaS 产品和下游用户。在底层基础设施领域，云计算 IaaS 服务提供商提供了必要的计算、存储和网络资源以及华为等硬件基础设施。PaaS 产品主要提供软件部署平台，整合了硬件和操作系统细节，并可以无缝扩展。在下游用户领域，SaaS 为客户提供终端应用程序。值得指出的是，很多公司的抽象能力基座和产业应用基座往往是同一家公司构建的，这取决于企业的战略布局。例如，美国 Salesforce 既提供 PaaS 层服务也提供 SaaS 层服务，并且广泛应用于电子商务、金融、电信、医疗保健、教育等众多行业，为客户提供数字化服务工具箱，实现服务的开箱即用、按需使用和付费，即打造超级链接器产业应用基座的重要目标。

以中国东信所打造的产业互联网操作系统为例，其围绕产业场景、产业服务、产业类别、产业标准、产业主体、产业角色、产业数据、产业运营和产业支撑构建了一体化的产业 SaaS 应用平台。合作开发企业基于超级链接器提供的 PaaS 能力，根据不同场景、类别的用户需求，开发满足标准共性需求的标准化 SaaS 服务和满足个性化需求的解决方案，并通过应用市场形式上架。企业用户可根据自身需求，在产业应用市场上寻找适宜的应用解决方案，并按照订购周期、使用量、次数或一次性买断等方式获取。如中国东信合作伙伴基于中国东信产业互联网操作系统构建了劳务撮合、人才培训、茶叶交易、农资交易、香料交易、电子政务等 SaaS 应用，极大地满足了不同产业用户的核心痛点需求。

这些 SaaS 应用在中国东信的产业互联网操作系统中发挥着重要作用。劳务撮合应用帮助企业和劳动力资源快速匹配，提高劳务供需效率；人才培训应用为企业提供了在线学习和培训平台，促进员工的专业能力提升；茶叶交易应用使茶叶生产和销售过程更加透明和高效，增强了茶叶行业的供应链管理；农资交易应用简化了农产品购买和销售的流程，方便原料厂家和农资经销商之间的交互；香料交易应用提供了香料品种、价格、质量等信息，推动了香料产业的数字化转型；电子政务应用为政府机构提供了一套完整的数字化解决方案，提升了政府服务的效率和便捷性。这样的应用市场为用户提供了多样化和个性化的选择，使他们能够轻松找到适合自己业务的解决方案。同时，这也为合作伙伴提供了商机，他们可以通过应用市场销售自己开发的 SaaS 应用，实现价值的最大化。超级链接器的产业应用基座搭建不仅是一个技术平台，更是推动数字化转型和产业升级的重要手段。它将企业、技术和服务有机地结合在一起，以满足不同行业和企业的需求。通过数字化服务工具箱的开箱即用、按需使用和付费即时特性，超级链接器赋能产业链上下游客户，推动数字经济的发展，加速产业互联网的普及，并促进产业链各参与方之间的协同合作和创新发展。

基于 DT 的人工智能，往往以云端的 IT 体系为基石，因此，基于云端的 SaaS 软件成为 DT 赋能的基础。尤其是在 S2B2C 模式中，众多的小 B 企业缺乏系统的方法论，更缺乏与之相对应的基于云端的软件工具。因此，小 B 在转型升级中，手中需要"武器"，才能快速增长。这方面，不乏基于 SaaS 赋能的优秀案例。例如，汽车之家是一家提供汽车资讯、二手车、新车、金融服务等全方位服务的汽车产业互联网平台，为二手车经销商提供了一套完整的 SaaS 解决方案，包括车源管理、客户管理、销售管理、金融服务等模块，帮助二手车经销商提高运营效率，降低成本；为新车经销商提供了一套包括新车展示、试驾预约、销售管理、售后服务等模块的 SaaS 解决方案，帮助新车经销商提升销售效率，提高客户满意度；为汽车金融公司提供了一套汽车金融服务产品 SaaS，包括车辆信息采集、风险评估、贷款申请、放款管理、还款管理等模块，帮助汽车金融公司提高风控效率，降低运营成本；为售后服务提供商提供了一套智能售后服务产品 SaaS，包括远程诊断、故障定位、维修预约、售后管理等模块，帮助汽车售后服务提供商提高维修效率，提升客户满意度。再如，美团通过其基于云端的 SaaS 软件，整合了本地生活服务行业，帮助小型商家实现在线化运营和数字化转型。蚂蚁金服则为小微企业提供全面的金融服务和解决方案，利用基于云端的 SaaS 产品实现贷款申请、账户管理和风险评估等功能。而唯品会通过其基于云端的 SaaS 软件，为品牌商家提供销售渠道和营销工具，助力其扩大市场影响力和提升销售业绩。这些公司都以数字化转型和基于云端的 SaaS 软件为小 B 企业提供了全面的解决方案，使它们在短时间内取得快速增长，并成为各自行业的领军者。

泛糖科技结合糖业集团在种植、生产、销售过程中的信息化诉求，打造 SaaS 共享信息化服务平台，减少单个糖企系统投入成本，助推糖业从传统模式转向现代化、数字化、智能化，实现转型升级。泛糖科技通过平台应用，以 SaaS 化部署嵌入不同需求场景，通过新农务平台实现农务闭环管理，利用人工智能技术在入厂前精准判别品种；厂内打造自动预警、可视化处理的设备资产管理系统，以及统筹零配件、生产物资等采购与管理的大宗物资采购系统，形成横到边、纵到底的厂区设备管理体系，集团总部通过可视化大屏即可及时了解下辖所有糖厂的使用实况，清晰地看到设备使用、物资消耗与管理的趋势分析图，数字化管理手段提高生产经营管理的计划性、时效性。

7.3 打造超级链接器基座：中国东信实例

基于超级链接器基座三层架构的理论，按照"G 端切入，B 端发展，C 端延伸"的理念，中国东信结合自身多个产业互联网平台的经验和能力沉淀，打造了专门面向产业互联网平台的数字底座，可以说是超级链接器三大基座的实际载体。数字底座由三大部分构成——东信云羲、数字政务和数字产业操作系统，其中东信云羲是数字底座的 IaaS 层，也是数字政务和数字产业操作系统的内核。数字政务和数字产业操作系统根据行业属性对云羲进行裁剪，通过软件定义方式，将各行业基础资源虚拟化，实现管理功能（沉淀的能力）可编程，为行业应用开发提供快速支撑。

AI 在数字底座中的应用主要体现在数据治理和智能分析方面。通过引入 AI 技术，数字底座能够实现数据的自动化清洗、标注和分析，从而为平台提供更高质量的数据支持。例如，中国东信的东信云羲操作系统通过 AI 算法优化资源调度，提升了系统的运行效率。在产业操作系统中，AI 通过智能化业务流程管理，帮助平台链接全产业链实现更高效的生产和运营；通过引入 AI 驱动的预测分析，能够实时监控平台运营，并提前预警潜在问题，从而提升客户体验和客户转化率。

7.3.1　东信云羲操作系统

中国东信云羲操作系统作为数字政务、数字产业操作系统的内核，提供基础通用能力和运维、标准、生态服务体系支撑，共同构建起中国东信产业互联网超级链接器建设运营的数字底座，打造并形成统一开放平台，为行业客户提供重点布局的行业领域解决方案、产品应用、功能模块和通用能力。东信云羲由引擎层、内核层和资源层三层构成，同时统一了整个数字底座的运维安全体系、标准规范体系和生态服务体系要求。引擎层是东信云羲所沉淀能力对外开放的接口，可支持各类应用通过 API 方式进行调用，包括通用业务中台、数据中台、AI 中台和技术中台。图 7-3 所示为东信云羲操作系统架构图。

中国东信基于云羲操作系统打造的云羲大脑人工智能开发平台，提供一站式算力运维调度、模型开发部署以及应用开发部署能力，实现人工智能应用的快速开发及部署。云羲大脑包括算力运维调度、模型开发部署以及智能体开发三大核心平台，其中算力运维调度平台实现算力基础设施运行状态监控、算力系

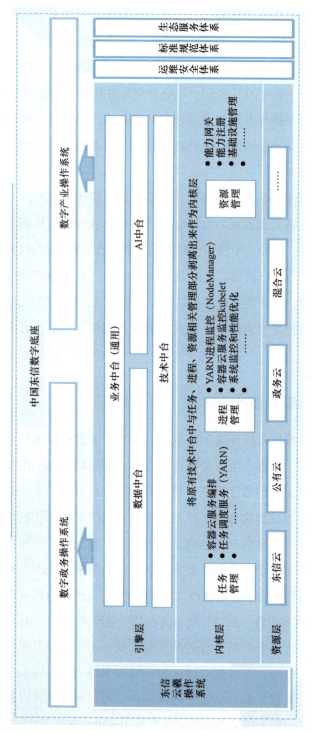

图 7-3 东信云义操作系统架构图

统故障诊断与修复、算力资源管理、算力任务接收与分发执行，并根据算力资源使用情况进行计费结算等功能，大幅提高算力基础设施的稳定性和算力资源使用效率；模型管理平台支撑从模型训练到部署的全生命周期管理，平台采用低代码和可视化的方式，用户可以通过简单的拖拉拽操作完成模型的构建和训练任务，大幅降低了技术门槛并提升效率；智能体开发平台整合了数据和模型能力，为智能体的快速构建提供了全链路支持，支持全流程的可视化和功能自动化，使智能体开发变得更加高效和便捷，显著降低了开发成本。云羲大脑具备五大核心优势：一是可控性，支持对训练数据来源、算法框架、迭代优化和商用授权的全方位控制；二是安全性，强化对涉政涉敏内容的安全管控和回复机制；三是实用性，依托自有数据量和强大的训练资源规模，确保模型开发高效可靠；四是易用性，通过可视化训练和功能自动化设计，显著降低技术使用门槛；五是全面性与扩展性，覆盖模型全生命周期管理，同时具备插件机制、大模型和硬件的高度兼容性。

7.3.2 数字政务操作系统

中国东信数字政务操作系统以数字政府为业务场景，基于相关资源的整合、集中配置、能力沉淀、分步执行的运作机制，强调"调度"和"管理"的功能本质，支持灵活多样的资源虚拟化机制和异构资源管理功能，是一系列数据组件或资源模块的集合。数字政务操作系统属于分布式操作系统，为业务端提供数据资源和能力的支撑，以实现数据和技术驱动的精细化运营，通过资源、进程和任务的全域感知、协同指挥、智慧赋能体现政府部门执政能力。数字政务操作系统向下管理计算资源，向上支持应用开发运行，具有感知互联、轻量计算、轻量认知、反馈控制等新一代操作系统特征。在架构上（见图7-4），数字政务操作系统以东信云羲操作系统为内核，深化政务资源和各类业务能力、引擎抽象能力，整合内外部多方能力，遵循"规模定制、柔性开发、快速迭代、业务创新、开放合作"原则打造。

数字政务操作系统采用了与东信云羲类似的三层架构，包括引擎层、内核层和资源层。其中，引擎层对政务行业领域常用的共性能力进行沉淀，包含了业

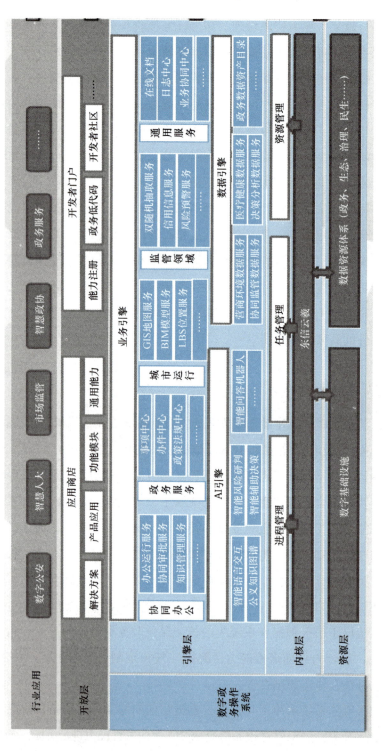

图 7-4 数字政务操作系统架构图

务引擎、AI 引擎和数据引擎；内核层直接复用东信云羲内核，具备进程管理、任务管理和资源管理的能力；资源层对数字基础设施和数据资源体系进行统筹管理。同时，依托统一的开发平台，中国东信数字政务操作系统已经为数字公安、智慧人大、智慧政协等行业应用提供支撑，并通过"G 端"的切入，帮助建筑、康养、蔗糖等行业实现了政府监管平台的研发，从政府统筹的角度提升了各类产业链的标准化，从而为后续的"B 端发展"和"C 端延伸"奠定了坚实的基础。

7.3.3 数字产业操作系统

通过大数据、云计算、物联网、人工智能等 IT 技术与行业深度融合，围绕链接和赋能，搭建通用化业务服务能力，可实现产业业务流程的集成和解耦、业务服务化、数据统一管理，并降低运营成本，同时具备高效、轻量、可定制、深度集成和开放的特性。通过该操作系统，企业可以降低运营成本、提高生产效率、实现个性化服务，并在日益激烈的市场竞争中保持竞争优势。

中国东信构建的产业操作系统采用四层架构体系（见图 7-5）：底层为资源层，包含了产业平台运行所需的数字基础设施和数据资源（如各产业平台沉淀的大量有价值数据）；内核层由东信云羲操作系统提供进程管理、任务管理和资

图 7-5 中国东信数字产业操作系统总体架构图

源管理的通用基础能力，如容器云服务编排、任务调度服务、容器云服务监控、能力网关管理等；引擎层是产业操作系统的核心，从数据、AI 和业务三个方面汇聚了支撑产业运行的场景化基础能力，其中数据引擎包含了对各类产业平台数据的采集、处理、加工和分析服务，AI 引擎基于沉淀的产业数据，通过深度机器学习和 AI 大模型微调等方式形成了产业场景的 AI 基础能力，业务引擎则按照产业发展所需的十大领域沉淀了业务所需的各类基础能力。在产业操作系统的上层可以构建一个开放层，将基于产业操作系统形成的各类解决方案、产品、功能模块或通用能力开放给各产业应用。

产业操作系统的开放性促进了产业链上下游各类企业的创新和合作，各企业可以根据自身需求选择适合的解决方案，并进行定制化开发。举例来说，制造业可以利用产业操作系统构建智能工厂解决方案，实现生产线的自动化和数字化管理。通过数据引擎的支持，可以实时收集并分析生产过程中的各种数据，帮助企业优化生产计划，提高生产效率和质量控制，降低运营成本。而零售行业则可以借助产业操作系统构建智能零售解决方案，通过数据引擎对客户行为和购买偏好进行分析，以个性化推荐和精准营销加强客户互动。另一个例子是物流行业，通过产业操作系统的支持，可以构建智能物流解决方案，借助数据引擎实时监测货物运输过程中的位置、温度等信息，并结合历史数据和交通情况进行路径规划和优化，提高运输效率和安全性，减少运输成本和时间。

基于产业操作系统，企业更容易构建起数字化生态系统。在这个生态系统中，不仅有各行业的企业参与，还包括政府、科研机构、创新孵化器和投资者等各利益相关方。政府可以利用产业操作系统的数据和分析能力，进行政策制定和决策支持，也可以与企业合作，共同推动产业的数字化转型和创新发展，并提供相应的支持和激励措施。科研机构可以利用产业操作系统提供的数据资源和分析工具，进行深入的行业研究和技术创新，还可以通过对数据的挖掘和分析，发现行业内的趋势和规律，并提出相应的解决方案和创新思路。另外，创新孵化器可以利用产业操作系统的开放接口和资源，培育和孵化具有潜力的创新企业和项目，通过提供技术支持、资金支持和市场资源来促进创新企业的成长和发展。投资者可以借助产业操作系统的数据和分析能力，进行风险评估和投资决策。他们可以根据产业操作系统提供的数据指标和趋势分析，判断企业的发展潜力和市场前景，并进行相应的投资布局。通过这种数字化生态系统的构建，各方利益相关者可以实现资源共享、互利共赢，共同推动产业的创新和发展，加速经济转型升级，提升整体竞争力和可持续发展能力。

总而言之，产业操作系统不仅仅是为企业提供数字化解决方案的平台，更是数字化生态系统的构建者。通过开放的方式，不同行业的企业以及其他利益相关方可以共同参与，共享资源和合作创新，共同推动产业的数字化转型和融合发展，实现经济的高质量增长和可持续发展。

产业操作系统的业务服务能力构建可采用基于 DDD（Domain Driven Design，领域驱动设计）的业务和应用边界。DDD 是一种软件开发方法论，强调将软件系统划分成多个不同的领域（Domain），每个领域负责自己的业务逻辑和规则，并且领域之间通过接口进行交互，从而实现代码的模块化和可维护性，可以很好地实现微服务内部和外部的"高内聚、低耦合"。以 DDD 作为业务引擎设计的指导思想，结合产业互联网形态特征，可以设计出由领域、中心、能力组成的三层业务引擎架构（见图 7-6）。基于 DDD 的构建方式以领域为核心，将业务问题划分为不同的领域，使每个领域专注于自身的核心业务，并通过明确定义的边界与其他领域进行协作。这样的设计思想有助于降低系统复杂性，提高开发效率，并支持系统的灵活性和演化能力。

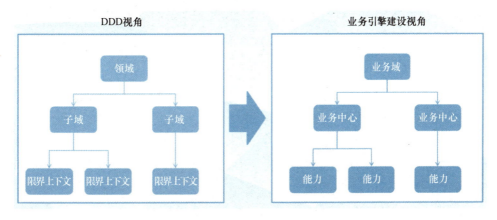

图 7-6　产业操作系统业务抽象逻辑图

在产业操作系统的三层业务引擎架构中，领域层负责实现具体的业务逻辑，每个领域都拥有自己的模型、规则和操作，用于精确描述和处理业务。中心层是各个领域之间的协调者，负责协调数据的一致性和流程的顺畅性。能力层提供通用的功能和服务，如认证授权、消息通信和数据存储等，为整个系统提供支持。产业操作系统根据对第一、第二、第三产业关键环节和产业业务关键流程的深入理解，围绕客户、终端、制造、渠道、营销、采购、服务、物流、资金链（金融）、组织协同和信息流（技术）进行有机融合。这样的设计促进了各个关键领域之间的紧密衔接和协同合作。

通过产业操作系统的业务服务能力构建，产业互联网实现了传统产业向数字化、智能化转型的关键一步。它提供灵活、可扩展和定制化的业务支持，帮助企业优化运营流程、提升效率、降低成本，并推动创新和增值。产业操作系统的引入加速了产业互联网的发展，促进了产业链的协同创新，为各参与者带来更大的商业机会和竞争优势。随着技术不断进步和应用场景的拓展，产业操作系统将持续演进，以满足不断变化、越发多样化的业务需求。

第8章

实战指南之三：二十四字运营方针

　　超级链接器能够通过对产业链上的个体进行实时链接和系统整合，形成新的价值创造网络和产业链治理机制，通过开放竞合的方式，构建产业命运共同体，实现参与者多方共赢的生态体系。中国东信结合自身的产业互联网运营实战经验，提炼总结了产业互联网"六维"运营指导方针，包括实时链接、智能匹配、协同互动、数据汇聚、产业赋能和价值共创，也叫产业互联网"二十四字运营方针"。"六维"之间是逐步递进的关系，也是产业互联网平台从孵化逐渐走向成熟的关键路标，能够指导产业互联网企业沉淀核心能力实现精益运营，并最终朝着生态型企业发展，是从1到N促进产业互联网平台发展的实战方法，如图8-1所示。

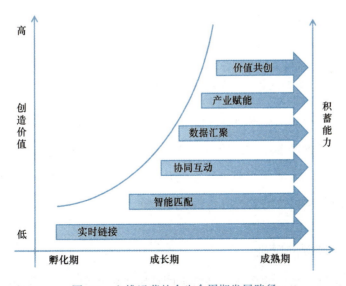

图 8-1　六维运营的全生命周期发展路径

第 5 章提到的超级链接器的三层本质（链接、计算、价值），其根本属性是实现产业互联网平台的精益运营。所谓"精益"包含三个方面：一是在链接维度上不断壮大链接规模、丰富链接类型；二是在计算维度上，做到智能匹配、精准有效；三是在价值维度上，进一步提升产业共创厚度。可见，精益运营基于超级链接器的"三层本质"，并服务于超级链接器生命周期不同阶段的主要任务：在孵化期主要以链接为中心，在成长期主要以计算为关键，在成熟期以价值为导向。具体来说，在超级链接器发展初期，首先要关注的是客户从哪里来，如何吸引更多的客户进入产业互联网平台。广大的客户数量，特别是有潜在付费意愿的客户，是产业互联网发展壮大的根基。在链接了一定的客户、伙伴数量以后，产业互联网平台需要思考的是如何进一步深挖这些客户的需求和痛点，如何更快速且智能地为需求匹配最佳解决方案。完成了客户需求的初步匹配后，需要考虑的是如何落实供需双方的合作，而协同互动可以帮助加速双方达成合作。供需双方落实合作以后，会在平台上产生大量有价值的数据，这些数据可以帮助企业解决更深层的问题，所以需要在平台汇聚数据，并对这些数据进一步处理和利用。数据价值的释放最终会通过数字化服务方式赋能产业，提升产业发展水平，这也是衡量产业互联网平台是否成熟的关键要素。在实现数据赋能产业后，超级链接器可以实现不同产业之间的融合融通，最终打造成为跨产业的生态系统，从而实现整个产业的价值共创。

8.1 泛糖科技：甜蜜的事业焕发新机

首先来看一个案例。泛糖科技是由中国东信联合广西十大糖业集团打造的，主要服务广西蔗糖产业第一、第二、第三产业各环节的产业互联网平台。该平台以大数据和人工智能驱动服务，因此是一个典型的超级链接器平台。接下来让我们来了解泛糖科技的发展历程和运营逻辑。

8.1.1 重要的糖业

糖业，被称为甜蜜的事业，是关系国计民生的重要产业。糖不仅在食品饮料等行业扮演着重要角色，在化工、制药等工业生产中也发挥着重要作用。食糖产业涉及第一、第二、第三产业，和农业、食品加工、仓储物流等形成完整的产业链，承担着广西、云南等少数边疆地区富民兴边与区域经济发展的重任。

中国广西壮族自治区历来是我国蔗糖的主产地，自 1992 年产量首次超过广东，成为全国第一大食糖省区，至今已经连续 30 年占据全国糖料蔗种植面积与产糖量第一的位置，两者均占全国总量的 60% 左右，可以说，"全国每三勺糖就有两勺来自广西"。在广西，从事甘蔗种植工作的人员达 900 多万人，加上食糖相关产业工人和贸易商，广西的涉蔗人员超过 2000 万人，约占广西总人口的40%。近 10 年来，广西年度糖料蔗总产值占当年第一产业产值比例均在 5% 左右。2017 年 4 月，习近平总书记视察广西时指出，要着力振兴实体经济，糖、铝等传统优势产业是广西经济发展的家底，要加大技术改造力度，加快产业重组，推动这些产业实现"二次创业"；2023 年 12 月，习近平总书记在广西来宾市考察调研，先后来到来宾市国家现代农业产业园黄安优质"双高"糖料蔗基地和东糖凤凰有限公司，了解甘蔗良种繁育、种植收成、糖产业发展等情况。

在广西糖业光鲜的背后，也曾存在着不为人知的组织混乱、生产低效以及亏损严重等问题，制约糖业发展。传统制糖业长期以来身处痛苦境地。首先，在糖业种植环节，我国糖业技术水平落后，高产栽培技术普及率低；基础设施条件薄弱，机械化程度低；种植成本高，效益低，人工、农资成本也不断上涨。由于蔗农收益不高，种植积极性易受影响，靠着"种一得三"和"政府收购保护"的基本保障才能够存活；蔗农、蔗田管理难度大，广西甘蔗耕种收机械化率超过 65%，但机收率不足 5%。其次，在生产环节，广西糖厂主要是传统小规模经营，生产技术升级缓慢。糖厂原料成本占比高达 70%，化辅材料和仓储等刚性成本增长快，且生产线不饱和；受蔗款兑付、季产年销影响，周期性资金压力大，担保抵押授信是主要融资方式，财务费用达 300 元/t；近年来，由于银行利率上浮，糖企融资成本高，且授信时间短，短贷长用，财务风险大，银行授信不足；产品基本为初级加工，产业综合利用及深加工产业链条短，综合效益不高。再次，在流通环节，虽然广西接连出台了若干措施推动行业降本增效，但流通环节多，交易渠道较少，始终缺乏一个贯通第一、第二、第三产业的有力抓手，面向终端客户的直供体系一直没有建立。最后，在销售环节，传统糖业贸易批发是主要销售模式，部分企业开展终端客户直供和自建销售渠道，但大部分贸易商吨销利润仅有 5～10 元；贸易商、终端客户对价格波动敏感，对仓储、物流要求高，常采用少量多批的模式，并通过期现结合实现套期保值。

此外，国际食糖价格也长期低位运行，国外糖企的制糖成本远低于国内，低价进口糖和走私糖冲击着国内市场。中国食糖进口需求大，近三年食糖年度进口量均超过 500 万 t，这导致国产糖市场份额进一步萎缩。广西糖业受国内外糖价波动影响，盈利状况不佳，行业普遍亏损，严重时曾出现拖欠农民蔗款、糖厂破产等情况，蔗农收益无法保障，甘蔗种植面积有逐年缩减趋势。"十三五"期间，有 4 年广西糖企处于成本倒挂状态。从农工贸、仓储物流以及金融整个环境来看，我国糖业整体数字化程度不高，大部分企业信息化水平低，各式各样的管理系统同时存在，数据断点、堵点较多，手工制表、人工流转普遍存在，数字化、一体化管理体系没有形成，严重制约了糖业的健康发展。

8.1.2 泛糖科技平台应运而生

为了改变糖业的这种局面，2017 年 12 月，经广西壮族自治区人民政府批准，广西十大糖业集团和中国东信共同出资组建了泛糖科技平台，推动了广西糖业改革，平台架构如图 8-2 所示。泛糖科技平台作为糖业数字化的新引擎，积极探索"建设+服务+运营+维护"的一体化、数字化的服务模式，推动糖业产业链和供应链企业上云、用数、赋智，让各制糖企业在不投入或少投入的情况下获得数字化应用服务，助力糖业降本增效和实现生产经营模式转型。

泛糖科技平台串联了需求端和生产端链接入口，通过链接销售通路和拓展末梢终端客户，实现了多品类、多模式的现货交易服务，打造了订单农业服务平台与现货交易服务平台。其在建立伊始就开始寻找企业经营的切口，这个切口就是市场化的交易。在市场交易的过程中，泛糖科技平台把农业、工业、服务业都进行了整合。首先，泛糖科技平台在进行农业板块的拓展时，农业有发展的契机。此前，广西各糖企的蔗区相对固定，糖厂周边的甘蔗大多数送往附近的糖厂压榨，蔗区固化导致行业市场配置效率低下。2019 年，广西壮族自治

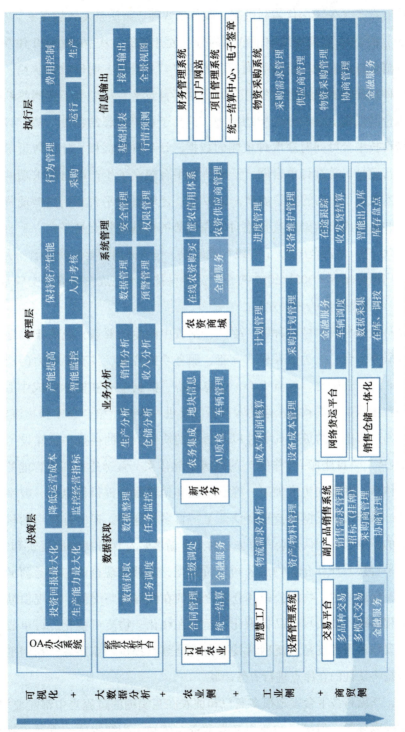

图 8-2　泛糖科技平台全场景视图

区人民政府发布《关于深化体制机制　改革加快糖业高质量发展的意见》（桂政发〔2019〕8号），明确提出取消蔗区划分、放开蔗价，从2019/2020榨季起全面推行规范化订单农业，蔗农和糖厂双方签订订单合同，明确收购价格、收购范围等。种甘蔗的农民同糖厂签订合同，泛糖科技平台提供电子合同签约的支持。订单合同强化了参与方的契约精神，提高了订单的履约程度。基于订单合同，泛糖科技平台可同时获取种植侧的数据，每年种植面积、甘蔗数量等都在平台中进行记录。通过订单合同，泛糖科技平台建立了生产端与需求端的互联互通，迅速覆盖了很高的交易规模。2019年，泛糖科技平台开始白糖现货交易新业务，并迅速成长为国内具备绝对领先优势的白糖现货交易平台。平台注册客户逾1000户，覆盖全国27个省级行政区域，包含国内主要制糖集团、大中型贸易商及用糖终端等。2021/2022榨季，泛糖科技平台完成白糖双边交收量398万t，占广西食糖产量的33%左右。

泛糖科技平台聚焦糖业种植、生产、销售中的生产要素，致力于构建全产业链综合服务平台，成为运营模式完善、服务功能齐全、具有影响力的泛糖产品交易中心、定价中心、物流中心、信息中心、数据中心和资本形成中心。泛糖科技平台覆盖生产端和需求端的入口后，又进一步开始整合仓库和物流资源，来确保交易过程中糖的货物真实性以及货物的质量。泛糖科技平台建设了"核心库+认证库""自建库+合作库"的两级仓储体系，整合建设高效智能的运输配送服务体系，并面向生产加工、经营管理和销售服务提供信息化、数字化的解决方案。最开始，泛糖科技平台认证了一百多个仓库，把所有在泛糖科技平台上交易的糖全部放到认证仓库里去，对上下游客户都保证货物的真实和安全。泛糖科技平台接入外部仓储物流公司系统数据，能够实现企业与贸易商的物流信息共享，促进货主、物流公司和仓库之间的在线撮合与交易，实现白糖在途在库全流程跟踪，并实现产品标识化、运力在线化、物流可视化。订单成交了以后就需要物流服务支持，泛糖科技平台就会继续提供物流服务，利用平台中的交易数据将认证的仓库点进行有效串联。

随后，泛糖科技平台发现很多商户和蔗农在买卖糖的过程当中都需要资金，蔗农非常需要现款，但糖厂和商户又常常资金紧缺。为解决这一难题，泛糖科技平台开始探索金融融资业务，上线应收账款融资、现货质押融资、核心企业融资等供应链金融服务以及互联网全线上金融服务，来为整个产业参与方赋能。这种融资不仅仅是交易融资，仓储、物流的融资也全部上线，相当于这几个场景都嵌入了金融服务。随后，泛糖科技平台发现整个糖业的数字化基础依然比较弱，于是开始整合资源做共享的软件服务。因为糖企盈利能力尚比较弱，普遍不太愿意在信息化上投资，为此泛糖科技平台通过承诺参与方免费借用平台服务的方式，让糖企使用泛糖科技平台的信息化设施。如果每家糖厂都自己建一套系统，将是系统的重复建设，造成高昂的成本支出。广西糖业的供应链系统中 70%~80% 的功能是相同的，泛糖平台建立了完备的链接入口后，将建成的系统借给各糖厂免费使用，按照使用量和使用效果来收费。通过这样的手段，泛糖平台很好地向糖业普及了产业互联网的理念，运用一整套的策略集来提升整个行业的数字化水平。

泛糖科技平台在交易撮合、仓库认证、物流配送、金融融资、共享软件五大场景都获得成功后，继续在串联行业内资源以提高协同效率、挖掘数据价值释放价值潜力上下起了功夫，通过整合糖业农工贸大数据，实现了价值变现。随着泛糖科技平台建立了五大场景的链接、扩大了交易规模，平台上沉淀了海量的数据，泛糖平台开始推出大数据服务，将平台的数据预测和糖业的发展预测紧密联系起来。这种大数据服务一方面给银行提供数据服务，利用应收账款融资、现货质押融资等为银行做信用认证；另一方面将数据服务拓展为价格指数体系来全面展示市场最新情况，探索价格指数、供应指数、销售指数、库存指数等行业级风向标。库存数据受到市场高度关注，泛糖平台每个月会发布认证仓的库存情况分析报告，通过透明化的库存数据为产业客户提供参考决策。与此同时，平台中汇聚起来的海量数据被用来赋能产业研究，泛糖科技平台整合行业公开数据和独家采集数据搭建了一个数据库，是目前全国最权威的糖产业研究数据库。由此，泛糖科技平台构建了产业智库，提供产业政策研究与行业发展咨询服务，打造了权威糖业信息平台。泛糖科技平台对近十年国际、国内从农业生产到产品销售的数据实现了全场景的数据采集，收集的数据达 400 多项，国内已有数十个期货机构购买泛糖数据库。

当泛糖科技平台将整个广西 70 多万的农户都拉到平台上后，更多的产业价值也开始不断释放出来。上述案例材料中我们已经熟知泛糖科技平台对糖业全场景的覆盖，下面我们将继续深挖泛糖科技平台在这个过程中如何缩短糖业的资源距离、提高参与方的协同效率，并提升整个行业的价值潜力。

首先，不同于传统的大宗交易市场，泛糖科技平台构建了多品类、多模式的现货交易服务，实现了从厂家到终端客户的最短链接。传统的大宗商品交易一般是解决厂家和一批、二批之间的关系，但是这种交易距离终端用户依然很远。于是泛糖科技平台瞄准贸易商的交易，整合了厂家对终端客户的直供体系。过去很多终端客户无法直接购买糖厂的糖产品，第一个原因是购买的体量小，一般就是买两三吨；第二个原因是地理距离很远，配送不方便。现在，泛糖科技平台将所有的糖厂以及终端客户都聚合到平台中，由泛糖科技平台来做统筹安排。平台主要汇聚了全国各地 1000 多个中小贸易商，逐渐成为糖企销售的主要渠道，以往只能从贸易商采购白糖的中小微贸易商，通过平台可以直接采购到广西糖企的白糖，采购渠道也得到了有效拓展。平台单笔交易量最小可达到 1t，解决了糖厂对中小微贸易商的直供问题。很多小订单的客户整合在一起就是一个非常庞大的订单，泛糖科技平台通过数据支撑服务了更多的中小客户，缩短了供应链中的资源距离，极大地扩大了市场交易规模。最终，泛糖科技平台上线了物资采购系统、副产品销售系统等七大平台，以及 37 个数字化产品，聚焦糖业产业链供应链的关键环节和流程，构建了泛糖产业综合服务平台。

其次，泛糖科技平台建立了订单合同农业，将线下资源上云，通过改革农企关系提高了参与者的协作效率。以往的蔗区管理是以糖厂辐射的行政区域划分的，边界模糊，管理无法精细化，纸质合同能装满几辆卡车。改革后转变为蔗农与糖厂签订糖料蔗订单合同，合同数据全部上云，以法律文书的形式缔约了新型农企关系，订单合同由乡、县、市三级审核备案，泛糖科技的广西糖料蔗大数据服务云平台承担了合同无纸化备案的改革任务。经过三年努力，广西壮族自治区全区 1150 万亩种植面积的合同全部在平台实现备案，合同涵盖的蔗农姓名、卡号、地块、品种等数据沉淀在平台上，以数据驱动生产经营管理模式数字化转型。在蔗农主体数据的基础上，泛糖科技创新应用了物联网设备测亩仪，蓝牙连接手机后仅需绕地一圈即可记录地块经纬度，并与平台的备案合同实现数据关联。产业基本面的数据越精细，产业治理的决策参考依据就越精准。

原料蔗管理一直是决定制糖企业盈亏的主要因素，但原料蔗高产、高糖、高效的路径一直没能找到有效切入口。泛糖科技平台以数据采集、集成、应用实现了产业中的降本增效：首先，掌握了局部地区的土壤成分数据，推动广西农科院、广西大学将多年来全区的土壤成分科研成果通过泛糖平台实现大规模转化；其次，实现从大屏实时掌握全区各地区土壤氮磷钾基础数据，明确各地区适合的品种、化肥和比例，这样精细化管护就找到了实施路径。基于这些数据，2022 年泛糖在蔗区建设了 3 个配肥站，帮助种植主体精准施肥、降本增效，向农户普及了规范种植的理念，将平均亩产量从 5t 左右提高到了 6t 以上，比常规的种植方式增产了 20% 左右。配肥站采取统购统销的方式，在俄乌冲突引发农资上涨 20% 的压力下，配肥站还能为蔗农降低采购成本约 200 元/t，通过种植业的降本增效助力乡村振兴。

以往原料蔗种、管、砍、运、收等各环节信息相对孤立，生产调度计划性不足，如今在泛糖科技平台砍蔗、运蔗、入榨等场景化解决方案的支持下，一体化运营能力初步形成，有效提高了平台协同效率。仓储销售一体化实时汇总数据，形成智能化看板、报表，结合二维码溯源、RFID 智能叉车等动态数据分析，协作效率提升了 30%。借助人工智能技术对甘蔗品种特征快速识别，在原料蔗入厂时自动判别甘蔗品种，改变了以往依靠老师傅仅凭肉眼判别品种的传统模式，每辆车进厂用时仅需 30s。更重要的是，良种加价从此有了价格依据，有效减少"跑冒滴漏"的现象。泛糖科技平台在运蔗车辆中安装了北斗芯片模组，糖厂可在系统上实时监测运蔗车辆的路径，运费结算也有了结算依据。2020/2021 榨季前，泛糖平台已承接 60 万 t 运输量，吨糖成本降低 5~10 元，每个节点的效率平均提升 5%~8%，准点率提升 50%，异常率下降 30%。这种一体化的运营增强了糖厂生产、调度的计划性，提高了供应链服务效率。

再次，泛糖科技平台通过数据汇聚提升了糖业的价值潜力。泛糖科技平台通过数据汇聚与计算实现糖业全产业链、价值链、供应链联通，形成强大的数据服务能力，泛糖产业各环节达到生产智能化、管理网格化、服务便捷化的能力和水平，具体如图 8-3 所示。泛糖产融服务平台以场景为依托、以大数据为基础、以人工智能为手段打造"客户、资金、资源"的超级链接器，能够结合场景为客户定制金融产品，为金融机构提供精准获客和数据风控服务，为监管机构提供在线监管服务。AI 甘蔗质检是将人工智能、5G、物联网（IOT）等前沿技术应用在糖料蔗入场检测领域的创造性服务平台，能够大大提高进场效率，降低识别差错损失、扣杂误差损失，以及人工成本、制糖设备损耗等，有助于建立更具公信力的糖料蔗检测标准体系。降低识别差错损失每 100 万吨甘蔗可节约 22 万~97 万元；降低扣杂误差损失每 100 万吨甘蔗可节约 9.8 万元。

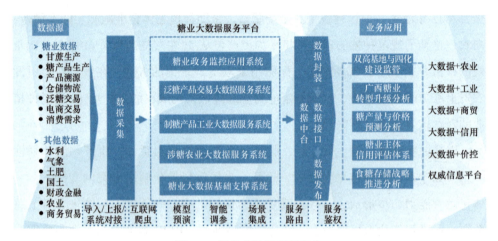

图 8-3　糖业大数据服务平台

2019 年至 2023 年，泛糖科技平台营收从 8.7 亿元增长至 105 亿元，保持 40% 以上的年复合增长率，2021 年首次突破百亿大关；2023 年再上新台阶，营业收入达 230 亿元。泛糖科技成为糖业产业链资源共享链接器，由生产设备管理、物资采购、副产品销售三个系统集成。物资采购系统聚焦降低成本，系统建立了 4 万多个行业标准商品目录，客户单位通过系统累计采购金额 2 亿元，综合成本降低约 18.9%。副产品销售系统专注提高企业经济效益，依托平台线上竞拍机制，桔水销售单价从长期以来的每吨 700 多元，提高到 2022 年最高成交单价每吨 1714 元。订单合同备案覆盖广西 1150 万亩糖料蔗种植面积，依托平台沉淀了蔗农、地块、品种、价格和位置等数据，建设了 10 个配肥站，累计销售农资 2.04 亿元，在顶住国内农资价格上涨的压力下，为蔗农降低采购成本约 200 元/t。白糖大宗电商交易平台糖业现代流通体系加速形成，真正反映了广西糖的销售价格，成为广西白糖现货定价的重要参考。泛糖科技与郑州商品交易所达成基差交易合作，郑州商品交易所（简称郑商所）综合业务平台白糖基差交易泛糖专区（简称泛糖专区）于 2021 年 12 月 27 日正式上线。泛糖专区以郑商所场外综合业务平台为业务入口，采用挂摘牌模式交易。卖方客户参考白糖期货合约价格作为定价基准，将交易升贴水、品牌信息等录入系统进行基差合同挂牌，买方客户根据自身实际需求摘牌，买卖双方达成交易并点价成功后，对应持仓转入泛糖科技现货交易平台进行现货交收。泛糖现货交易平台为客户办理选货、过户、货款划转等现货交收业务，并配套仓储、物流、供应链金融服务。简而言之，泛糖专区的推出，实现了"期货市场定价，现货平台交收"，有利于产业企业综合利用期现两个市场，为企业转型升级和高质量发展赋能。泛糖这样的平台，就是一个典型的"超级链接器"，它通过突破性的方式，解决了糖业长久以来存在的难题。

8.2　实时链接

实时链接是产业互联网发展初期需要考量的关键要素，通过合理的商业模式设计，通过数字化手段将产业链各方链接起来，如供应商、合作伙伴、客户和内部团队，实现实时的数据共享、通信和协作，从而实现产业平台价值最大化。这种实时链接的能力可以大大提高产业响应速度、决策效率和创新能力。

8.2.1　不断做大、做多链接的数量和规模

实时链接不仅仅是 IT 应用链接，更是服务的链接。链接是产业链各方展开合作的基础和前提，也是构建产业互联网平台的首要工作。实时链接是客户与服务和产品的链接、客户与供应方双边和多方的链接、客户与供应方的单边链接，以及服务与产品的组合链接，有助于产业平台间相互打通链接形成跨界创新合作等。传统产业管道式结构是逐级单向传递的，而产业互联网是扁平式网

络结构，这种网络结构使得链接更有效率。实时链接实现从管道式链接到平台多边链接转变，是整个产业互联网的核心基石。产业互联网平台的价值，某种程度上也是由其链接点的厚度和广度决定的，链接越广、越厚，掌握的数据越多，价值潜力就越大。开放是产业互联网的必要条件，平台上终端、用户、生态参与者的数量，即潜在的链接数量，决定了产业互联网平台的发展前景。

目前大部分产业互联网平台解决的依然是 B2B 交易等局部链接优化问题，产业链打通链接的环节越多，其所能创造的价值就越大。因此运营的关键是围绕平台上的参与者，包括获得新客户、留住老客户、为客户创造价值等，通过实时链接，及时为客户给予及时反馈响应并提供服务。例如，前文中提到的泛糖科技平台从农业侧入手不断做大做多链接数量，为平台发展打下了坚实基础，孵化出了广西糖料蔗订单农业服务云平台。针对蔗农收益不高、种植积极性易受影响的问题，广西糖料蔗订单农业服务云平台打造订单合同备案、农资商城，实现广西 1193 万亩蔗地合同备案全覆盖，是农业农村部蔗糖产业预警监测的重要平台。在广西糖企改革的背景下，泛糖科技让所有农民种的甘蔗跟糖厂签一个订单合同，政府负责从中做担保，如有纠纷，由政府主导解决，由此泛糖平台掌握了原料端每年甘蔗的产量和对应的糖产量。不仅如此，平台着力构建贯穿蔗糖产业链上游的平台化生产服务体系和管理体系，实现糖料蔗生产"耕、种、管、收、运"及农资商城、金融服务的农务全链监测和高效运转，对农务生产提供精准化、精细化服务。

在广西糖料蔗订单农业服务平台上，平台链接糖业主管部门、糖厂、蔗农提供订单合同备案服务，实现了农资集约式管理，提升了蔗农的粘合性。平台已为广西 9 家糖业主管部门、83 间糖厂、72 万户蔗农提供订单合同备案服务，覆盖面积占国内糖料蔗种植面积的 55.28%。平台不仅承担广西糖料蔗订单合同备案监管任务，地方政府还通过平台开展良种补贴发放工作，初步形成产业治理数字化、网络化、现代化。在订单合同服务的基础上，泛糖链接了农民及其土地的情况（包括农户信息、种子品种、土壤详细信息），给农户提供测土配肥的农资服务，2022 年泛糖的农资板块实现了超过 8 万 t 的配肥规模，发展十分迅速。泛糖平台还通过链接来建立信用体系，将整个广西超 70 万农户和 76 家糖厂进行实时的链接，提高了交易中的履约率。

8.2.2　机制设计提高平台吸引力

为了促进更多核心参与方的交互，产业互联网平台必须能够将生产者和消费者吸引至平台，提供方便、易于交换的工具和规则促进交互完成，并利用信息有效匹配生产者和消费者，使各参与方互惠互利。因此，想要运营链接器并发挥其作用，必须能够实现吸引、促进、匹配三个关键功能。链接器首先要解决"先有鸡还是先有蛋"的问题，即链接双边乃至多边参与者，没有价值就无法链接用户，而没有用户则不会具有价值。其次要解决吸引用户后如何利用反馈回路持续保持用户兴趣、维持用户的黏性等问题。平台具有双边网络效应，要抓住有驱动力的一边，才能吸引参与的双方产生正面网络效应。

以中国东信农资云平台为例，该平台第一期建设农资交易平台，致力于打造互联网+农资体系，实现农资产品线上分析应用和线下实体经营相结合，升级传统农资业务模式，联通供需两端，实现集采集销，采用高效物流配送运输，降本增效。该平台首先通过线上集采优惠等方式将广西区域内线下万家供销社销售网点链接到线上平台，通过万家供销网点吸引大量化肥等农资产品供应商上线，形成双边网络。再以找钢网为例，成立初期，找钢网以免费撮合钢材的买卖双方为切入点进入钢材交易市场，吸引大量买方终端，成为大量订单集中的入口。随后开始有钢厂主动提出与找钢网合作，它随之开启了"撮合+自营"的模式。再以科通芯城（重度垂直的 IC 元器件电商 B2B 平台）为例，其对不同客户采取不同的吸引策略：对大型供应商，向其采购大量电子元器件，通过预售和微信社交媒体平台帮助供应商推广新产品、新科技；对蓝筹客户，提供与品牌供应商相似的价格，还能得到免费的线上线下增值服务；对中小企业客户，提供可靠、优质的产品，提供预售、销售、售后为一体的一站式解决方案。

8.2.3　利用新技术实现实时链接

通过新技术手段让更多的用户与平台建立持续（高粘度使用习惯）的供需、合作关系，是产业互联网平台的价值所在。除了采用互联网平台常用的技术手段（大数据、AI）外，产业互联网平台还借助物联网、元宇宙、区块链等新兴技术手段来解决场景用户痛点，可明显提升用户体验和用户黏性，从而带来链接数量、质量的提升。

我们将产业互联网平台基础技术分为三类。第一类是做大链接的技术，即为了增加平台用户数量所采用的相关技术手段，例如采用大数据、AI 等技术基于用户行为数据进行用户画像建模，再进行营销推广。第二类是平台稳定性相关技术，即为了平台的正常运营，满足产业平台巨大业务平稳运行所用的技术手段，例如通过云原生、智能运维等技术帮助平台实现高并发、高负载、高可用、易运维等功能特性。第三类是交易技术，交易是一个成熟完整的产业互联网平台的必备要素，特别是针对产业大宗交易场景。平台技术是产业互联网平台的基础与核心，只有功能完善且性能稳定的平台，才能支撑产业互联网做大做强，这也是产业数字化能够真正从信息化向数字化再向智能化转变的根本，要时刻保持技术先进性。

物联网技术是产业链环节的关键技术之一。产业互联网当前的业务场景更多涉及第一、第二产业相关行业，而物联网技术在解决产业链终端场景痛点以及关键数据采集、传输过程中发挥了至关重要作用。实时链接不仅包括参与者的链接，还包括物与物的链接。"竞争战略之父"美国学者迈克尔·波特认为，智能互联产品不但能重塑一个行业内部的竞争生态，更能扩展行业本身的范围。除了产品自身以外，拓展后的行业竞争边界将包含一系列相关产品，这些产品组合到一起能满足更广泛的潜在需求，单一产品功能会通过相关其他产品得到优化：例如智能农业设备连接到一起后，设备整体性能会得到提升；再比如，在农机设备领域，行业边界从拖拉机制造扩展到农业设备优化，农机设备互联，同时连接了灌溉、土壤和施肥系统，可随时获取气候、作物价格、期货价格等相关信息，从而优化农业生产整体效益。

数据缩短了迂回、低效的产业链条，促进了生产端之间、生产与消费端之间以及消费端之间的融合。数据开放和流动加速为产业链分工协同提供了必要、廉价、高效的协同工具，使得产业互联网平台上的每个参与者都能够实时链接。利用新技术可以实现企业和消费者之间更加紧密的联系，以物流行业为例，新技术的应用可以实现对货物运输、存储等各环节的实时监控和管理。通过物流企业提供的在线平台和移动应用程序，企业和消费者可以随时查看货物的运输情况和交付时间等数据，实现货物运输过程的实时监控和管理，提高了货物运输的可靠性和效率。

8.3　智能匹配

产业链各环节不同参与方之间的资源需求和供给复杂多样，智能匹配能力使平台能够快速、准确地将需求方与供应方进行精准匹配，从而实现资源的高效配置和最大化利用。

8.3.1　匹配是链接稳定的保证

只有链接没有意义，在有限链接下的精准匹配才更具意义。以单纯做大"链接"的思路做产业互联网，不可避免地会掉入追求无穷链接的陷阱，无穷链接会降低匹配的精准度，从而降低整个系统的效率。成功的链接器最核心的功能是精确匹配用户和服务，将海量用户实时、多样、个性化的需求数字化，将管道提供的产品和服务数字化，结合大数据能力，将用户与服务迅速准确对接。用户希望尽快找到所要寻找的东西，投入更少时间和精力找到想要的匹配项。匹配的效率越高，网络效应就越强，平台生长速度越快。如果匹配质量很差、缓慢，用户交互将减少，链接器将失效。产业互联网从营销端渗透到生产端，企业价值链的研发、设计、采购、生产、营销等各环节都要放到网络化平台上去实现匹配供需，最大化地打破信息不对称，提高效率，满足用户体验。

8.3.2　多种匹配模式

匹配并促进更多链接可以帮助企业更好地把握市场机会，提高经济效益。市场中包括多类匹配，如供需匹配（产品、服务）、产销匹配、物流匹配、金融匹配等。

首先是供需匹配，即将消费者需求和供应商的产品或服务进行匹配，帮助消费者更快速、更准确地找到需要的商品或服务。例如，针对中小传统制造企业与信息化企业之间的信息与资源鸿沟，忽米网致力于为两者提供匹配服务，为工业创意到产品提供全链条服务，充当传统制造企业和信息化企业的"融合剂"。忽米网认为，在工业产业互联网这个万亿级市场里，用户最大的痛点就是匹配难。忽米网能精准地解决这一问题，其与有闲置资源的大公司、生产供应商合作，通过人才共享、技术共享、服务商解决方案共享，为中小企业用户提供精准匹配的最佳产业解决方案。如果希望一个工业创意变成产品，通过忽米网，可以匹配设计、制作、营销、金融等一系列服务，让大企业扩展业务，提高资源利用效率，中小企业共享大企业资源。

其次是产销匹配，即将生产企业和销售渠道进行匹配，从而实现企业与市场之间的有效对接。产销匹配要求企业掌握市场趋势和熟悉消费者需求，根据产品特性以及竞争情况选择合适的销售渠道。企业要对销售渠道进行有效的监督和管理，通过广告、宣传、促销等方式来宣传产品优势，吸引潜在的客户。通过产销匹配，生产企业能够更好地了解市场需求和客户反馈，优化产品和服务，提高市场竞争力和盈利能力。同时，一体化的销售渠道可以帮助生产企业拓展市场，降低市场进入门槛。例如，智能家居中的小米生态链是小米科技生态系统下的一系列企业和品牌，包括家电、智能家居、健康、出行等多个领域。小米生态链中的企业通过互联网技术和信息化手段，实现了产销匹配。具体来说，小米生态链中的企业通过小米智能家居 App 等互联网平台，将自己的产品进行同步展示和销售。同时，小米科技作为整个生态系统的核心，通过数据分析和市场调研，了解市场需求和客户反馈，能够不断自身优化产品和服务。此外，小米生态链中的企业还与各大电商平台、线下零售商等合作，通过多种销售渠道，实现产品和服务的覆盖面和销售额的提升。通过智能家居设备的联动和互通，实现了产品之间的产销匹配，提高了用户体验和产品附加值。

再次是物流匹配，即将供应链中的物流环节与需求方进行匹配，实现物流资源的最优配置和物流效率的提升。物流匹配要求需求方根据自身业务特点和物流需求，制定物流计划和物流模式，选择直营物流、第三方物流、快递配送、物流配送等适合的模式。需求方和物流供应商需要协商物流服务合同、服务内容、服务价格等方面的细节，以确保物流服务的顺畅和合规，能够对物流运输过程进行监控和管理。通过物流匹配，需求方可以更好地实现物流资源的最优配置和物流效率的提升，降低物流成本；物流供应商也可以通过物流匹配，更好地利用自身物流资源，提高物流运输效率和服务质量。例如，菜鸟网络是阿里巴巴旗下的物流科技公司，利用互联网技术和信息化手段实现了物流匹配，帮助供应链中的企业优化自身的物流运输过程。具体来说，菜鸟网络首先通过物流大数据分析和人工智能技术，实现了智能物流规划和调度，提高了物流资源的利用效率和物流服务质量；其次与各大快递公司、物流公司等合作，共享物流资源和服务，实现了物流的互联互通；最后，菜鸟网络还推出了"菜鸟智慧物流"服务，为供应链中的企业提供一站式物流解决方案。通过菜鸟智慧物流，企业可以实现物流需求分析、物流供应商选择、物流服务协商、物流跟踪和管理等一系列物流匹配的流程，从而提高物流效率和降低物流成本。通过互联网技术和信息化手段，企业之间可以更好地利用物流资源，实现物流服务的协同和共享。

最后是金融匹配，即指将融资需求方和融资供应方进行匹配，以实现资金的最优配置和融资效率的提升。融资需求方需要根据自身业务特点和融资需求，制定融资计划和融资模式，融资供应商也可以通过金融匹配，更好地利用自身的资金实力，提高资金使用效率和服务质量。例如，北部湾航运交易有限公司以"船舶"服务为切入点，串联船舶交易、船管系统、船舶估值、航运保险、航运金融、供油物料、船员劳务及船货匹配服务，最终串联到整个航运生态圈。在船货匹配方面，根据平台大数据智能匹配推送船货信息，减少中间环节，快速实现船货匹配，引领行业发展趋势；在融资服务方面，实现金融机构对船舶贷前、贷中、贷后可视化授信、监管，帮助船东与货主企业融资，解决船东融资难的痛点；在供油物料方面，依托大数据智能匹配推送实时油价，面向中小船东组建船东联盟，汇集零散订单，集中需求；在航运保险方面，平台集中进行保险采购，同时利用平台大数据功能实现船舶出险后及时评估、查损，方便船东及保险机构快速理赔；在船员劳务方面，平台链接船员和船东、船员和培训学校，为船员解决求职、培训、社交等需求。

8.3.3 数据促进智能匹配

平台吸引、促进、匹配交互背后的核心是平台的匹配规则、功能设计和算法逻辑。通过分析用户行为数据、搜索记录等，实现基于用户需求的智能推荐，智能匹配产品或服务，不仅能够提高用户体验，也能够提升服务效率。良好的算法和匹配规则，能够促进不同参与者互动和资源交换。

例如，今日头条是智能推荐最早、最积极的探索者之一，创作者发布内容，通过算法匹配，推荐给对这些内容感兴趣的粉丝，两方通过推荐引擎建立起联系。越来越精准的信息匹配，能够促进他们彼此之间建立连接。今日头条通过一次又一次的阅读、分享、评论和收藏，积累了越来越多的作者与粉丝的互动数据，进一步潜移默化地影响了整个推荐系统的运行，实现更精准的推荐。其商业模式可以理解为：流量—粉丝—付费用户。创作者发布内容后，流量开始进入创作者的账号范围，技术能够帮助创作者发现潜在粉丝。若浏览用户对内容和作者的认可程度较高，用户与作者之间会产生订阅（关注）行为，进而沉淀为粉丝，再从粉丝里面剥层出对创作者有高度认同感、有付费意愿的粉丝，技术和创作者会合理将他们转化为付费用户。

生成式 AI 在智能匹配中的应用尤为突出。通过实时生成优化建议，生成式 AI 可以帮助平台动态调整匹配策略，提升供需匹配的精准度。例如，在电商领域，生成式 AI 可以通过分析用户行为数据，实时生成个性化推荐，从而提升用户转化率和留存率。以泛糖科技为例，其大宗电商交易平台通过引入 AI 推荐系统，大幅提升了交易效率。平台利用用户行为数据和交易记录，构建了多维度的用户画像，并通过生成式 AI 实时生成最优匹配方案。这种智能匹配不仅提高了交易成功率，还显著降低了用户的搜索成本。一是链接上下游和线上线下，智能匹配，促进交易。大宗电商交易平台链接糖企和采购商，提供多模式线上交易服务，建立线上线下协同、期货现货协同、渠道终端协同、国内国际协同的高效流通体系。泛糖科技大宗电商交易平台 2019 年 7 月上线后即实现月均超过 100 万吨的交易规模，服务全国 27 个省级行政区 600 多位客户，提供了丰富的泛糖产品和高效的供应链服务。二是链接中小客户，聚合需求匹配货物。传统的大宗交易平台一般就是解决厂家和一批、二批之间的关系，而泛糖做的是从厂家到最接近终端客户的贸易商交易。过去，贸易商买厂家的糖买不到，有两个原因：第一是量小，第二是配送较远，配送不方便。而泛糖通过平台把贸易商聚合起来以后，能够帮助这些贸易商进行相关的统筹安排。现在泛糖上有1000 多个客户都是小订单，小至几十吨，大的也就是几百吨的规模。解决这部分贸易商的问题，服务更多的中小客户，彻底地改变广西糖厂批量卖糖，只服务几千吨、几万吨订单的模式。三是链接和匹配促进期货联动。泛糖在 2021年和郑州的期货交易所做了系统的对接，通过平台智能匹配，基差（郑州的期货价格和泛糖平台的现货价格之间的价格差）交易平台点价方在场外平台客户端输入价格、数量，从买方决定点价到下平仓单，可短至数秒完成。这种方式成本更低，交易的速度也更快。如果要做期货，交易者就回到期货的平台上去，如果要做现货，交易者就回到泛糖的平台，这种期货联动的模式未来可能是国内糖流通的主要形式。平台与郑州商品交易所联合打造基差交易模式，成为期现结合服务实体经济的标杆，进一步推动白糖现代流通体系的转型升级。

8.4　协同互动

　　产业互联网平台通过协同互动的方式，让不同参与方之间能够高效沟通、合作和知识共享。这种协同互动的能力可以推动创新，加快决策，优化资源配置，并培育良好的生态系统。协同互动包括注册、登录、搜索、咨询、评价等基础操作，可以说是用户与平台之间建立情感纽带的关键。

8.4.1　协同交互促成价值交换

　　协同交互的水平决定了客户黏性及客户价值。智能匹配以后，产业链各方只有通过协同互动才能真正促成交易。产业互联网通过数字科技，搭建一个由不同角色组成的协同网络，实现实时互动和协同办公，并基于全产业链视角，进行资源调度和流程优化，从而提高企业内部的运作效率和外部连接效率，最终实现全产业链效率的提升。平台通过智能匹配，为供需双方提供有价值的参考信息，只有各方借助智能匹配的信息开展协同互动才能达到最终的成交环节。产业链各方协同互动包括信息、商品、服务、资金等方面，为了实现生产经营活动的协同，协同的结果是对接供需，进而降低损耗、提高效率、平衡产销、改善体验、创新价值等。

便捷工具能够促进产业各方的协同互动。与传统的管道商业不同，平台链接器不控制价值创造，而是设定一些价值可以被创造和交换的机制，并制定原则来管理交互过程。链接器要提供工具以便生产者更方便地创造和交换商品和服务，并且减少使用障碍。以科通芯城为例，其利用数据库和云计算平台构建企业级微信应用——科通云助手，客户可以与科通芯城内多种业务角色（销售、财务、物流、客服等）实现多对多企业级协同。客户无须每次输入密码登录网站，只须关注科通云助手微信账号，就可以随时随地注册、询价、报价、下订单、查订单和查库存等，方便高效。科通云助手成为促进平台核心交互的重要机制和手段。银泰商业集团单个商场有 2 万~3 万个 IoT 设备，目的是提高商场的内容生产效率，2018 年以后，银泰做大促，涉及怎么要货和补货，涉及整个传统百货商场供应链的提效，需要从银泰扩展到供应商，再扩展到专柜品牌。品牌的专柜导购员、背后的品牌供应商以及商场的运营方，这三方要有三个组织之间的协同。银泰在 2018 年完成 100%上云以后，重点投入供应链的升级，本质上就是在做产业链企业之间的信息化协同升级的改造。因为有了这些改造，2022 年，即便受到疫情影响，"双十一"期间银泰在杭州的业绩增长仍保持在15%以上。也是因为数字化供应链、数字化线上渠道，以及产业链的协同，银泰帮 25 个品牌实现了万款爆品的销售，其中有 3 个品牌在"双十一"当天过亿。

8.4.2 互动激活平台"引力场"

参与方的协同互动，能够进一步提升产业互联网平台的业务便捷，激发平台的生命力。在降低交易成本、实现规模经济和共享公共资源等方面，协同效应越好的产业互联网平台，未来发展潜力则越大。从与客户的协同互动中发现新的需求场景，逐步扩大平台服务能力，其本质是遵循了基于客户协同的场景逻辑。例如：小米生态链上的项目，共享了其用户资源、供应链平台、品牌势能、渠道资源等，发挥了较为典型的协同效应；滴滴出行从最开始的出租车共享平台，围绕客户的协同互动，逐渐进入了拼车、代驾、巴士等领域；河狸家从最早的美甲，逐渐进入到美容、手足护理、化妆等领域。再比如，纷享销客是一家企业级服务公司，最早做移动销售管理系统，4 年时间积累了 11 万企业级用户。2015 年纷享销客宣布开放平台战略，开放 ISV 接口，联合合作伙伴更深度地服务企业用户，构建企业级应用的生态平台。纷享销客通过开放平台与客户协同互动，从单一的 CRM 场景延展到了整个企业级服务场景。

8.5　数据汇聚

在产业互联网中，参与方之间的协调互动是不可或缺的。参与方进行协调互动后，会产生大量的用户数据，既包括供给侧数据，也包括需求侧数据。这些数据包含了供需双方的信息，比如产品或服务的种类、数量、价格以及购买者或供应商的属性等。将这些数据汇聚起来加以利用并形成更有价值的数据资产，是产业互联网发挥最大协同效应的前提。只有在数据汇聚的基础上，才能够进行数据分析和利用。当这些数据汇聚起来并得到利用时，它们就变成了有价值的数据资产。这些数据资产可以被用于优化产业链上的各个环节，比如在生产环节中，生产企业可以根据需求方的数据调整生产计划和产品种类，提高生产效率；在物流环节中，物流企业可以通过需求方和供应方的数据，优化物流路径和运输方式，提高物流效率；在销售环节中，销售企业可以通过对供需双方的数据资产进行分析，提高销售额和客户满意度。

8.5.1　产业大数据价值实现原则

数据本身不会产生价值，数据流能够变成价值流的核心是通过数据的自动采集、深度挖掘、计算分析，与数据信息与商业模式进行深度融合应用。首先，数据必须通过自动化的采集方式进行收集，这包括从各种数据源、传感器、设备等获取数据，并将其整合成可用的格式。其次，需要对数据进行深度挖掘和分析，以发现数据中的潜在价值和关联性。再次，需要将计算和分析的结果形成有价值的数据信息，延伸出能够创造商业价值的商业模式。最后，要将数据信息和商业模式进行深度融合应用，从而将数据流转化为有价值的价值流，将数据信息用于开发产品、优化服务流程、提高客户体验等，创造更多的商业价值。

产业大数据应用将成为产业互联网平台的核心能力。产业大数据是实现产业链供需精准匹配、运营效率优化以及信用风险管理的关键，是产业互联网平台不断提升发展的重要支撑。通过产业大数据的采集、积累和应用规划，结合产业场景实现产业大数据的自动集结，并应用基于大数据汇聚的人工智能算法，能够实现对未知领域的认知和创新的大幅拓展，进而为产业链上的各方主体更好地赋能并提供共享服务，提升平台黏性以及对整个生态圈的掌控力。

产业大数据价值实现有五个原则。

1）**数据实现闭环运营才有价值，静态数据价值微小**。数据需要在业务运营中不断产生、应用、优化，才能产生更多的价值。如果数据只是被收集和存储，而没有被应用到实际的业务流程中，那么数据的价值会比较微小。

2）**多方数据实现链接，运营才有价值，单方数据价值微小**。如果只有单一来源的数据，那么数据的应用场景和范围会比较有限。多方数据的链接和整合，可以形成更为全面、准确的数据网络，从而拓展数据的应用价值。

3）**单方数据源头生产者的所有权确权、多方数据闭环运营的价值确价、价值分享契约的迭代，是产业级大数据的三大发展重点**。在产业大数据的应用中，数据源头的生产者需要对其数据的所有权进行确权，才能保证数据的合法性和可信度。同时，在多方数据闭环运营的过程中，需要对数据的价值进行确价和评估，以便更好地进行价值分配和分享。最后，针对数据的使用和价值分配，需要进行不断的契约迭代和更新。

4）**产业大数据共同体，是发展趋势**。产业大数据需要在多方参与的基础上形成共同体，以便更好地实现数据的共享、交换和应用。这个共同体可以由不同的企业、机构、个人等多种主体组成，通过共同的数据标准和技术手段，实现数据的互通和流动。

5）**产业级数据中心（IDC）是产业大数据的存储主体，产业互联网平台是产业大数据的运营价值挖掘、价值实现与价值分配的主体**。产业大数据需要有专门的存储和处理平台，产业级数据中心可以为数据提供安全、可靠的存储和管理。因此要确保产业大数据的价值，平台在构建产业互联网初期就要充分考虑大数据采集、积累和应用的规划。产业互联网时代的数据中台建设过程主要由掌握大量核心数据的行业参与者完成，数据来源既包括需求端的消费流量与场景流量，也包括各传统产业积累的项目数据与管理经验。数据中台的主导建设方一般为具备构建企业数字化系统生态能力的信息技术提供商与服务集成商。数据中台对内要求产业链上下游各个环节充分打通产品、业务、渠道等核心数据，并将质控流程与管理规则充分数据化后进行注入，构成一体化的数据采集沉淀及分析预测服务系统；对外要求有足够的执行力与组织能力，对前端应用变化作出快速响应，输出更高的商业价值。

产业互联网致力于构建线上线下全业务互联机制，相比于纯线上业务，数据体量更大、管理成本更高。当前各行业亟须统一各类数据产品标准与接口协议，将生产中的业务规则和流程形成标准数据体系，减少数据流通管理成本并提升协作效率。

8.5.2　海量数据驱动数智化发展

产业链各方在协同互动过程产生了大量数据，数据来自产业中真实的交易和互动，包括产业链各方的生产、销售、服务、供需等数据。通过数据汇聚和分析运用实现数据智能，包括供应链数据、互动数据、交易数据、物流数据、金融数据以及产业链产品流转数据等。产业大数据积累，能够提升产业智能化分析预测、供需精准匹配和风控预警能力，满足用户个性化需求，随着在线交易和履约情况的数据积累，逐步形成产业信用体系，为供应链金融风控和交易规范提供保障。同时，产业链运作的产品、技术、质量等标准融入平台，推动产业标准化和规范化提升。以产业大数据汇聚为基础，可以预测市场需求变化、预测价格行情，以便提供更有针对性、更有价值的服务。

　　AI 在数据治理中的作用尤为关键。通过自动化数据清洗和标注，AI 能够显著提升数据治理的效率和质量。例如，中国东信的征信云平台通过引入 AI 技术，实现了数据的自动化处理和分析，从而为金融机构提供了更精准的信用评估服务。以希音（SHEIN）为例，其强大的柔性供应链管理体系正是通过 AI 驱动的数据分析实现的。通过实时分析终端数据反馈，AI 可以帮助企业快速识别市场需求变化，并生成最优的生产计划。这种数据驱动的智能化管理不仅提升了供应链效率，还显著降低了库存风险。

　　平台数据汇聚的关键在于通过信息化手段把系统打通，汇聚产业数据，产生数据洞察，在数据的基础上实现智能化，促进整个行业协同。一个典型的案例是中国东信打造的征信云平台。近年来，国家相关部委围绕增量扩面、减费让利、提质增效三个维度强化政策供给，大力提倡增加小微信贷供给、降低企业融资成本、提升机构服务能力、扶持普惠金融创新。一方面，中小微企业（尤其是小微企业和个体经营户）仍深陷生存危机考验，信息匮乏和抵押物不足导致的融资难、融资贵的困境迟迟无法改善；另一方面，金融机构深陷小微金融"不可能三角"，金融产品同质化程度过高、服务面较小、风控难、灵活性低与日益增加的资金需求形成巨大沟壑。随着互联网金融、消费金融等新型金融业务的快速发展，各类金融机构的数量和种类不断增加，金融信贷规模的增长和多方政策的引导，加之大数据、云计算等新兴技术的日益成熟，使得金融机构由传统金融向金融科技服务转型成为必然，金融市场对征信行业的需求也越来越大。中国东信控股子公司广西联合征信有限公司践行"1+3+3"战略，搭建了一个核心能力平台——征信云平台，聚焦数字金融、数字供应链和数字监管三类数字化场景，构建信用报告、精准营销和智能风控三大核心产品能力，首创"数字场景+技术要素+金融应用"数字金融信用科技创新模式，打造数字金融信用工具箱。截至 2023 年 12 月，广西联合征信已累计为 72 家金融机构提供超 2795 万份企业信用报告，服务的小微企业客户超 460 万家，小微融资规模超 2300 亿元。征信云平台通过数据驱动，主要提供以下三大服务，赋能企业发展。①征信云-信用报告：基于行业场景的深耕和全产业链数据的沉淀，为金融机构提供宏观行业趋势分析和客群画像分析，助力信贷策略制定，提供客户深度多维度分析报告，辅助信贷风险评估。目前征信云平台通过汇聚发票、商户、建筑、电力、航运船舶等各类企业数据资源，开发上线企业发票信用报告、烟草商户信用报告、建筑企业信用报告、企业电力信用报告、航运船舶信用报告等产品，与工商银行、建设银行、网商银行等金融机构联合上线了"发票贷""烟商贷""航运贷""建筑劳务贷""电力贷"等线上小微信贷产品，共同服务广大小微企业客户。②征信云-精准营销：基于多维度数据源，对企业数据深度挖掘和行业纵向对比分析，建立多维度企业用户信用标签画像体系，结合金融应用场景目标客户需求体系，优化金融机构的营销获客模式，帮助金融机构快速实现精准拓客，降低金融机构展业成本。征信云平台打造的 360 度企业全息画像、产业集群图谱及企业动态标签、供应链场景白名单、产业链白名单等产品，目前已为工商银行、民生银行、宁波银行等多家金融机构提供客群特征分析、存客挖潜及增量拓新的精细化数字营销服务。③征信云-智能风控：利用大数据、人工智能技术和科学决策方法，通过自动化预测、评级、决策等方式，替代风控中的人工操作，优化营销、风控、定价、放款和贷后管理等环节，提高决策精度和效率，最终提高风控能力。征信云平台可为各类金融机构提供数据风控建模能力及服务，并打造 SaaS 化风险预警平台，帮助金融机构快速建立本地化、自定义风控模型及动态化风险监控体系，实现业务风险的高效预警和精准识别。

希音（SHEIN）是一家跨境时尚产品产业互联网企业，其强大的柔性供应链管理体系正是支撑其小单快返 C2M 模式的基础。国内小作坊成为柔性供应链，实现精准排期及快速生产，最短仅需 7 天，帮助希音打造新的核心竞争力；生产小批量产品进行市场测试，再通过终端数据反馈，对爆款进行快速反单，以实现销售及利润的最大化并减少库存风险。该模式对企业供应链管理能力、信息化能力，以及对全产业链的把控力均有较高要求，而这些恰好是希音的优势所在。在整个供应链管理过程中，数据一直提供着有力支撑。通过数据可以有效洞察需求，制订合理的生产计划。在款式设计方面，希音借助 GoogleTrends-Finder 发现不同国家的热词搜索量及上升趋势，如什么颜色、面料、款式会火；利用数据进行用户偏好的精准分析，并把这些偏好细分到具体的尺寸、材质和功能，以便于生产更有利于品牌全渠道销售的产品；此外，还可以通过数据分析达到减少物流仓储压力、提升供应商周转率的目的。

8.6 产业赋能

产业互联网平台通过数字化技术和数据驱动的方法，为不同行业的参与者提供强大的工具和资源，从而实现产业赋能。这种赋能可以帮助企业实现业务转型，提高生产效率，创造更好的用户体验，并激发创新和增长的潜力。

8.6.1 技术及模式创新赋能产业

超级链接器平台实现产业赋能的核心策略是提供在产业中稀缺且具有竞争力的核心能力或核心应用，并为产业构建技术服务平台，实现对实体产业的技术赋能。具体来说，超级链接器通过引进技术研发方，与产业参与者共同进行技术研发，共享资金、品牌、技术、渠道以及核心应用等资源，以确保技术研发的成功和效果。另一方面，超级链接器平台通过多种手段来降低产业链上的技术门槛，最后可以实现技术普惠的服务，赋能整个产业的发展。例如，通过引进技术研发方，为产业链上的参与者提供技术支持和培训，帮助他们掌握新技术和工具，可以提高整个产业链的技术水平。平台也可以为参与者提供技术咨询、技术支持、技术培训等，帮助参与者解决技术难题。不仅如此，平台还为产业链上的参与者提供资源共享、资金支持等方面的支持，降低参与者在技术研发和应用方面的成本，从而为产业链各参与主体提供了更加平等和便捷的技术赋能服务。

AI 在技术普惠中的应用尤为显著。通过低代码平台和预训练模型，AI 能够显著降低技术门槛，让中小企业也能快速利用 AI 技术实现业务转型。例如，中国东信的产业操作系统通过提供 AI 开发工具帮助中小企业快速构建智能化应用，从而提升整体产业的技术水平。以糖业为例，泛糖科技通过引入 AI 技术，为农户提供科学种植指导。通过分析土壤数据和气候条件，AI 可以生成最优的种植方案，帮助农户提高产量并降低成本。这种技术赋能不仅提升了产业效率，还推动了农业的可持续发展。

以糖业种植为例，过去依靠农民散户的经验种植，不规范种植比较多，效果打了折扣，广西甘蔗亩产大概小于 5t，而按照泛糖科技的模式亩产可达 12~13t，增产的空间很大。泛糖科技与科技厅合作，做好数字乡村课题，利用数据和要素模型帮助农户实现科学种植，提供种植大户的托管服务。在科学种植的指导下，预计未来将给甘蔗农业生产降 5% 的成本，整体糖成本大概会降 200 多元，预计增产 20% 左右。以前甘蔗进厂，由多名工人进行质量检测，检测的质量水平不一；目前通过 AI 质检赋能，甘蔗车辆一进厂，很多摄像头就会自动打开，在后台自动计算甘蔗是什么品种、有多少杂质。泛糖平台的 AI 质检大大提升了甘蔗进厂效率，每辆车通行速度加快 2.5min，每辆车通行时间由原来的 3min 缩短到了 30s，减少人工经办，每厂每年可节约人工成本约 9.8 万元，每 100 万 t 甘蔗可减少差错损失 9.8 万元。该系统大大提高了进场效率，降低了识别差错损失、扣杂误差损失，以及人工成本、制糖设备损耗等，泛糖科技据此建立了更具公信力的糖料蔗检测标准体系，能够为整个糖业提供基础的技术服务。

8.6.2　为产业伙伴插上"跃迁之翼"

产业互联网平台能够为产业链各方的研究、设计、生产、经营、服务、管理等赋能，进一步发展更多增值服务，形成交易、结算、金融、物流、技术、人才等多类服务产品，助力产业链上下游资源整合，最后形成参与方之间的优势互补和资源协调共享。例如，平台通过提供供应链服务，从采购、设备共享、仓储物流配送、服务端客户体验到全过程质量追溯管理，能够为整个产业参与方提供专业化的服务，提高产业链的生产效率。中国东信糖业仓储物流服务平台能够接入外部仓储物流公司系统数据，实现企业与贸易商的物流信息共享，促进货主、物流公司和仓库之间的在线撮合与交易。平台链接糖企、贸易商和仓储企业、物流企业，通过白糖在途在库全流程跟踪，打造产品标识化、运力在线化、物流可视化的全流程线上服务体系，提高食糖现货储运效率。截至 2022 年底，泛糖科技认证仓库达到 103 个，合作物流服务商 17 家。广西糖业集团旗下糖厂完成储运销一体化平台试点部署，实现食糖封装、码垛的机械化，推动包装、仓库、销售数字化，实时联动食糖在库管理和按批次销售，开启了数字化仓单向金融科技的探索。泛糖平台通过对物流业务的上下游打通和各环节时点数据的有效采集，能够实时了解业务运作动态，最终，泛糖网络货运物流运输业务累计承运 102.55 万 t。其中，日常物流运输业务累计 32.21 万 t，2020/2021 榨季，桔水运输量达 2.94 万 t，转运白糖累计 67.4 万 t，进驻 68 家物流供应商 500 多名司机。同时，2022 年业务已打下坚实良好基础，榨季运输已签约广糖、东糖、凤糖、湘桂四家集团，预计转运量合计超过 100 万 t。集团与糖厂实现库销联动。仓储销售一体化实时汇总数据，形成智能化看板、报表，协作效率提升 30%。

8.6.3　商贸通：助力跨境贸易效率提升

1. 传统贸易行业痛点

中国东信打造商贸通的目的在于切实解决跨境贸易的堵点、难点。在世界百年大变局与世纪疫情大流行交织、数字经济技术将引领新一轮产业发展大变革的时代背景下，传统外贸行业面临着巨大的挑战。传统外贸行业链条较长，市场参与角色较多，上游主要有各类制造商，中游包括贸易商、采购商、分销商、零售商、支付企业、物流企业以及其他服务企业等，下游主要包括客户企业和消费者个人，信息不对称现象十分严重。对于企业所在地广西来说，从产业层面上看，虽然各类政策扶持力度大，但其临港沿边特色优势外贸产业仍存在产业集聚规模小、要素分割条块化、产业结构不合理等明显短板；从监管层面来说，广西本地聚集的国内国际市场参与者多但高度分散，以小微企业、个人居多，往往被外地大客商控制国际国内商流，区域通道经济特征显著，导致政府主管部门的政策落实、监管治理和服务支撑难度大；从企业层面来说，报关流程复杂烦琐，类型齐全兼具特殊性的跨境贸易业务导致税务稽查、跨境结付汇等效率低，还要承担虚报瞒报伪报和汇率波动风险。传统外贸行业的难点、痛点和堵点以及数字化转型整体思路如图 8-4 所示。

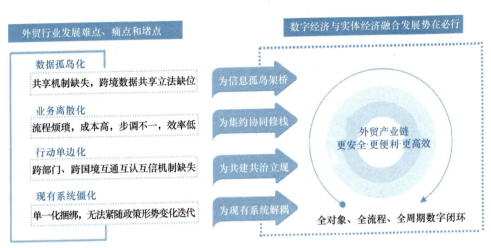

图 8-4　外贸行业数字化转型

近年来，广西外贸企业、制造出海企业、进口落地加工企业虽然发展迅猛，推动传统外贸产业升级，但在国内政策和国际形势大环境下，双边通关政策波动、跨境物流成本上涨、市场订单不稳定和国内国际市场营销效果差等负面因素对传统外贸产业影响颇大，亟须依托数字贸易平台新基建、融合数字经济新模式、引入数字科技新技术，围绕数字化服务支撑实体外贸经济转型升级，以广西作为中国—东盟跨境贸易门户枢纽，打造国内国际双循环经营便利地新标杆，具体赋能思路如图 8-5 所示。

图 8-5　商贸通平台数字化赋能思路

2. "商贸通"建设情况及成果

2018 年，中国东信承建了由国家发改委补助的国家级数字经济平台——中国—东盟"商贸通"数字贸易平台。该平台以建设"一带一路"贸易畅通的核心枢纽为目标，打造中国（广西）国际贸易"单一窗口""智慧口岸""互贸通"三大业务板块，涵盖需求发布、汇总、竞价、合同、物流、通关、结算、金融等功能，为广西"海陆空铁水"口岸、进出口贸易企业、物流企业、制造企业以及"一带一路"沿线国家打造集"关、检、税、汇、商、物、融"为一体的外贸数字综合服务，平台架构如图 8-6 所示。其中，中国（广西）国际贸易"单一窗口"自上线以来服务全自治区一般贸易、跨境电商、市场采购、边民互市等广西特色优势业务，累计申报 20 534.6 万票，全自治区"海陆空铁水"各类进出境运输累计完成 185 084 批次，2023 年全年服务支撑广西进出口贸易规模达 6 900 亿元。

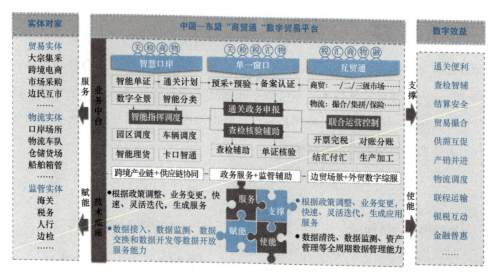

图 8-6 商贸通平台系统架构

中国—东盟"商贸通"跨境数字贸易平台通过数字技术从"关、检、税、汇、商、物、融"七个环节有效服务、支撑和打通监管服务全场景、全链条、全要素的痛点、难点和堵点。目前打造中国（广西）国际贸易"单一窗口""智慧口岸""互贸通"三大业务板块，实现生产加工、交易结汇、跨境运输、通关查检、流通交收、物流仓储、售后服务、金融服务等跨境产业链贸易链供应链高效协同互动。

（1）智慧口岸智能指挥调度平台

智慧口岸智能指挥调度平台依托中国（广西）国际贸易"单一窗口"，以优化口岸服务、提升口岸效能为导向，充分利用大数据、云计算、人工智能、区块链、智能设备、第五代移动通信（5G）等先进技术，充分发挥中国（广西）国际贸易"单一窗口"的业务协同和数据协同能力，推进口岸基础服务智能化升级，推动各部门、各地方信息互联互通，同时深化与境外"单一窗口"合作，促进双边数据互通互认，推进"一地两检"通关模式创新，全面推动构建智慧口岸"一站式服务""一体化通关"服务体系，实现智慧口岸"双24小时"目标，包括："24小时通关"，创新中越边境口岸通关模式改革，配套应用智能化、自动化、无人化技术，在广西中越边境公路口岸实现进出境货物24小时无间断通关；"24小时运抵"，以双边口岸为纽带，打造原材料、中间产品跨境产业链供应链大循环，实现广西南宁与越南河内（北江/北宁）周边工业园区进出境货物"厂对厂、区对区、园对园"24小时内运抵。智慧口岸智能指挥调度平台架构如图8-7所示。

（2）中国（广西）国际贸易"单一窗口"

参与国际贸易活动的交易、物流、场所相关主体对象，通过中国（广西）国际贸易"单一窗口"，向各相关政府机构、第三方服务机构等，提交货物进出口或转运所需要的单证或电子数据。中国（广西）国际贸易"单一窗口"是由自治区政府批文，口岸联席单位共建，中国东信全资成立，广西电子口岸公司负责建设的地方国际贸易单一窗口平台，具体平台架构如图8-8所示。

2019年建设"单一窗口"国际合作平台，与新加坡劲升逻辑和重庆、广东国际贸易单一窗口开展了数据对接与业务协同，并逐步扩大到西部陆海新通道沿线"13+2"省区市单一窗口数据共享和业务协同，该平台为货主、货代、物流企业等提供25个国家的"一单两报"服务，实现贸易物流数据互通共享，跨境货物真正实现"一键申报、无纸通关"，大幅提升了通关效率，通关申报数据由一天缩短到一小时以内。

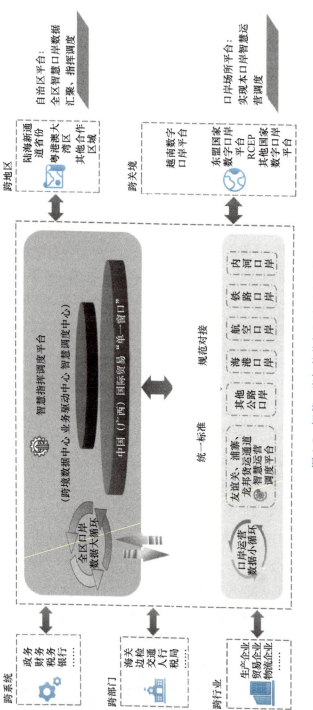

图 8-7　智慧口岸智能指挥调度平台架构

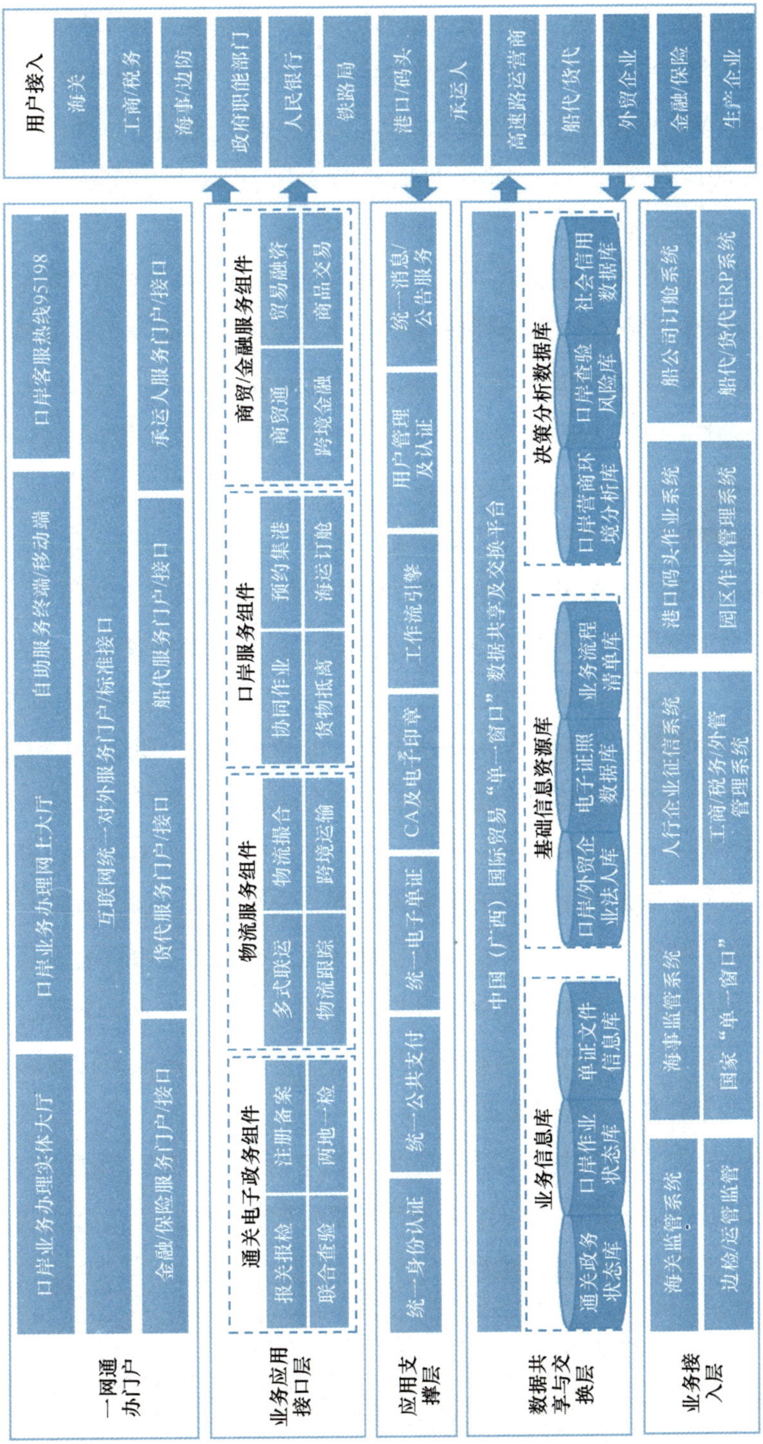

用户接入： 海关　工商税务　海事/边防　政府职能部门　人民银行　铁路局　港口码头　承运人　高速路运营商　船代货代　外贸企业　金融保险　生产企业

一网通办门户
- 口岸业务办理实体大厅
- 口岸业务办理网上大厅
- 自助服务终端/移动端
- 口岸客服热线95198
- 金融保险服务门户接口
- 互联网统一对外服务门户标准接口
- 货代服务门户接口
- 船代服务门户接口
- 承运人服务门户接口

业务应用接口层
- 通关电子政务组件：报关报检、注册备案、联合查验、两地一检
- 物流服务组件：多式联运、物流跟踪、集合揽收、跨境运输
- 口岸服务组件：协同作业、货物抵离、预约集港、海运订舱
- 商贸/金融服务组件：商贸通、跨境金融、贸易融资、商品交易

应用支撑层
- 统一身份认证
- 统一公共支付
- 统一电子单证
- CA及电子印章
- 工作流引擎
- 用户管理及认证
- 统一消息公告服务

数据共享与交换层
中国（广西）国际贸易"单一窗口"数据共享及交换平台
- 业务信息库：通关政务状态库、口岸作业状态库、单证文件信息库
- 基础信息资源库：口岸外留企业法人库、电子证照数据库、业务流程清单库
- 决策分析数据库：口岸营商环境分析库、口岸查验风险库、社会信用数据库

业务接入层
- 海关监管系统
- 海事监管系统
- 边检运输监管
- 国家"单一窗口"
- 人行企业征信系统
- 工商税务外管管理系统
- 港口码头作业系统
- 园区作业管理系统
- 船公司订舱系统
- 船代货代ERP系统

图8-8　中国（广西）国际贸易"单一窗口"架构

2021 年完成"智慧湾"海港通关便利化建设，解决北部湾港集装箱进出口全流程的痛点和堵点，优化提升通关流程与通关效率，为企业带来减人工环节、减单证数量、减作业时间和降企业成本的"三减一降"效果。钦州港进口整体通关时间从 2017 年的 253h 压缩至 2021 年的 23h，2021 年为企业节约成本约 1164 万元。

截至 2023 年 12 月，完成单一窗口 2.0 版向公路、铁路和空港等类型口岸覆盖，截至 2024 年 2 月底，广西跨境电商公服平台完成 20 406.2 万票业务，合计 126.52 亿元；凭祥市场采购监管平台累计完成 10 765 票业务，合计 76.849 亿元；互市单一窗口截至 2024 年 2 月完成 125 506 个边民备案，累计申报 415 319 票，申报金额达 466.248 亿元。

（3）"互贸通"的"一平台，三市场"模式

中国东信依托广西边民互市单一窗口公共平台，建设服务广西互市一、二、三级市场平台，也称"互贸通"，持续推进边民互市贸易创新改革。一是向全区开放一、二、三级市场 SaaS 应用服务，实现"三市场"交易结算、通关物流、完税开票、财税代理、金融征信等全线上化、电子化服务，厘清"三市场"法律关系，全面助力互市贸易阳光化、规范化和合法化；二是向已建或在建"三市场"试点系统平台开放标准接口服务，全面加快全区试点复制推广进程和常态化运作；三是为政府职能部门和监管部门提供交易核验、通关查辅、税务稽核等赋能支撑，提供"三市场"交易真实性佐证，确保在互市贸易商品国内流通合法合规的前提下，破解边民供需和资金渠道贫乏、无法主导交易、获利有限的难题，帮助地方政府全面有效解决互市贸易管理、进口商品税源流失等关键问题。平台架构和主要服务如图 8-9 所示。

2023 年 11 月，"互贸通"平台开始在广西靖西试点，截至 2024 年 2 月底，累计发展边民注册总人数 1429 人，二级市场累计交易总额 1661 万元，边民增收近 4.9 万元，村集体增收 2.5 万元。

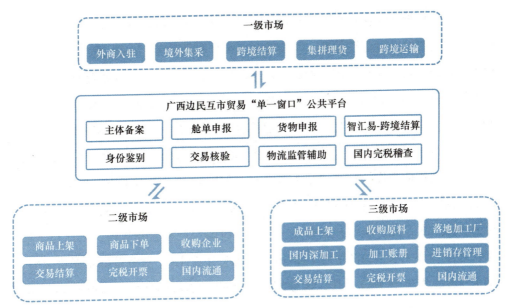

图 8-9 "互贸通"平台系统架构

8.7 价值共创

超级链接器能够通过信息整合与共享、资源协同利用和业务协同创新等方式，实现产业链上的价值共创和协同发展，进而推动整个产业的发展。具体来说，超级链接器可以整合各个产业链上的信息资源，为参与者提供一站式的信息服务，并通过数据分析和挖掘提供更精准的信息支持，这有助于产业链中的参与者进行深度互动。另外，超级链接器能通过产业赋能促进各个参与者之间的业务合作和创新，为参与者提供更精准的市场需求和业务模式支持，并促进参与者之间的交流与协作，最终实现价值共同创新和协同发展。产业互联网中的价值是从整个产业挖掘出来的共享价值加上共生价值的和乘以共创指数后得到的价值，即：产业互联网价值＝（共享价值+共生价值）*共创指数。其中，共享价值体现在产业链上的企业将资源、服务等向全行业开放使用；共生价值指通过建立统一的产业链标准，为市场提供高质量、优体验的服务内容；共创指数指产业链通过产业互联网实现产业产值的指数级增长。

中国东信糖业产业互联网平台-物资采购系统。糖业流通环节多，交易渠道较少。面向终端的供应链服务，如前置仓、资金、运输等，是糖企的普遍短板。泛糖科技搭建物资采购系统，通过 SaaS 服务物资采购平台链接糖业全产业链、价值链、供应链，以及产业和 IT 基础服务商，建立行业解决方案应用商店。2021 年，标的金额达 1.1 亿元，同比增长 580%，为客户实现降低采购成本 2818 万元，综合成本降低 25%。系统共计入驻 356 家供应商，经筛选建立了由 141 家组成的优质供应商库。新增"京采云自采商城"功能，丰富了糖厂采购渠道和品类。2021 年，副产品销售 32.88 万 t，销售总金额 3.45 亿元，同比增长 21%，收入 3660.18 万元。新增东亚糖业、中粮（唐山）两家合作集团，累计与 7 家集团建立合作关系，总溢价约 1848 万元，溢价比 5.4%，业务范围拓展至云南、河北等地。其车辆调度系统，能够实现可视化车辆数据展示。2020/2021 榨季前，平台已承接超过 2000 台运蔗车辆上线，实现全方位监控；平台可同时容纳 100 万台车辆在线，并实时显示轨迹、经纬点。泛糖科技平台不仅能够实现共创价值，还能够创造出产业中的共生价值：泛糖电商交易平台。

平台链接糖企和采购商，提供多模式线上交易服务，建立线上线下协同、期货现货协同、渠道终端协同、国内国际协同的高效流通体系。2019 年 7 月上线后首月交收额突破 1 亿元，截至 2024 年 3 月末，平台累计完成白砂糖单边交收量超 1153 万 t，服务全国 27 个省级行政区 600 多位客户，提供了丰富的泛糖产品和高效的供应链服务。提供挂牌等多交易模式服务，提高了流通效率；2021 年发布广西桔水成交价格指数，成为广西桔水交易的重要参考依据，2020 年、2023 年，副产品销售平台累计成交量为 93.67 万吨。

阿里巴巴的企业级智能移动办公平台——钉钉。钉钉 7.0 提出了产业互联、大协同链时代，说明大型企业推进数字化的目标有两个：一是提质、降本和增效；二是打造敏捷组织，激发内部个体的创新力，打通全链路的业务数字化，以应对内外环境的不确定性。由于行业 Know-How 的复杂性，钉钉需要依赖生态，与生态共同推进企业数字化转型。但生态企业本身也要求生存、谋发展，也有对行业和市场的认知。怎么让市场生态放心，安心做好业务数字化？钉钉选择了 PaaS 化定位，也就是选择了边界，做好基础协同办公平台，做好应用开放能力建设，将这些能力开放给生态，例如 IM 音视频、文档等。如果企业自己搭建基础能力，就会相当费时、费力，且难以盈利，服务的过程也容易出现很多不稳定状况。而平台企业做基础服务，就能通过大规模用户群和企业的使用，解决稳定性和安全性问题，在此基础上让生态为大客户提供业务数字化的深度服务。企业的大规模应用，意味着会出现大量的商机和需求。钉钉选择了共享商机，让大家在钉钉平台上共同服务好客户。以此形成了钉钉平台能力锻炼、合作伙伴业务增长，以及企业客户获得更好的服务的三赢局面。

钉钉平台通过开放商机，为生态伙伴提供了合作机会，这让平台与生态伙伴之间的互动更加灵活，促进了合作伙伴的创新和发展。另外，钉钉平台开放自身的能力，方便产品的集成与被集成，这使得生态伙伴可以更加便捷地将自己的产品或服务集成到钉钉平台上，也使得钉钉平台可以更加快速地整合生态伙伴的资源和能力。最后，钉钉平台能够共享客户资源，加强与生态伙伴之间的协作，这使得平台与生态伙伴之间的合作更加紧密，实现与生态伙伴的共赢与价值共创。

后记 创新驱动：产业互联网进化之路

回顾《超级链接器：以数字化、网络化、智能化赋能产业成长》全书，我们深入探索了充满活力和潜力的产业互联网，产业互联网为各行各业带来了深远的变革。

当前产业互联网主要解决产业链低效且不稳定的问题，致力于提升交易级供应链管理效率，实现有效交易和效率提升，本质是对存量价值的优化。虽然大量模式创新和技术创新颠覆了很多行业的流程和运行方式，但从更宏观的层面来看，当前产业互联网仍是"套利型"的获利模式，依旧处于优化存量价值的初级阶段。套利也叫价差交易，是投资术语，指利用两个不同地域或两个不同时间等条件下同一产品的价差来获取利润的方式。

譬如一个总量为100亿元的传统线下市场，销售渠道有超市、分销商、二级代理、三级代理、小贩等，由于需求传导效率低、信息不对称现象严重，最终能实现80亿元销售额度，有20亿元的产品没有实现供需对接，导致了滞销。建立产业互联网平台后，简化了市场结构，取消了中间环节，避免了需求传导慢、信息不对称的问题，不仅能解决20亿元产品滞销问题，甚至还能通过提高效率使生产厂家产能提高，将整体市场扩大到120亿元。产业互联网平台本身的获利，实际只是挤占了原本多种销售渠道的利润总和。

无论是B2B电商，还是将物流、金融、交通等服务线上化的平台，主要都是通过供应链的完全对接和数据的集成，改善需求传导和信息共享，改变分配机制；并通过工业互联网更高效地管理设备、人员，更紧密地与市场对接，从而实现更精准的生产计划，避免产能和产品的浪费。总体来看，是利用互联网提升供需匹配效率，提高库存和资金周转率，提高生产制造开机率，实现供应商、商品、履约等管理可视可控等。虽然很多平台已经取得了巨大的成功，其产业价值创造主要还是靠资源配置、作业协同和效率提升，没有创造增量市场。

我们相信，超级链接器未来将逐步演化为创造增量价值的高阶产业互联网，其本质是解决产业整体成长性问题，实现能力创新和生态创新，创造增量价值：

通过数字化的供应链管理和运营，以全要素生产力的提升为目标，提高产业链上下游的成长性与规模。产业整体形成强壮的数字化生态竞争力，相应地支持客户产品与服务创新，刺激扩大需求，降低产业整体能耗和环境影响，实现可持续发展，以及劳动力、土地、科技、数据和金融资源的数字化配置，提升全要素生产力。

产业价值创造从资源配置、作业协同向价值创新转移，价值创新成为关键所在，这与之前的套利型产业互联网有着明显区别。它不再仅仅依赖于现有市场中的资源重新分配，而是通过创造新产品、创造增量市场甚至创造新行业来推动产业和经济进一步发展。通过挖掘数据和链接的潜力，洞察消费者的新需求，并将这些需求传递到生产端进行创新。通过数据分析、人工智能和智能制造技术等手段，创新型产业互联网可以实现个性化、智能化和具备智能连接能力的产品开发。这些新产品不仅满足了消费者的需求，还打破了传统行业的边界，为产业带来全新的增长点。另一方面，通过提高生产效率和生产力，产业互联网还能够催生技术革新和商业模式创新，从而创造新的市场空间和行业。

举例来说，在农业领域，通过利用传感器、物联网和数据分析等技术，农业产业互联网可以实现精准农业管理，监测土壤湿度、温度和养分含量等数据，以优化灌溉和施肥过程，提高农作物生长效率，结合溯源系统和电商平台，可以追踪农产品的生产和流通信息，增加产品的可信度和价值。在制造业领域，借助产业互联网的数字化技术和数据分析，制造企业可以更加精确地了解市场需求，并根据消费者的反馈和趋势进行产品创新。供应商则能够与企业紧密合作，提供定制化的解决方案来满足特定行业的需求。这种双向创新过程将推动产业互联网向更加创新和可持续的方向迈进。产业互联网在医疗健康、金融服务、教育培训等多个领域展示出巨大的潜力。它将改变传统行业的商业模式和运营方式，促进新技术的应用和创新的发展，推动产业整体的转型升级。

我们深信，超级链接器有更加广阔的发展前景和深远的影响力，将带来更大范围的变革和机遇。创新型产业互联网将推动整个产业链的持续发展，为经济社会带来更多的增长和福祉。期待我们共同开辟创新性产业互联网，共同探索并创造无限的可能性。

产业互联网的未来发展方向将更加依赖于 AI 和大模型的驱动。AI 不仅通过智能化工具提升了产业效率，还通过创新商业模式和技术应用，为产业互联网注入了新的增长动力。

生成式 AI 和多模态数据处理技术的快速发展，正在推动产业互联网向更智能化、生态化的方向迈进。通过实时数据生成和智能分析，AI 能够帮助企业动态调整策略，实现资源的最优配置。我们有理由相信，创新型产业互联网将推动整个产业链的持续发展，为经济社会带来更多的增长和福祉。AI 将成为产业互联网未来发展的核心驱动力，通过技术创新和生态构建，推动传统产业的转型升级，为经济的高质量发展提供强有力的支持。

谨此，再次感谢您对《超级链接器：以数字化、网络化、智能化赋能产业成长》的关注与支持。